戦後日本の大学の近未来

——外圧の過去・混迷する現在・つかみ取る未来

土持ゲーリー法一 著

東信堂

本書を献身的な妻(従子)に捧げる。

はしがき

I　本書のあらすじ

　本書は、戦後日本の大学を過去・現在・未来にわけて描いた「ノンフィクションドラマ」である。

　2020年を起点とした、未曽有の新型コロナウイルス感染拡大を受けて、日本の高等教育はどこに行こうとしているのか。未知の世界に突入し、漂流している。だからといって、予測不能とはいい切れない。なぜなら、過去そして現在の大学教育から未来を予測することができるからである。すなわち、「未来」は、「現在」の鏡であり、「過去」「現在」「未来」は連続している。

　「外圧の過去」とは、1946年3月の米国教育使節団の来日とその『報告書』を中心とする歴史のことである。「混迷する現在」とは、いうまでもなく、新型コロナウイルス感染拡大に直面した、2020年頃を中心とした現在である。「つかみ取る未来」とは、2045年のシンギュラリティ以降を想定したもので、AI（人工知能）が、人間を凌駕する時代がくるとの予測から、現状のままで未来の高等教育は大丈夫なのかという危惧の表れであり、どうすれば未来をつかみ取ることができるかの「挑戦」である。

　新型コロナウイルス感染拡大による未曽有のパニックを受けて、すべてを「ゼロ」に戻し、抜本的な究明が急がれる。戦後70年が経過し、学校制度にも「金属疲労」が見られる。「金属疲労」を口実に、責任転嫁していいのだろうか。根源的な原因があるはずである。

　いまこそ、戦後教育の原点に戻って、どこに原因があったのか。どこで「ボタンのかけ違い」が生じたのか、冷静に振り返ってみる必要がある。そのためには、戦後70年という「タイムスパン」が必要であった。いままさに、そ

の機が熟した、最適なタイミングである。原点とは、1946年3月に来日した、米国教育使節団とその『報告書』による改革で、後世に語り継がれる、世紀の大改革である。しかし、戦後70年以上が経過した現在、新型コロナウイルス感染拡大の危機に直面して、『報告書』の勧告内容と照らし合わせれば、教育使節団の意図した改革が実現されたかどうか、はなはだ疑わしいと言わざるを得ない。

　1章「外圧の過去」のところは、日米合作であったとの筆者のシナリオからもわかるように、米国教育使節団と日本側教育関係者の共同によるもので、そこには「忖度」があった。ところが、忖度した「つもり」が、齟齬があった。それは、日本側があまりにも制度改革に性急であったことから、肝心な教育理念の中身が空洞のままであったことが原因である。

　占領下の教育改革は、これまで日本が経験したことのない、未曽有の「外圧の過去」によるもので、ゼロもしくはマイナスからのスタートであった。しかし、そこでの教育改革は、決して「押しつけ」によるものではなく、敗戦直後の日本人が求めた民主的な改革であったことは、本書で明らかにする。

　米国教育使節団の『報告書』を受け取った、日本側教育関係者の間に理解の齟齬があり、「多分」そうだろう程度の認識で見切り発車したことが、「ボタンのかけ違い」となり、軌道修正を困難にするところまできた。

　軌道修正の修復がされないまま、2020年を起点とした、新型コロナウイルス感染拡大が勃発し、混迷をさらに深めた。その結果、明治以来の伝統的な対面授業に、オンライン授業という別次元の「外圧」が加わり、すべての学校は、慣れないオンライン授業の対応に追われ、教育の「本質」までもが見失われた。さらに、拍車をかけたのが、オンライン授業が「ニューノーマル」と化したことである。

　このような混沌とした状況下を踏まえて、2章を「混迷する現在」と位置づけた。まず、大学の現状を「診断」するところからはじめ、その原因を究明することにした。オンライン授業は「青天の霹靂」で、何の前触れもなく、突然、津波のように押し寄せた。オンライン授業には、メリットとデメリットがある。それが学生にどのような影響を与えているかについても考える必

要がある。戸惑っているのは、学生だけではない、教員も同じである。これ
までの授業では、学生と直接に対面できたが、オンライン授業では、画面を
通して間接的にしか接触できない。デジタル社会で便利になったとはいえ、
根本的な問題が解消されたわけではない。それどころか、さらなる混乱を招
いている。

　ニューノーマル時代だというが、このままで良いのだろうか。本書では、
この根本的な課題を解決するために、最近のアメリカの大学事例を、終章「ま
とめ」のところで紹介する。それは、ミネルバ大学の取組みである。この大
学は、オンライン授業のみを提供する大学で、いま、世界中から注目されて
いる。なぜ、本書で取り上げるかには、大きく二つの理由がある。一つは、
ミネルバ大学が 2014 年に開校され、すべての授業をオンラインにすること
を決めて実践したことである。この時点では、新型コロナウイルス感染拡大
の影響によって、対面授業がオンライン授業に変わることは予想されていな
かった。二つ目は、リベラルアーツ教育を徹底し、キャンパスをもたず、世
界の七つの大都市をキャンパスとした、「大社連携」型ワークショップを中
心とした授業を実践し、そこで取得した単位で、個々の学生の卒業単位を決
めるという、まさしく、21 世紀型大学 DX（デジタルトランスフォーメーション）
を実践している。ただし、これはアメリカのミネルバ大学だからできること
で、日本で導入したらどうなるかについても言及する。

　3 章「つかみ取る未来」では、どのようにすれば、未来をつかみ取ることが
できるかにチャレンジする。今般の新型コロナウイルス感染拡大の経験から、
どこも日本のモデルになり得るところがないことがわかった。そのような社
会背景で注目されたのがデジタルを駆使した、DX という新たな変革である。
DX は、未来の大学を方向づける指標である。すべての国が、DX に向かっ
て動きだした。

　「つかみ取る未来」には、DX が不可欠である。最近は、文科省も大学 DX
と称して、膨大な国家予算を投じて推進している。これで、うまくいくだ
ろうか。補助金を出せば、問題が解決すると考えるのは短絡的である。「DX
のバズワード化」が叫ばれるように、DX の「一人歩き」が目ざましく、どれ

が正しい DX なのか、「百花繚乱」の様相である。筆者は、DX を正しく見きわめるには、STEAM の考えが重要であると考える。STEAM とは、STEM を変革したもので、「A」が「リベラルアーツ教育」を促すはたらきをする。これについても、終章「まとめ」のところで述べる。

Ⅱ　フィッシュボーン・コンセプトマップで描く全体像

　これは、本書のタイトル「戦後日本の大学の近未来——外圧の過去・混迷する現在・つかみ取る未来——」の構想を練るのに役立った。コンセプトマップとは、コンセプト（概念）をマッピング（図式化）するために有効で、互いの関連性が明確になり、方向性を鮮明にする。コンセプトマップの中でも、フィッシュボーンを選んだのは、過去➡現在➡未来の方向性を表すのに最適だと考えたからである。すなわち、「尾ひれ」から「頭」に向かって整合性をもたせることができる。

　表紙デザインのフィッシュボーン（魚骨）・コンセプトマップについて、以下**図 0-1** に説明する。

　フィッシュボーン（魚骨）には、中央に背骨があり、上下に中骨が斜めに出ている様を表す。たとえば、メインの議論の流れがあって、そこから複線や横道がある場合に、フィッシュボーン・チャートという表を描いて、話を整理することができる。すなわち、複雑な要因が絡み合う現象の原因解析に使わ

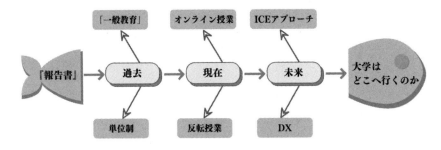

図 0-1　フィッシュボーン・コンセプトマップ

れることから、本書の表紙デザインにした。本書の中心の議論とは、リベラルアーツ教育（一般教育）と単位制である。この骨組みが瓦解すれば、戦後教育そのものが崩壊する。

「はしがき」をしめくくるにあたって、筆者の考える「リベラルアーツ教育」とは何かについて述べておきたい。これは、堅苦しい原理・原則のことではない。人間の本質論を問うたもので、筆者の「生きざま」のようなものである。それは、大学教育とは何かについての経験則による考えである。これは、アメリカ民主主義の骨幹である生活様式から付随したもので、筆者は、これを「教育様式」と呼んでいる。

「リベラルアーツ教育」と聞くと、崇高な哲学的なものが別に存在するかのように思われるかも知れないが、そうではない。そのような基本的な考えは人間にもともと備わっている。それを具現化したのが大学教育ではないかと考えている。

「リベラルアーツ教育」は、現代高等教育を考えるうえでのエッセンスであり、すべてがここに集約できる。リベラルとは、「執着しない自由な精神力」のことであり、何ごとも鵜呑みにせず、咀嚼して自分に置き換える「余裕」のようなものである。日本のように、徹底した学校教育が実践され、検定教科書から学習指導要領まで貫徹されているところでは、疑うことを「善」としない風土みたいなものがある。これがアメリカとの決定的な違いである。疑うことは、決して悪いことではない。なぜなら、自分の考えを明らかにし、自己の存在をアピールすることにつながるからである。

次のアーツが、より重要である。アーツとはアートのことで、美術・芸術と訳される。なぜ、それが教育において重要なのか。それは、教育の営みは、「芸術」だからである。学習者による学修成果は、「最高傑作（Masterpiece）」の芸術作品に匹敵する。

科学技術の発展にともない、日本では理系が優遇され、文系が過小評価されることがある。それも終焉に近づいている。本書でも述べるように、世界は、いま STEM から STEAM に変革した。あたかも長い伝統であった教育パラダイムから学習パラダイムへの転換に相当する。

　「リベラルアーツ教育」の必要性を決定的にした出来事がある。それは、世界のビジネス業界をリードしたMBA（マスター・オブ・ビジネスアドミニストレーション、経営管理学修士号）に代わって、MFA（マスター・オブ・ファインアーツ、美術学修士号）が注目されるようになったことである。これは驚きに値しない。世界の潮流を考えると自然の流れである。すなわち、学習パラダイムへの転換、STEAMへの変革、そしてMFAの潮流がそうである。これらに共通するのは、その根底にアーツという考えが脈々と流れていることである。

　なぜ、アーツがそれほど重要になのか。それは、アーツで世界を変えることができるからである。なぜなら、人を変える原動力が備わっているからである。アーツ（芸術）の力は、何もない白紙のキャンバスに新たなものを創造（クリエート）するようなものである。すでに存在するものは、ITやAIにまかせればよい。

　教育とは、学習者に新たな考えを「想像」させ、新たなものを「創造」させることでなければならない。したがって、学修成果は教員の芸術作品である。このような柔軟でしなやかな精神をはぐくむのは、「リベラルアーツ教育」のほかにない。これが、筆者の「リベラルアーツ教育」の基本的な考えで、序章から結章まで一貫している。この「リベラルアーツ教育」の定着が、あらゆる人間行動の共有となることが社会の質を決めることになると考えている（拙稿「経営管理学修士から美術学修士へ～サイエンスからアートへの転換を示唆」『教育学術新聞』2022年9月7日.アルカディア学報. を参照）。

目次／戦後日本の大学の近未来──外圧の過去・混迷する現在・つかみ取る未来

2章　混迷する現在 ……………………………71

図表一覧

戦後日本の大学の近未来
――外圧の過去・混迷する現在・つかみ取る未来

The Effect on Postwar Japanese Universities
~Its Past, Present, and Future~

序　章

I　なぜ、戦後教育の原点に戻る必要があるのか

　はしがき「II　フィッシュボーン・コンセプトマップで描く全体像」で述べたように、出発点が狂えば、全体像が歪んでしまう。これまでも、戦後教育の原点（原典）をタイトルにした著書がある。たとえば、拙著『六・三制教育の誕生〜戦後教育の原点』（悠思社、1992 年）、伊ケ崎暁生・吉原公一郎編著『戦後教育の原典②〜米国教育使節団報告書』（現代史出版会、1975 年）がそうである。

　「人は、迷えば原点に戻れ！」との先人の教えがある。筆者は、渓流釣りを趣味とするが、谷間の奥深い渓流釣りは、予想外のことが起こる。渓流の王者「イワナ」が釣れると我を忘れて、沢に迷うことがある。そのときは、登ってきた「沢」を下るように教わった。すなわち、原点に戻るということである。これを現状のデジタル化と重ねると共通するところがある。便利さに事欠いて、本質を忘れた、本末転倒が見られる。常に、原点を忘れないという、先人の教訓を肝に銘ずるべきである。

　出発点が不明であれば、どこで間違えたのか。どこで「ボタンのかけ違い」が生じたのか、知る術がない。これまでも、多くの研究者が歴史解明を試みたが十分でなかった。なぜなら、歴史研究には客観的な視点が必要であり、そのためには、戦後 70 年という「タイムスパン」が不可欠であったからである。いままさに、その機が熟した、最適なタイミングである。

　70 年も過ぎているのに、それでどうして大学の未来がわかるのか、時代錯誤ではないかとの素朴の疑問があるかも知れない。70 年前の『米国教育使

節団報告書』は、「原典」あるいは「聖典」と称されたように、叡智を集結したものである。叡智とは、米国教育使節団が提言した、「リベラルアーツ教育」のことである。

リベラルアーツ教育については、後述するように、批判的思考力や総合的判断力を授ける技法（アート）である。したがって、『報告書』は、2章「混迷する現在」、3章「つかみ取る未来」にチャレンジするための、叡智とバイタリティが備わっている。だからこそ、戦後教育の原点に戻る必要がある。

新型コロナウイルス感染拡大の影響で、不透明さが露になったことから、「大学はどこへ行くか」のような、現在〜未来を予測する類の書籍が散見されるが、本書とは対照的である。筆者は、「過去」を検証することで、「現在」を「あぶり出し」、それを踏まえて「未来」を構築する、実証的なアプローチを試みている。筆者の意図は、「日本の教育は、このままで大丈夫だろうか」という不安を払拭するところにある。

Ⅱ　リベラルアーツ教育とは何か

本書の中心は、リベラルアーツ教育と単位制である。両者は、不可分の関係にある。ここでは、リベラルアーツ教育とは何かについて、筆者の考えを説明する。「一般教育」として導入された、アメリカのリベラルアーツ教育が、当初から混迷に混迷を重ね、現在もその影を落とし、さらに、未来も混乱に陥れようとしている。本書で明らかにするように、当時、米国教育使節団『報告書』を受け取った、日本側教育関係者の理解には齟齬があり、「多分そうだろう」程度の認識で見切り発車したことが、「ボタンのかけ違い」につながった。それが、軌道修正を困難にするところまできた。

たとえば、「一般教育」「一般教養」「教養教育」など、とくに厳密な定義づけもないまま、ランダムに使用した。なぜ、このような混乱を招く事態に陥ったか、それは、日本には都合のいいことに、「教養教育」という「ことば」がすでに存在していたからである。したがって、リベラルアーツという新しい概念が、戦後アメリカから導入されたとき、すぐに教養教育と関連づけて、

安易に、そのように呼ぶようになった。リベラルアーツを教養教育としたのは、誤訳である。それでは、何が適訳なのかとなると難しい。筆者は、拙著『戦後日本の高等教育改革政策〜「教養教育」の構築』（玉川大学出版部、2006 年）でも、リベラルアーツをどのように訳すか苦慮したことがある。教養教育としても誤解を招く。その結果、「リベラルアーツ」とカタカナ表記に留めた。したがって、前掲書の副題の「教養教育」もカギ括弧つきで表記し、注意を促した。それほど、デリケートな「ことば」である。

　とくに、前掲書の副題は「『教養教育』の構築」としているが、その点が頭を痛めた。前掲書の「あとがき」に詳しく述べているが、本書に関連する部分を引用する形で、以下に紹介する。

　　新制大学における「一般教育」とは何であったのか、本書を脱稿した今も明確な解答がない。それは、多分、「一般教育」はこうあるべきだとの固定概念に囚われているからであろう。「一般教育」は、リベラルアーツの精神にもとづく自由な発想から生まれるカリキュラムでなければならない。米国教育使節団の「カリキュラムの自由主義化」の提言も固定化されたカリキュラムではなく、自由な発想にもとづくというものであった。新制大学では、「一般教育」が人文・社会・自然科学の三系列の諸科目が列挙され、あたかも、「一般教育」の「万能薬」であったかのように誤解された。（中略）

　　アメリカの名門女子大学ウェルズリー・カレッジのナナール・O・コーヘンヌ学長は、日本女子大学での講演で「リベラルアーツとは、検証されないようなことにも、心を自由にして、それを探っていくこと。そのためには、柔軟で、しなやかな精神を持つことが必要で、偏狭な考えでなく、グローバルな視点をもつことが大切である」と述べた。また、将来のリーダーの育成についても、「狭い専門的な知識より、リベラルアーツの広い知識を身につけ、批判的精神を涵養し、そのうえで、専門的なことを学ぶべきである。リベラルアーツとは、新しい分野を開拓していく精神を育てることである」と語った。（中略）

　　占領下日本の高等教育改革に尽力した CI&E 教育課長のマーク・T・

6

オアは、筆者に「政府に対して盲目的に従順するのではなく、批判的な精神がもてる市民を育成することを望んだ」と話した。そのような批判的な精神を培うこと、すなわち、「善悪を分別できる洞察力」を育てるために「歴史、政治学、経済学、文学、人類学、心理学、哲学など広範なリベラルな教養を身につける」ことの重要性を強調したと回顧した。

（後略）

　長い引用文になったが、この中に筆者の「リベラルアーツ教育」の考えが凝縮されている。これらを引用した理由は、占領下における当事者オアの証言（過去）、そして、アメリカのリベラルアーツ・カレッジを代表する学長の証言（現在）が、本書とも密接につながると考えるからである。そして、これらを踏まえて「つかみ取る未来」に挑戦したいと考えている。

　筆者は、教養教育とは一般教育、一般教養の「総称」であり、特定の意味をもつものではないと考えている。教育使節団が提言した、ゼネラル・エデュケーションを「一般教育」と訳したが、戦後70年が経過したいま、再考すれば、それは「リベラルアーツ教育」であったのではないかと考えるに至った。これは、アメリカのリベラルアーツ・カレッジが、4年間の教養教育を授けているところから、「リベラルアーツ」と「教育」を合体させたものと考える。そこでの教育は、リベラルで批判的精神にもとづく、教養教育を強調している。

　したがって、本書では、「教養教育」を「リベラルアーツ教育」と変更し、すべてをこれに統一した。筆者が、なぜ、殊更に、リベラルアーツ教育にこだわるかには理由がある。それは、アメリカ東部の名門女子大学ウェルズリー・カレッジの「フレッシュマンセミナー」を日本の大学のカリキュラムとして、旧文部省と交渉して、はじめて認可を得た経緯があるからである。同大学フレッシュマンセミナーは、初年次科目であるが、担当教員の専門分野を中心に、批判的思考力を育むというもので、「話す」「聞く」「書く」に重点が置かれる。英語教員ではなく、専門科目の教員が担当するところが画期的である。したがって、初年次学生は、最初から専門教育を「話す」「聞く」「書く」ことができるように訓練される。これは、語学が語学の時間に、語学の教員にと縦割りで教えるカリキュラムではなく、物事を横断的に、批判的に

考えさせるカリキュラム構成になっている。

　筆者の意図する「リベラルアーツ教育」は、この「フレッシュマンセミナー」のようなもので、大学教育の要となるべきものである。周知のように、アメリカは、単位互換性が完備しているので、他大学から編入しやすいシステムである。多くの場合、1・2年次で履修した科目は、免除されるのが一般的であるが、ウェルズリー・カレッジの場合は違う。たとえば、3年次に編入が認められたとしても、1年次に戻って、このフレッシュマンセミナーを履修し直すという必須科目で、卒業要件になっている。

　なぜ、初年次教育に力点を置くかについては、最近、アメリカで注目される「ミネルバ大学」の取組みが参考になる。詳細については、終章「まとめ」「Ⅰ　近未来のリベラルアーツ教育」「1　ミネルバ大学の学士向けカリキュラム」を参照にしてもらいたい。ミネルバ大学の初年次カリキュラムでは、「学び方を学ぶ」汎用的能力を育てることを「一般教養課程」と位置づけている。

1章　外圧の過去
～プロローグ

I　米国教育使節団と『報告書』の解釈

1　はじめに～過去ははじまり

　過去を「終わり」と考えるか、それとも「はじまり」と考えるかで、歴史観が変わってくる。アメリカは歴史が浅いせいか、歴史を大切にするとの印象をもつ。筆者は、歴史を「はじまり」と考えるひとりである。その方が、歴史を前向きに捉えられる。

　1935 年に建てられた、米国国立公文書館本館 (National Archives Building, Washington D.C.) には、公文書館の役割と責任を象徴する、The Future（未来）, the Past（過去）, Heritage（遺産）と Guardianship（守護）と名付けた 4 体の大きな彫像が置かれている。彫像の台座には、シェークスピア『テンペスト』の有名なことば、"What is Past is Prologue."（過去は物語のはじまりである）や、"Study the Past."（過去に学べ）、"Heritage of the Past is the Seed that Brings Forth the Harvest of the Future."（過去の遺産は未来の実りを産む種である）、そして "Eternal Vigilance is the Price of Liberty."（絶え間ない監視は自由の代償である）という銘文が刻まれている。これらの銘文は、アメリカ合衆国における記録史料 (Archives) に関するパラダイムを示している[1]。いずれも過去に学ぶことの重要性を喚起している。

　「過去ははじまり」とは、終わりではないという意味である。むしろ、はじまりとの考えは、学問にも通じる。大学の卒業式を英語では、Commencement と呼ぶが、終わるという意味のほかに、「はじまる」という、相反する意味も含まれる。すなわち、「卒業」とは、次のステップへのはじまりである。

写真 1-1　米国国立公文書館本館前（1984 年 7 月 30 日撮影）

すなわち、学びや研究に終わりはないということである。筆者は、学生に論文指導するときに、ピリオド「.」を避け、クエスチョンマーク「？」で考えるように指導する。ピリオドは終止符で終わりを意味するが、クエスチョンマークは、継続を示唆すると考えるからである。

　歴史を歴史だけに、終わらせてはいけない。次につながってこそ、真の歴史からの学びといえる。したがって、筆者の歴史学とは、現在を起点として、その真相を究明する、社会学的アプローチを取る[2]。

2　なぜ、米国教育使節団『報告書』はバイブルと呼ばれようになったか

　『米国教育使節団報告書』（以下、『報告書』）は、占領当初、戦後教育改革の「バイブル（聖典）」を意図したものではなかった。米国教育使節団は、もともと、占領下教育改革の「顧問（アドバイザー）」として招聘された。このことは、『報告書』の「序論」で、「征服者の精神をもって来たのではな（い）」と明言してい

るように、ハンブルな姿勢であった。ところが、『報告書』が、3月31日に
ダグラス・マッカーサーに提出され、それを読んだ彼が絶賛して、「声明文」
(1946年4月7日)を発表した[3]。すなわち、「この報告は日本政府を援けて日
本の教育制度を近代化させるために更に一層の努力を傾けんとするわが総司
令部民間情報教育部にとって極めて有用なものになるであろう。報告書は生
徒の個性的な面に無頓着なすべての教師達によって大に研究されて然るべき
ものであろう」[4]との文言は、現在にも通じるインパクトがある。

　換言すれば、『報告書』の勧告文は、顧問(アドバイザー)としての「推奨・提言」
のニュアンスが強かった。ところが、マッカーサーの「声明文」を機に、「勧告」
のニュアンスに変貌した。このことは、後述の1章「外圧の過去〜プロローグ」
の「5　1946年の『報告書』は何を勧告したか」を見れば明らかである。筆者が、
当時の教育使節団員にインタビューして質したところ、『報告書』は、「提言」
したものに過ぎなかったと回想した。

　したがって、「推奨・提言」から「勧告」へ格上げしたことが、「バイブル」
と化したことになった。

　したがって、マッカーサーの「声明文」による「鶴の一声」の影響力があった。
とくに、初等・中等教育改革では青写真となった。これは、同じような状況
下に置かれた、占領下ドイツの教育改革と対比すれば、その違いが歴然であ
る。占領初期の日本とドイツは酷似した。ドイツにも、日本と同じように「米
国教育対独使節団」が派遣され、「報告書」を提出した。しかし、日本とドイ
ツ国民の「報告書」の受け取り方は、対照的であった。それは、「間接統治」
あるいは「直接統治」の違いだけではなかった。そこには、「占領軍」と「被占
領国」の間の「微妙」な関係が隠されていた。

　その結果、『報告書』は、戦後教育改革の原点となり、時として「原典」と
呼ばれるようになり、改革の「バイブル」と崇められた。旧文部省をはじ
め、多くのところで、『報告書』の日本語訳や解説書が出ているが、表面的
な注釈に留まり、「真意」を掘り下げるところまで至っていない。その理由
は、時間的な制約によるものである。戦後70年が経過し、戦後教育改革を「冷
静」に見直すことができるようになった、いまだからこそ、可能になったと

筆者は考えている。何よりも、新型コロナウイルス感染拡大の危機に直面して、何か重要なものを見落としたのではないだろうかとの杞憂が背後にある。

　新型コロナウイルス感染拡大の危機に直面して露になったのが、「制度」の側面である。すなわち、対面からオンライン授業への制度上の変化があり、教える内容よりも、教育方法に問題があると考えがちである。しかし、教える内容も教育方法を歪にしたところがある。

　顧みれば、教育使節団は、日本側が学校制度改革にあまりにも「固執」することに対して、制度ではなく、カリキュラム内容が重要であると繰り返し警鐘を鳴らした。たとえば、日本側が、戦勝国アメリカの民主的な学校制度六・三制の導入を「懇願」したにも関わらず、教育使節団第三分科会は、戦前の学校制度六・五制でも、民主化は可能であるとする草案を準備していたことを裏づける証拠史料が発掘された。このことからも、内容の改革を優先すべきことが明らかであった。日本は制度を変えることで、すべてが変わると「短絡的」に考える傾向がある。

3　米国教育使節団と日本側教育家委員会との「日米合作」舞台裏

　筆者は、占領下においては、占領軍と被占領国日本が「絶妙」な関係にあったと考えている。これを、鶏の孵化に譬えればわかりやすい。親鳥が雛を孵すときに、外から合図で送る「啐啄」に似ている。人工孵化では、そのような合図がない。イラストで示せば、図1-1のようになる。「啐啄同時」と呼ばれるもので、禅に由来する仏教用語である。「啐」は、雛鳥が内側からたまごの殻をつつくことで、「啄」は、親鳥が外側から殻をつついて応答することを意味する。

　これは、「忖度」に似ている。相手の「心中」を察する意味合いであるが、あまり良いことには使われない。しかし、相手の気持ちを「察する」ことは重要である。日本人の「おもてなし」につながる。これは、「AI（人工知能）」にはできない、人間特有の「技」である。この原稿を執筆しているとき、筆者の家の「三色碁石チャボ」の雛が、人工孵化器で産まれた。当然のことながら、「啐啄」できないので、「自力」で産まれた。何かAIに似たところがある。

図1-1　啐啄同時

出典：http://ouraimono.terakoyapro.net/?eid=1400416

　「啐啄」が、見事に「結実」したのが、米国教育使節団と日本側教育家委員会による「日米合作」であった。27名の米国教育使節団は、アメリカを代表する教育者と教育行政官である。30日間の短期間で、戦後日本の教育改革についての『報告書』を書き上げた。これは、「奇跡」だと捉えられているが、条件さえ整えば、日本人が考えるほど、難しいことではなかったのかも知れない。

　もし、教育使節団の『報告書』に盛り込む内容が、事前に暗示されたとしたら、短期間で完成させることは、「神業」ではなかった。これは、『報告書』の「原案」が、日本側から密かに提示されたことを「暗示」させるもので、まさしく、両者の間に「忖度」があったことを伺わせる。

　南原繁は、東京大学にいた教育専門家の知恵と情報を結集し、米国教育使節団の来日前に、日本案を固めていたといわれる。そして、日本側が主導することが得策と判断したとの指摘もある[5]。これは、忖度を裏づける決定的な証拠ではないが、「状況証拠」である。

　さらに、『報告書』がマッカーサーの「声明文」により、当初から熱烈歓迎され、それを実行に移したGHQ民間情報教育局教育課（以下、CI&E教育課と略す）が、アメリカから矢継ぎ早に、専門家の派遣を要請したという事実からも裏づけることができる。一国の教育改革が、70年もの間「無修正」で継

承されたという事実が、何よりの証拠である。

4　南原繁とストッダード団長との秘密裡会談

1）証拠文書の再考

　トップ会談の内容が、どのようなもので、どのような状況下で行われたのか、占領文書から再現する。1946 年 3 月 21 日、日本側教育家委員会委員長南原繁とジョージ・ストッダード団長が、秘密裡に会談を行った事実が、「南原繁・東京帝国大学総長並びに日本側教育家委員会委員長から G・D・ストッダード米国教育使節団団長に提出された特別報告書（1946 年 3 月 21 日）」と題する、11 ページのタイプ印刷の議事録から明らかになった[6]。3 月 21 日といえば、教育使節団が、『報告書』の草案をまとめはじめた矢先の「節目」のときであったことを考えれば、この秘密裡会談の内容が、『報告書』に反映されたことは間違いない。どのような内容であったのか、その主なものを、以下に再現する。

1. ジュニアカレッジ制度と同じ旧制高等学校を「改正せよ」(Revise the Koto Gakko, the junior college system)。
2. 全案をすべてアメリカの計画を模範（モデル）にし、小学校、中学校、カレッジ、総合大学 (Universities) を単線化し、すべての段階での機会均等が拡充できるようにする。
3. 専門学校 (Senmon Gakko) を男女共学のカレッジとする。（後略）

　これまで、「1. ジュニアカレッジ制度と同じ旧制高等学校を『改正せよ』」が何を意味するのか不明であった。ここでの「ジュニアカレッジ制度」とは、1948 年頃にイールズによって日本にもち込まれた、アメリカのジュニアカレッジ制度のことではない。なぜなら、この時点 (1946 年) では、ジュニアカレッジという考えは日本にはなかったからである。

　「証拠文書」を読み返したところ、以下のことが、新たに判明した。すなわち、この文書の作成に当たって、南原は教育問題に関して、自由に意見を述べたことが、次のように記されている。すなわち、「以下のレポートは、基本的に逐語によるもので、南原博士から『米国教育使節団への情報』として口頭で

伝えられたものである」(The report below is essentially verbatim. It was given orally by Dr. Nambara as "information for the United States Committee.")がそうである。

　「1. ジュニアカレッジ制度と同じ旧制高等学校を『改正せよ』」のところには、「注意書き」として、「これらのアイデアを深く議論する時間的余裕がなかったので、南原博士からの提言を箇条書きで概略する(GDS)」と記されている。(There was not time for expansion of these ideas, and they are presented in outline form, as given by Dr. Nambara. (GDS))。最後の GDS は、ジョージ・D・ストッダードのイニシャルである。すなわち、ストッダードの「メモ書き」である。

　もし、筆者の推測が正しければ、南原が旧制高校について口頭で説明したとき、ストッダードが、日本の学校制度の事情がよくわからないため、アメリカのジュニアカレッジ制度を例にあげて説明したものを、「メモ」したと推測される。旧制高校は 3 年制であるので、アメリカのジュニアカレッジの 2 年制と対比することは理解に苦しむと考えたからである。

　ところが、太平洋戦争が激化すると、非常時の臨時措置として、1943 年入学の学年からは、『高等学校令』(1943 年 1 月 21 日公布勅令第 38 号)により、正式に修業年限が 3 年から 2 年に短縮された[7]。すなわち、旧制高校 2 年制が存在した。その後、1946 年 2 月 23 日付文部省通達は、高校の修業年限を 2 年から 3 年へ引き戻すことを決断した[8]。

　もし、南原が旧制高校の年数を、戦時中の 2 年制だとして、ストッダードに説明していたとすれば、つじつまが合う。したがって、これまでの「ジュニアカレッジ制度とする旧制高校を見直せ」としたところを「ジュニアカレッジ制度と同じ旧制高等学校を『改正せよ』」に変更した。

　ここで、注目すべきは、南原は、「旧制高校を廃止する(Abolish)」とは伝えておらず、「改正する(Revise)」に留めていたことである。それが、後述のように、4 日後の CI&E 教育課ロバート・キング・ホールとの会談では、「旧制高校を廃止する」と急展開している。しかも、「公式意見」と題する文書においてである。これを、どのように読み解けばよいのか、歴史研究の醍醐味といえる。筆者は、南原はストッダードとの会談では、旧制高校の「改正」を意図していた、あるいはストッダードがそのように「理解」していなかっ

たのではないかと考えるが、その真意はわからない。

　なぜ、反旗を翻したかのように、旧制高校の廃止へと変貌したのか、謎は深まるばかりである。21日の極秘裏会談と比べて、どこがどのように違ったのか。21日は、トップによる教育者同志の懐を開いた雰囲気の中で、自由な議論であった。一方、25日の会談は、占領軍 CI&E 教育課ホールとの実務的な交渉であったことがその大きな違いといえる。次に、そのことを裏づける証拠史料を再現する[9]。

2) 旧制高等学校廃止の謎

　秘密裡会談の後、3月25日、南原と高木八尺日本側教育家委員会委員は、CI&E 教育課ホールと会合をもち、「教育改革―日本側教育家委員会の公式意見」と題する報告を行い、高等教育に関して、学閥の原因である「旧制高等学校」を廃止すること、大学まで繋がる単線型学校制度を導入すること、大学と専門学校の格差を廃止して均等化すること、「師範学校」を廃止すること、すべての大学に大学院研究機関を設置することなどを明示して、高等教育に関する制度的方向づけを行った。

　ここでは、一転して、「学閥の原因である『旧制高等学校』を廃止する」という衝撃的な事実が、わずか4日後の証拠文書の中に発掘された。このときの会談相手は、ストッダード団長ではなく、戦後教育改革実施を決定づける占領軍 CI&E 教育課であった。前回の21日と違って、高木八尺日本側教育家委員会委員が同席した事実を勘案する必要がある。それは、日本側教育家委員会の「公式意見」を印象づけるためのものであった。

　したがって、25日の「公式意見」は、正確な記録であることは間違いない。すなわち、戦後の高等教育制度改革の「再編」には、南原が積極的に関与していた事実が史料からも裏づけられた。しかし、南原の意図が、必ずしも正確に伝わったかどうかは定かではない。占領下における間接統治という複雑な状況下では、多くの可能性が錯綜した。「忖度」もあった。いずれにしても、ストッダード団長の理解としては、旧制高校の「改正」と受け止められ、廃止とまでは認識されていなかった。したがって、『報告書』に旧制高校の廃

止が盛り込まれなかった。

　南原の「変貌」ぶりには驚かされる。3月21日にストッダード団長に、そして、3月25日にはCI&E教育課ホールと矢継ぎ早に会談して、『報告書』および戦後教育改革の方向づけを決定づけた。しかも、CI&E教育課ホールに提出した報告書は、「教育改革—日本側教育家委員会の公式意見」と題されたもので、「公式意見」として圧力をかけた。南原・高木とホールの会談において、南原が日本側教育家委員会委員長としての権限を逸脱したと批判する研究者もいる[10]。

3) 謎をひもとく

　旧制高校の卒業生や在校生をふくめ、旧制高校の廃止は、GHQ（連合国軍総司令部）の強制によるものと当初から受けとめ、信じこんでいる人が少なくなかった[11]。

　第五高等学校（熊本）のように、廃止はGHQのせいだと思い込んで、米兵を川に投げこんだ武勇伝も伝わり、廃校は占領軍の政策なので、抵抗しても無駄だとあきらめた関係者も少なくなかった[12]。

　したがって、前述の南原とCI&E教育課ホールに提出した報告書は、旧制高校関係者にとって信じがたいことであるに違いない。これは、歴史の「記録」と「記憶」の分岐点となる。それゆえに、歴史には客観的分析が求められる。

　たしかに、南原の「公式意見書」は、「逸脱行為」したかのようにも見えるが、これを受け取ったCI&E教育課が、どのように判断したのかの方が重要である。筆者は、「学閥の原因である『旧制高等学校』を廃止する」の「学閥」だけが理由ではなかったのではないかと考える。なぜなら、「学閥」だけが問題なら、旧帝大閥も議論の俎上に上がっていたからである。筆者は、むしろ、旧制高校が「女性蔑視」による、男性だけの「特権」として扱われたことが、民主主義国家アメリカにとって許しがたいことであったのではないかと推測する。とくに、マッカーサーは、「占領三原則」（女子教育の促進、私立学校の優先、キリスト教の発展）を掲げていたことから、男女共学の原則に反することが、GHQの「逆鱗」に触れたのではないかとみる方が、当時の状況を反映

18

しているように思われる。

4)「制度改革先にありき」の弊害

　いずれにしても、占領下の教育改革では、「制度改革先にありき」で、教育内容が後手に回ったところがある。その結果、肝心な一般教育や単位制が十分に議論されることなく見切り発車したことが、後遺症として現在に尾を引いている。この点に関しては、2章「混迷する現在」「Ⅱ　未完の『報告書』と戦後教育改革の混迷」の「5) 一般教育混迷の原因」のところで、三者の立場から議論する。すなわち、教育使節団『報告書』による提言、CI&E 教育課担当者による理解、大学基準協会、教育刷新委員会、大学関係者による理解を対比することで、一般教育と単位制の混迷の真相に迫る。

5)　南原繁の裏の「側面」

　南原は、戦後教育改革の決定的な役割を演じたにも関わらず、多くを語らず、決定的な証拠は残していない。『聞き書き南原繁回顧録』(東京大学出版会、1989 年) にも、目新しい戦後教育に関するものは公表されていない。前述の占領文書は、アメリカ側で所蔵されていたもので筆者が発掘した。もし、これらの証拠文書が発掘されなかったら、戦後教育改革は「謎」のまま、あるいは「誤解」のまま埋没されたに違いない。

　たしかに、日本国内だけに目を向ければ、南原について限定的な評価しかできなかったかも知れない。しかし、アメリカ側の占領文書を通して、南原が決定的な役割を演じた、別の「側面」が露になった。このように、日本側の史料だけでは、「木を見て森を見ず」に陥り、真実は明らかにできない。

　実は、南原には裏の「側面」があった。彼は交渉に当たって、CI&E 教育課長オアと親密なつながりがあった。オアによれば、南原の「門下生」になり、研究指導を受けたいとまで願望していたほどである。オアへの単独インタビュー、そして南原からのオア宛個人書簡 (**図1-2**) には、その一端を示唆する親密な間柄の「証」が含まれている。親密な書簡というのは、内容がデリケートであるという意味からである。書簡の中で、南原はオアに対して、反共演

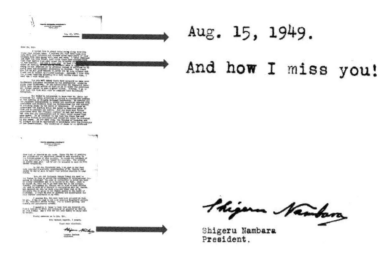

図1-2　南原繁からオアに宛てた個人書簡(1949 年 8 月 15 日付)

説により、言論の自由が制約され、戦前の思想統制と同じことが繰り返されている、と当時の日本の状況を訴え、ウォルター・イールズを名指しで批判している。

　オアによれば、書簡のはじめのところに、「And how I miss you!」という文言がある。これが、両者の親密な間柄を表しているとオアが筆者に話してくれた。この表現は、英語的には、深い信頼感を表すものである。1949 年といえば、まだ占領下である。すなわち、元 CI&E 教育課長と日本側教育家委員会委員長という間柄であった。南原が、ワシントンでの極東委員会会議に出張した折、このような私的な書簡を出したことは異例のことである[13]。

　一方、国内においは、吉田茂首相との「対立」が際立っていた。有名なことばに、吉田は、南原のことを「曲学阿世」と呼び、「学問上の真理をまげて、世間や権力者の気に入るような言動をする」と名指しで批判した。両者の対立については言及しない。

6）ストッダード団長の裏の「側面」

　ストッダード団長も、教育使節団について多くを語らず、決定的な証拠は、

彼の回顧録 (*The Pursuit of Education: An Autobiography*: New York, Vantage Press, 1981) 以外
にない。この回顧録は、彼の子息でメリーランド州ベセスダ在住フィリップ・
ストッダード (Philip H. Stoddard) から、署名入りで献本されたものである。彼
の『回顧録』の第 7 章に、「天皇と私」と題した論文が含まれている。この章
では、教育使節団のこと、マッカーサーのこと、『報告書』のことなどが書
かれている。章のタイトルからもわかるように、「天皇と私」のことがハイ
ライトである。とくに、皇太子の家庭教師の人選に関わったことは、彼の生
涯の良き思い出となったようで、後年 (1947 年)、エリザベル・バイニング夫
人との写真が同書の中に掲載されている[14]。

　ストッダードは、「心理学者」であった。1946 年当時は、ニューヨーク州
教育長官として手腕を振るったが、他の教育使節団候補者ほどの著名さでは
なかったのかも知れない。なぜなら、初期の教育使節団候補者リストには列
挙されていなかったからである。彼を抜擢したのは、当時の国務次官補ウイ
リアム・ベントンである。彼は、国際会合を通して、ストッダードとは旧知
の仲で、日本への教育使節団の団員としてではなく、団長として抜擢した。
したがって、27 名の中の同姓のアレキサンダー・J・ストッダード団員と混
同して報道されることもあった。

　ストッダードの長男フィリップ・ストッダードから、団長の人となりを聞
くことができた。実は、筆者がニューヨーク市のコロンビア大学大学院に在
籍した同じころ、ストッダード団長も、ニューヨーク市内に在住していたこ
とを子息から聞いた。もしかすると、独占インタビューができ、新たな発見
につながったかも知れない。子息を通して、当時のニューヨーク州教育長官
時代の文書を探してもらったが、廃棄処分された後で、何も残されていなかっ
た。しかし、子息の自宅にストッダードが最後まで、手元に置いた『報告書』(原
本・英文) が残されていた。表紙に「稀覯本」と直筆で署名されていた。筆者は、
それを「献本」してもらい、後年、国立国会図書館利用者サービス部政治史
料課占領期資料係に寄贈した。

　子息によれば、彼が、ベントン国務次官補から抜擢された理由は、ニュー
ヨーク州教育長官のときの、彼の教育行政官としての手腕が高く評価された

からではないかということである。具体的には、彼は、判断力に秀でた教育
行政官で、何を選択すべきかを、瞬時に判断できる叡智のもち主であった。
顧みれば、ストッダード団長が、最後の土壇場で、学校制度を議論した、第
三分科会の六・五制草案の破棄を命じたことと軌を一にするところがある。
すなわち、草案を残すことで、『報告書』のインパクトが弱まることを、教
育行政官としての経験から判断したものと思われる。この草案は、後年「ま
ぼろしの報告書」として、研究者が探し求めた。

　子息によれば、ストッダード団長は、トルコにおけるローマ字改革にも強い
関心を寄せていた。したがって、来日当時、CI&E教育課ロバート・キング・ホー
ルの主導するローマ字改革にも、関心を寄せたものと推察できる。ローマ字改
革の「騒動」は、土壇場まで決着がつかず、最終的には、国務省の判断を仰ぐ
事態となった。したがって、当時のローマ字改革の混沌とした状況を勘案しな
がら、『報告書』のその部分を読むと、「歯切れの悪い」との印象を払拭できない。
詳細は、1章「外圧の過去」の「5　1946年の『報告書』は何を勧告したか」を参照。

　筆者は、南原や日本側教育家委員会の対応について、多くの時間を費やし
た。前述のように、『報告書』の原案の多くは、南原を中心とする日本側教
育家委員会との「忖度」で決まったところが多いと考えたからである。しかし、
六・三制をはじめ、授業の実施は、学校現場の指揮官であった、CI&E教育
課の下に置かれたことを勘案すれば、学校現場に赴き、教員や教育関係者と
頻繁に議論・交渉を重ねたのは、ほかでもないCI&E教育課スタッフであっ
た。したがって、彼らの活動を抜きに、どのような経緯を経て、学校制度が
実現したのかを知ることは不可能である。

5　1946年の『報告書』は何を勧告したか

1)『報告書』を読む「心得」

（1）はじめに

　なぜ、『報告書』を読むのに「心得」が必要なのか。怪訝な顔をする読者も
いるかも知れない。それは、『報告書』の原文が、英語で書かれているから
である。すなわち、日本語と英語の文章表現には、顕著な違いがある。日本

語の文章の多くが、「起承転結」を踏襲して、結論が最後にくるのに対して、英語の場合、結論を最初にもってくる。とくに、冒頭の表現に注意を払う必要があると考えるからである。

　そのような意図から、本書では、『報告書』の英文原点と日本語訳を並列して表示した。それによって、教育使節団が何を伝えたかったのか、そのニュアンスを直に読み取ってもらえるのではないかと考えた。

　『報告書』は、未来を担う若者の教育がどうあるべきかに真摯に向き合った提言である。したがって、戦後教育改革が長いスパンで描写されていた。その意味から、『報告書』は、戦後70年が経過したいま「読む」ことに意義がある。新型コロナウイルス感染拡大の危機に直面して、『報告書』が何を伝えたかったのか改めて考える良い機会である。

　(2)　逆三角形の手法

　新聞は、読者に伝えたい最も重要なことを文章の最初に書く。これを「逆三角形」手法と呼んでいる。長い記事や緊迫したニュース報道の場合は、前文(リード)にポイントをまとめ、続いて本文で重要なことから、順に書くスタイルである。これは、新聞独自の文章構成である。なぜなら、日本では「逆三角形」ではなく、「三角形」手法で文章作成を習うのが一般的であるからである。これは、伝統的な文章作成法の「起承転結」に倣っているところが大きい。すなわち、「結」(結論)の部分が、最後になるように、文章作成の指導がされる。なぜ、新聞だけが逆三角形の手法を取るのか、不思議に思ったことがある。その理由は、最初の段落に重要なことを書かなければ、重大ニュースが飛び込んだとき、最後に重要なことが書かれていても削除されてしまう恐れがあるからである。

　(3)　起承転結のない文章

　アメリカにおける文章作成は、新聞と同じように「逆三角形」手法である。とくに、学術論文にはその傾向が強い。日本人にノーベル賞受賞者が少ないのは、英語が対象言語であり、欧米諸国の英語圏に比べて「不利」だというだけがその理由ではない。文章構成が、起承転結になっているからではないかと考える。

澤田昭夫『論文の書き方』(講談社、1977年)には、興味深いことが書かれている。すなわち、「日本に数年間滞在して日本の物理学者が書く英語論文を直していたイギリスの物理学者レゲット氏は、日本人の論文がわかりにくのは、ことばの問題というよりも、論旨のたて方の問題で、横道(サイドラック)がたくさんあって何が幹線(メイントラック)なのかわからないようになっているからだと述べています。これはまさに構造的思考の欠如を指摘した批評です」[15]がそうである。筆者は、「構造的思考の欠如」とは、日本の伝統的な「起承転結」を指していると思っている。日本人がノーベル賞を多く受賞できない理由の一つがそれであるとしたら傾注に値する。澤田は、起承転結は、学術論文では具体性を欠くとして、「起承転結ではこまる」と述べている[16]。起承転結の中でも「転」は、日本語の奥深さを醸し出すところで重要である。しかし、こと学術論文においては、逆に、「足かせ」になり、説得力を欠くことになりかねない。

　英語の場合、以下のイラスト**図1-3**のように、「結論(トピックセンテンス)・本論(サポートセンテンス)・結語(コンクルーディングセンテンス)」というシンプルな「ハンバーガー」スタイルの逆三角形の文章構成となる[17]。

　文章の要は、最初のパラグラフにある。なぜなら、誰もが先に「結論」を知りたいからである。忙しいビジネス社会では、「結論」が先に求められることが多い。新聞の社説の構成が役立つことがある。なぜなら、「意見」と

トピック センテンス
パラグラフの主張

サポート センテンス
主張を支える根拠や例

コンクルーディング センテンス
トピックセンテンスを言い換えた
まとめ

図1-3　「結論・本論・結語」を表すハンバーガー

「事実」のバランスが求められるからである。事実だけを羅列しても「無味乾燥」で面白くない。意見だけのものは、面白いが「三流新聞」になる。事実を自分のことばでパラフレーズした意見が、「社説」の醍醐味といえる。「社説」について学んだことがある。これは新聞「社」の論説委員らがまとめたもので、個人の執筆者によるものではない。

　新聞記事の執筆者は、記事にタイトルをつけないといわれる。執筆者とは別の「編集部」「整理記者」が後からつける。そのためには、判断力が欠かせない。他者の原稿を読んで、どのようにわかりやすく読者に伝えるか、短いタイトルで表現しなければならない。まさしく、リベラルアーツ的な批判的思考力、洞察力、鳥瞰図的な視点が不可欠である。最後にタイトルをつけるのは理に適っている。あたかも、出版社の編集者が新刊の「帯」を、著者に代わって要点を短くまとめるのと同じで、新鮮な表現を醸し出す。

　逆三角形で、結論を先に書くことに関連した表現に、「結論先にありき」がある。これは、あまり良い譬えとして使われない。たとえば、裁判官の判決文は、都合の悪い証拠を「黙殺」して、結論を急ぐものである。これは、学術論文にも似ていて、一見、説得力があるように思われるが、裁判官の判決文の場合、当事者には受け入れがたいところがある。

　教育関係でも同じことが起こる。たとえば、筆者も経験したことがあるが、大学を新設するには、肝心なカリキュラムを先に決め、そして担当教員を探すのが本来の手続きである。しかし、日本の場合は、先に教員を決める。すなわち、「教員先にありき」である。これは、旧文部省から「教員先にありき」では困る、カリキュラムが決まった後、科目担当者を探すべきだと注意されるが、どうしても教員の人選が先に来る。そうしなければ、カリキュラムは「見せかけ」のものに過ぎない。換言すれば、学習者のことが眼中にないことになる。大学認可には教員審査があるが、審査委員が教員の業績をどれだけ客観的に審査ができるか、はなはだ疑問である。このような現象は、農耕民族社会の縮図なのかも知れない。基本的に、日本人には客観的な評価はそぐわない。

　日本には伝統的に「根回し」という独特の文化がある。これは、客観的な

評価を好まない風土を補塡する。学校が絶対評価を避けて、相対評価に傾く所以がそこにある。「相対的評価」のような曖昧な序列判断で良いのだろうか。義務教育ならいざ知らず、大学までもが相対評価に甘んじるのは、「みんなで渡れば怖くない」の心情に似通っている。

　学術論文もレフリー付審査が最高のものだとされる。最近でこそ、審査が厳しく、誰が審査委員かが目隠しされ、内容からも執筆者が特定できないように事細かな要領ができている。余談になるが、あるアメリカの学会発起人で、その分野の権威者の投稿が、同学会誌の論文審査で却下されたことが話題になったことがある。日本では、このような「珍事」が起こるだろうか。何らかの根回しか、「辞退」という「事なかれ主義」で一件落着する。このように日米の文化・教育の比較を通して、日本の「特異性」を露にすることができる。

　起承転結の「転」について、警鐘を鳴らすつもりが脱線して、本末転倒の「転」を演じた。要は、『報告書』の各章の項目の冒頭に、教育使節団の要旨が「凝縮」されていることを強調したかったに過ぎない。『報告書』の中から、いくつかを抽出して、教育使節団が何を勧告したかを改めて紐といて、筆者の解説を加える。

　それぞれに項目を付け、引用部分を斜体にした。『報告書』に関する翻訳書は多々あるが、筆者は、村井実『アメリカ教育使節団報告書～全訳解説～』（講談社学術文庫、1979 年）を使用する。それは、同翻訳書が『報告書』の趣旨を現代風に最もわかりやすく伝えていると考えるからである。また、英語の原文も並列して、読者に教育使節団の提言のニュアンスを直に読み取ってもらいたいと考えた。

2）「ポツダム宣言」の遵守

（1）「民主的傾向ノ復活強化」条項の徹底

　「*その大部分は、すでに日本の教育界に強く現れている傾向を支持するものである*」[18]（17 頁）。(For the most part these support trends already strong within Japanese educational circles)

26

　占領下日本を解明するには、アメリカ占領軍のフィロソフィーが何であったかを知る必要がある。そうでなければ、方向性を見誤る。アメリカ対日占領政策は一貫して、「ポスダム宣言」の「民主的傾向ノ復活強化」にあった[19]。これは、戦時下アメリカ側による分析にもとづいたもので、戦前日本には民主的傾向が存在していたとの前提に立ち、それを復活・強化するというものであった。すなわち、その時点で「間接統治」という考えが根底にあった。具体的には、戦前の「大正デモクラシー」を指したが、これは限定的なもので、大衆にまで民主的傾向が浸透していたどうか疑いの余地がある。しかし、少なくとも、「ポツダム宣言」の条項では、そのように分析した。したがって、「ポツダム宣言」を慎重に読み解けば、「押しつけ論」的な考えなどなかった。それは、占領軍の考えというよりも、アメリカ民主主義の原理にもとづくものである。決して、難しい論理ではない。良いものを伸ばす姿勢が基本で、まさしく、Education の語源そのものである。

　したがって、アメリカを代表する 27 名の教育者と教育行政官の「抱負」は、「民主的傾向ノ復活強化」に凝縮されていたといっても過言ではない。そこでは、戦前の軍国主義下で弾圧されながらも、民主的な萌芽が存在したとの前向きの姿勢で『報告書』の執筆に臨んだことがわかる。

　教育使節団の基本的な考えは、「間接統治」という占領政策に後押しされた。これは、日本側教育者と円滑な議論ができた要因の一つである。わずか 30 日あまりで、一国の教育制度や内容を抜本的に改革して、『報告書』に盛り込んで勧告することは、日本人に民主的傾向の動向がなければ不可能であった。

　これまでの占領史研究は、被占領国日本側の視点に立ったことから、「押しつけ憲法」論に象徴されるように、GHQ による押しつけとの印象が強い。その影響もあって、六・三・三・四制の学校制度改革も「押しつけ論」的な「俗論」が蔓延した。しかし、「ポツダム宣言」の趣旨を理解していれば、真逆の解釈も可能であった。

　最近の研究では、『報告書』は、教育使節団と日本側教育家委員会との共同作業であるとの結論にある。しかし、筆者は、一歩踏み込んで、『報告書』

は日本側の「草案」を、米国教育使節団が「裏打ち」したものではないかと考えている。

(2) 征服者の精神で来日したのではない

「*われわれは決して、征服者の精神をもってきたのではなく、すべての人間の内部に、自由と、個人的・社会的成長とに対する測り知れない潜在的欲求があると信ずる、経験ある教育者としてきたのである*」(19頁)(We do not come in the spirit of conquerors, but as experienced educators who believe that there is an unmeasured potential for freedom and for individual and social growth in every human being)

感動的な一文である。敗戦直後、そして占領下日本に「征服者」でなく、経験ある教育者として、「対等」な立場で、戦後日本の教育改革に臨んだと宣言している。少なくとも、この短い文章を読む限り、教育改革において「押しつけ論」など、微塵もなかった。

(3) 最大の希望は子供たちにある

「*われわれの最大の希望は子供たちにある*」(19頁)(Our greatest hope, however, is in the children)

これまで、多くのところで引用される格調高い声明文である。すなわち、子どもたちを中心とした教育改革が提言されている。この後、約50年が経過した1995年頃、アメリカで「学習パラダイムへの転換」が起こり、それが世界を駆け巡った。顧みれば、教育使節団は1946年の時点で、そのことを「予言」したかのように、学習者中心の学校制度やカリキュラム内容を提言していた。

(4) 画一性を好まない

「*われわれは画一性を好まない。教育者としては、個人差・独創性・自発性に常に心を配っている。それが民主主義の精神なのである*」(22頁)(We are not devoted to uniformity; as educators we are constantly alert to deviation, originality, and spontaneity. That is the spirit of democracy)

民主主義の精神とは何かをわかりやすく説いている。「画一性」では、民主主義の真意がわからないと警鐘を鳴らしている。それを裏づけるかのように、「*われわれは、われわれの制度をただ表面的に模倣されても喜びはしない*」

28

(22頁) (We are not flattered by any superficial imitation of our institutions)

　これは、暗に、アメリカの学校制度の模倣を「批判」しているかのようにも受けとめられる。このことからも、六・三制の「押しつけ論」は考えにくい。さらに、六・三制とは別の学校制度があったことを「暗示」している。

(5) 教育行政官の務め

　「教師であれ、教育行政官であれ、教育者の職能に関する一つの教訓がここに存在する。教師の最善の能力は、自由の雰囲気の中でのみ栄えるものである。この雰囲気を整えてやるのが教育行政官の務めであり、決してこの逆ではない」 (22頁) (There is a lesson in the with respect to the function of the educator, whether teacher or administrator. The best capacities of teachers flourish only in an atmosphere of freedom. It is the business of the administrator to furnish this, not its opposite)

　『報告書』は、教育行政官の務めを明文化している。これは、未だに、教育関係者に浸透していない。それは、優れた教育行政官が育っていない現状からも裏づけられる。教師の「職能」についても謳っている。はたして、教師が自由の雰囲気の中で、活躍できる環境が整っているだろうか。それができないのであれば、教育行政としての文科省の責任が問われなければならない。初等・中等教育の場合、「学習指導要領」に拘束され、自由な授業設計が許されない現状がある。このような「警告」が、1946年に示唆されたことは、驚きであり、先見の明があった。

(6) 自由主義の陽光の下でのみ豊かな実を結ぶ

　「子供たちの測り知れない資質は、自由主義の陽光の下でのみ豊かな実を結ぶ。この光を供するのが教師の務めであり、決してこの逆ではないのである」 (同、22頁) (The unmeasured resources of childhood will bear rich fruit only under the sunshine of liberalism. It is the business of the teacher to furnish this, not its opposite)

　教育行政官の「務め」と教師の「務め」が対になった、格調高い表現である。1995年を起点に、「学習パラダイムへの転換」の影響を受けて、教師の「職能」に変化が**図1-4**のように見られた[20]。最近では、教師の「ファシリテーター」としての役割が注目され、子どもを伸ばす授業方法にまで踏み込んでいる。しかし、教育行政官の「務め」に対する考えの「パラダイム転換」は遅れている。

	教育パラダイム	学習パラダイム
① 使命と目的	＊教育を提供／伝授する ＊知識を教員から学生に移譲する	＊学習を生み出す ＊学生から知識の発見や考えを誘い出す
② 成果の基準	＊インプット、資質 ＊入学する学生の質	＊学習と学生の成果の結果 ＊卒業する学生の質
③学習理論	＊知識は"外に"ある ＊学習は教師中心に管理される ＊才能や能力はわずかである　⇒	＊知識は一人一人の心の中にあり、個人の体験によって形成される ＊学習は学生中心に管理される ＊才能と能力があふれている
④役割の性質	＊教員は主として講義者である ＊教員と学生は独立して別々に行動する	＊教員は主として学習方法や環境の設計者である ＊教員と学生は一緒に、あるいは他のスタッフも加えてチームで活動する

図1-4　パラダイムの現状と課題

出典：「教育から学習への転換～学士課程教育の新しいパラダイム～」ロバート・B・バー＆ジョン・タグ『主体的学び』創刊号（東信堂、2014年）7頁

　戦前・戦中の学校教育は、超国家主義と軍国主義一色であった。教師の多くは、「師範学校」卒で「師範色」が強かった。現在のような検定教科書や学習指導要領という生ぬるいものではなかった。そこでは、国定教科書にもとづき、教師は国家の「下僕」として、国家の命令を「金科玉条」とばかりに堅守する中で、1946年の米国教育使節団『報告書』の「教師の務め」の提言であったことを鑑みれば、驚異的であった。教育使節団の提言が、アメリカの進歩的な考え方を反映したものであったとしも、敗戦直後の日本人には、「青天の霹靂」であったに違いない。すなわち、教育使節団の勧告は、未来の子どもたちをターゲットにした、踏み込んだ内容のものであった。

　(7) 自由主義の真の意味

　「*どのくらい禁じられるべきかを見つけ出すよりも、どのくらい許されるべきかを見つけ出すことが、すべて権威の立場に立つ人々の責任なのである。これが自由主義の意味である*」(23頁)(It is the responsibility of all in authority to find out how much can be allowed rather than how much can be forbidden. That is the meaning of liberalism)

子どもたちに対する教え方の違いを鮮明にしたもので、「教育」と考える
か「エデュケーション」と考えるかの違いである。これを、敗戦直後の「軍国
主義」の色彩が残存する中で、個々の教員がどのように受け止めたのか、示
唆に富む内容である。

(8) 自由主義は宗旨ではない

「*民主主義とは、宗旨ではなく、人間の解放された力をあらゆる多様性の
中で発揮できるようにするための有効な手段なのである*」(23 頁) (Democracy
is not a cult but a convenient means through which the emancipated energies of men may be al-
lowed to display themselves in utmost variety)

当時、日本人が戦争に負けたのは、「国家主義」によるものであると卑屈
に考え、戦勝国アメリカには、「民主主義」という優れた「教科書」があるに
違いないと信じ込んでいたとの興味深い証言がある。当時、CI&E 教育課で
教科書担当官であったハーバート・ワンダーリックは、当時のエピソードを
筆者に語った[21]。多くの教員が、戦後の教科書のあり方を議論する中で、「民
主主義」について書かれたアメリカの「教科書」が欲しいと懇願した。ワン
ダーリックは、返答に苦慮し、そのような「教科書」など存在しないと答え
た。教科書は、あくまでも手段に過ぎないと説明した。しかし、これを聞い
た教員は驚愕して、「教科書」がないなどあり得ないと怪訝な顔をしたとい
う。当時、軍国主義色彩の強い国定教科書を金科玉条と教え込まれた日本人
にとっては信じがたかったに違いない。ワンダーリックをはじめ、CI&E 教
育課担当官が、教育使節団に日本の教育現状について事前説明会したことを
鑑みると、ワンダーリックの考えが、『報告書』に直接・間接的に反映した
と考えられる。

3) 現状との乖離

(1) カリキュラムの再構築

「*日本の教育におけるカリキュラム、教科課程、教授法および教科書の
立て直しは、戦前の日本の教育制度に照らし合わせ、また、いまや自由主
義的・民主主義的政治形態を採択する機会が日本人に与えられたという事*

実に鑑みて、考慮されなければならない。改革についての諸提案が考慮される前に、日本の教育の実際をはっきり理解することが重要である」（27頁）（The reconstruction of the curriculum, courses of study, methods of instruction and textbooks in Japanese education, should be considered in the light of the pre-war Japanese system of education and of the opportunity now given to the Japanese people to adopt a liberal, democratic form of government. Before proposals for reform can be considered, it is important to have a clear understanding of those educational practices which, unless they are brought to light, may militate against the successful adoption of the proposals）

　第1章の冒頭の文言である。教育使節団の姿勢は、戦前日本の学校教育のすべてを否定するのではなく、それを「再構築（Reconstruction）」するという柔軟な姿勢であった。これは、教育使節団第三分科会が、戦後の初等・中等学校制度の「原案」に戦前の「六・五制」を軸として、民主化および義務教育をめざしたことと軌を一にするものである。これを裏づける史料が発掘された。「大発見」だと騒がれ、全国版新聞のニュースになった。しかし、アメリカの教育事情を知る筆者からすれば、それほど驚きに値しなかった。なぜなら、想定内と考えていたからである。

　もともと、占領下日本の教育改革の研究をはじめる契機となったのは、教育改革が、占領軍による「押しつけ」との「俗論」に対して、「そんな『馬鹿な』ことがあるはずがない！」との反発からであった。なぜなら、アメリカにおける民主主義の根本的な考えには、すべてを否定するのではなく、良いものは伸ばすというのが教育の基本であることを熟知していたからである。その意味で、学校教育を抜本的に「変革」するというよりも、「改革」とのニュアンスが強かった。それを「曖昧模糊」にしたのは、占領政策が「間接統治」であったために、真意が国民の末端まで徹底されなかった。

　(2) 教育効果は画一的には測れない

　「教育の効果は、標準化や画一化がどの程度達成されたかによって測られた」（28頁）（The measure of efficiency was the degree to which standardization and uniformity were secured）

　日本では、教育の「効率性」が最優先された。これは、現在も同じで、未だ、

改善されていない。その結果、相対評価によって、画一的な序列競争を煽っている。その渦中で、子どもたちは「窒息状況」に置かれる。

さらに、「*出発点は個人でなくてはならない*」(30 頁) (The starting point must be the individual) の提言は、集団行動をモットーとする日本人には衝撃的であったに違いない。

近年、「主体的学び」がキーワードとして、クローズアップされる。最近、DX (デジタル・トランスフォーメーション) との関連から、文科省も「学修者本位の教育」を鮮明に打ち出した。戦後 60 年以上が経過して、漸く動き出した。

(3) 形式的な民主主義では意味がない

「*ただ『民主主義』ということばを繰り返していても、その内容が備わらなければ、意味はないのである*」(30 頁) (To repeat constantly the word "democracy" is meaningless unless it is clothed with content)

『民主主義』のことばを、繰り返すだけでは、無意味である。それまでは、「教育勅語」という絶対服従的な教義があり、理解するというよりも「暗記」することに重点が置かれた。前述のように、教科書担当官ワンダーリックのところに、アメリカの「民主主義」教科書が欲しいと陳情にきた教員と重なるところがあった。教科書があれば、すべてが解決するとの考えは、短絡的である。教育使節団が、繰り返し警鐘を鳴らしたのは、「制度」ではなく、「内容」であった。

(4) 能力と適性に応じた教育の機会均等

「*各人の能力と適性に応じて、教育の機会を与えられるよう組織されるであろう*」(30 頁) (It will be so organized as to provide educational opportunity in accordance with the abilities and aptitudes of each person)

『教育基本法』の「教育の機会均等」条項の原点となった。注意すべきは、「能力」だけでなく、「適性」に応じてのくだりで、それを制度として行うのが『教育基本法』の理念である。

(5) 批判的能力を育てるには学問・研究の自由が不可欠

「*学問研究の自由、批判的に分析する能力の訓練を大切にするであろう*」(30 頁) (Through content and methods instruction it will foster freedom of inquiry and training in the ability to analyze critically）

　学問・研究を促進するには、批判的分析力の育成が不可欠であるとして、リベラルアーツ的な批判的精神の涵養を提言した。はたして、この精神が貫かれているだろうか。

(6) 民主主義教育の成功は画一性では測れない

　「*学校の仕事があらかじめ規定された教科課程や、各教科についてただ一つだけ認められた教科書に限定されていたのでは、遂げられることはできない。民主主義における教育の成功は、画一性や標準化によって測られることはできないのである*」（30-31 頁）（These ends cannot be promoted if the work of the school is limited to prescribed course of study and to a single approved textbook in each subject. The success of education in a democracy cannot be measured in term of uniformity and standardization）

　「(2) 教育効果は画一的には測れない」と重なるところがある。教育使節団は、画一性や標準化のことを、ことさら繰り返している。すなわち、それが、民主主義の原理に反していると考えるからである。国定教科書から検定教科書に変わったことが容易に推察できる。しかし、現状は、『報告書』の本意とは乖離している。なぜなら、検定教科書という、うわべだけは繕ったが、根底には学習指導要領があり、画一性や標準化は是正されていないからである。教育使節団は、「われわれは、われわれの制度をただ表面的に模倣されても喜びはしない」（22 頁）（We are not flattered by any superficial imitation of our institutions）と警鐘を鳴らした。

(7) 責任ある社会の一員

　「*教育は個人を、社会の責任ある、協力的な一員となるよう準備しなければならない*」（31 頁）（Education should prepare the individual to become a responsible cooperating member of society）

　アメリカのシティズンシップを謳った、教育と社会を関連づけ、社会の一員と位置づける点が注目に値する。最近でこそ、大学教育を「社会人基礎力育成」として捉えるように変わったが、そこに至るまでに、長い年月を要した。この考えは、「*国際連合憲章および国際連合教育・科学・文化機構の規約草*

案に明記されている基本的諸原理に合致するものである」(31頁)(All this is in harmony with the fundamental principles laid down in the Charter of the United Nations Organization and the draft of Constitution of the United Nations Educational, Scientific and Cultural Organization) とのストッダード団長の考えにもとづくもので、きわめて格調高い勧告文である。

(8) 国定教科書の規制の排除

「したがって、中央政府当局は、内容および教授方法あるいは教科書を規制すべきではなく、この領域におけるその活動を、要綱や示唆や教授手引きの出版に限定すべきであるということになる」(31頁)(It follows that the central authority should not prescribe content methods of instruction, of textbooks, but should limit its activities in this area to the publication of outlines, suggestion and teaching guides)

文部省は、「忖度」したかのように装い、国定教科書を廃止して、「学習指導要領」を作成し、「検定教科書」と化して「順応」したように見せかけた。CI&E 教育課で教科書改革を担当したワンダーリックは、筆者とのインタビューで、これは「暫定的」なもので、「試案」という意味合いのものであったと述べている。すなわち、「社会科」のような、新しい教科書の手引書として期待された。しかし、現状では「学習指導要領」に、法的拘束力をもたせる方向へと変貌した。これなど、「間接統治」のなせる「悲劇」といわざるを得ない。

(9) 批判的分析力には科学的精神が不可欠

「事実と神話、現実と幻想を識別する能力は、批判的分析という科学的精神の中で栄えるものである」(32-33頁)(The ability to distinguish between fact and mythology, between the real and the fanciful, flourishes in a scientific spirit of critical analysis)

識別能力は、批判的分析力によるべきであるとして、リベラルアーツ教育の重要性を勧告した。前述のように、新聞の「社説」にも反映している。たとえば、社説は「事実と意見」を交互に記述し、何が事実(Fact)か、何が意見(Opinion)かを、明確に区分して、読者に真相を正しく伝える役割を担っている。したがって、両者のバランスが重要になる。事実だけの「羅列」では、無味乾燥で感動が伝わらない。一方、意見だけでも「偏見」を煽るだけになる。

たしかに、「大河ドラマ」のように、面白い展開になるかも知れないが、根拠となる史実に乏しい。これでは、「芸能誌（タブロイド）」の域を出ない。歴史研究は、意見よりも「史実」に重点が置かれるべきである。

(10) 試験第一主義の改善

「*このことは、特に両親、生徒、および教師の心を支配してきた試験第一主義という目的を改めることを意味している。試験の準備に支配されている教育制度は、形式的で紋切り型になってしまうものである。それは教師と生徒の側の大勢順応主義を作り出す。それは、研究と批判的判断の自由を窒息させ、全体としての社会よりもむしろ狭い官僚社会の利益に迎合するお上の操縦に容易に身をまかせる。そしてついには、この制度は、時として欺瞞や腐敗あるいは不健全な欲求不満につながる異常な競争心を生み出すのである*」(33頁)(This means a shift from the aim, foremost in the minds of parents, students, and teachers, of passing examination. A system of education that is dominated by preparation for examinations becomes formal and stereotyped; it makes for conformity on the part of teachers and students. It stifles freedom of inquiry and critical judgment, lending itself readily to manipulation by the authorities, in the interests of a narrow bureaucracy rather than of society as a whole. Finally, the system engenders an abnormal competitive spirit that may lead a times to cheating and corruption, or to an unhealthy frustration)

少々長い引用であるが、一貫性がある。すなわち、伝統的な試験制度の弊害が、学校だけに限定されず、社会そして政治の腐敗にまでつながるとして、その原点を見直す必要があると「警告」している。戦後70年が経過した現状を鑑みると、恐ろしいほどの「洞察力」であったことを伺わせる。換言すれば、当時から何一つ変わっていないことを意味する。それどころか、悪化の一途をたどっている。これは、取りも直さず、諸悪の根元が断たれていない証である。

(11) 社会全体としての教育の役割

「*教育は、もちろん学校だけに限られるものではない。家庭、近隣、その他の社会機構もそれぞれ教育において果たすべき役割を持っている*」(33頁)(Education, of course, is not confined to the school alone; the family, the neighborhood and other social structures have their part to play in it)

「学校神話」の崩壊を示唆している。これは、現在にも通じるもので、学校が社会から孤立した状態に置かれることを危惧している。学校は、文科省の「所有物」ではない。これでは、学校が社会と断絶していると批判されても仕方がない。アメリカでは、学校は、社会の一部との認識が強い。したがって、学ぶことが、社会性につながる。日本人は、社会性に乏しい。社会人としての自覚が欠けると批判される遠因は、文科省の主導する「学校神話」に「呪われて」いるからかも知れない。

　(12) 試験弊害の周知

「学ぶ者が理解して学び取るのでなければ、教育は、試験が終わるや否や忘れ去られてしまう諸項目をただ集積するだけのものになってしまうのである」(34 頁) (Unless the learner is an active participant in the process of education, that is, unless he learns with understanding, education becomes an accumulation of items to be forgotten as soon as examinations are over)

現在も通用する内容である。換言すれば、戦後 70 年、ほとんど変わっていない。教育使節団は、暗記主義にもとづく、試験制度の弊害を断罪している。そして、日本の学校では、学習者が主体的に「学ぶ」のではなく、教員が学ばせていると批判している。したがって、試験が終われば、忘れ去る。この部分を読んで、筆者は、ジョン・ズビザレタ教授のイラストを思い浮かべた[22]。彼は、「理解する」ことが、ラーニング・ポートフォリオにつながると指摘している。また、ディ・フィンク博士は、評価について、「後ろ向き評価」と「前向き評価」があると興味深く説明している[23]。フィンクは、「後ろ向き評価」のことを、「時代遅れのアセスメント方法」と呼び、「学び」が、形式的で試験のために終始しているのに対して、「前向き評価」を、「将来を考えたアセスメント方法」と呼び、学習者が積極的に学び、応用・展開するところに、重点が置かれると、その違いを峻別している。「学び」は、個々の学習者によって異なるから、「評価」ではなく、「アセスメント (教育的評価)」が適切であると主張している。

4) カリキュラムの勧告

(1) 文部省の役割の再考

「*中央政府当局あるいは文部省が果たすべき役割はなんであろうか。われ
われは、まず第一に、それは教育が実際にもっとも良く実行されるための条
件を整えることだと信ずる*」(35頁)(What then should be the part of the central author-
ity or Department of Education in the formulation of curricula and courses of study? We believe
that primarily it should create those conditions under which the process of education can best be
carried out)

『教育基本法』の教育行政の役割の基本、「条件整備」の根拠のところである。
現在はどうだろうか。勧告通りに、実行されているだろうか。「学習指導要
領」や「検定教科書」の現状を鑑みれば、文部行政の役割は、教育使節団の勧
告とは、逆行している。

(2) 教科書は文部省の独占ではない

「*日本の教育に用いられる教科書は、実質上文部省の独占となっている*」
(36頁)(Textbooks in Japanese education are virtually a monopoly of the Department of Edu-
cation)「*教科書の作成および発行は自由な競争にまかせるべきである*」(36頁)
(The preparation and publication of textbooks should be left to open competition)

教科書が、文部省の独占になっていると批判し、教科書の作成と発行は自
由競争に委ねるべきであるとの口調で、「検定教科書」を示唆している。

(3) 道徳の課程の再考

「*近年の日本の学校で教えられてきた道徳の課程は、従順な市民を作り上
げることを目的とした。忠誠心による秩序を目指すこの努力は、事実上、社
会のあらゆる中心勢力に支持され、あまりにも効果的であったために、つい
にこの手段が邪悪な目的と同一視されるまでに至った。このため、道徳の課
程は中止されるに至ったのである*」(37頁)(The course in morals as taught in the Jap-
anese schools of late years was aimed at an obedient citizenry. This effort at order through loyalty
proved so effective, upborne as it was by all pillars of society, that the means became identified
with malicious ends)

道徳の課程の中止の理由について言及している。しかし、道徳そのものが

38

悪いとまでは断罪していない。使用方法に問題があるとの認識である。教育使節団は、アメリカにも道徳に近い、「倫理」があることから、そのような認識の勧告文になったものと思われる。多くの場合、方法論に問題がある。たとえば、「たらいの水と一緒に赤子を流す」という格言のように、産湯を捨てるつもりが、赤ん坊までも捨ててしまうことのないようにとの警告に値する。

(4) 民主主義にふさわしい諸徳

「*民主主義的制度のふさわしい諸徳を教えることは可能であり、それは学校でも、その他の場所でと同じく教えられるべきである。しかし、民主主義が価値の多元主義を代表していることから、民主主義の目的に至る手段もそれ自身多様である*」（37頁）（But a democratic system, like any other, requires an ethics to match and to perpetuate its own genius. Its appropriate virtues can be taught, and they should be taught in the schools as elsewhere. As democracy, however, represents a pluralism of values, the means to democratic ends are themselves manifold）

学校において「諸徳」を教えることを容認している。「道徳」と限定しないまでも黙認している。「手段」が問題であると注意を喚起している。したがって、現在の「道徳教育」の教科書は、手段において教育使節団の勧告文に逆行している。

(5) 道徳教育の再考

「*われわれは、社会機構のより優れた原理のため以外には、日本の仕来りを変えてもらいたいとは思わない*」（38頁）（We would not have Japanese manners different save for the sake of a superior principle of social organization）

(3) 道徳の課程の再考につながるもので、道徳教育に対して、敬意さえも感じられる。

(6) 良妻賢母の涵養

「*女性は、『良』妻になるためには、自らが良くなければならず、『賢』母になるためには、自らが賢くなければならないことを悟らなければならない。良さは偏狭さからは芽吹かないし、知恵は温室の植物ではない。それは広い社会経験と政治的実践から成長するものである*」（40頁）（Women must see that to be "good" wives, they must be good; and to be "wise" mothers, they must be wise. Goodness does not spring from narrowness, and wisdom is not a hothouse plant. It grows from wide social experience and from political practice）

　『報告書』のトーンは、どれも文学的で心打たれる。これは、戦後の「良妻賢母」の原点である。この重要な提言をしたのは、CI&E教育課のアイリーン・R・ドノヴァンであったとの研究がある[24]。そのためには、女性にも教養教育が必要であることが強調されている。女性のための短期大学が、誕生する契機になった。しかし、ここでは、人間としての教養教育のことで、「一般教育」として導入されたリベラルアーツ教育とは峻別して考えるべきである。女性の高等教育機関へのアクセスとして、短期大学が誕生したことは、高等教育の発展、とくに現在の女性の高等教育への「アクセス」につながったものと評価したい。

5) 歴史と地理に関する勧告
(1) 歴史と神話の混同

　「*日本の歴史は、この二つの教科を教えるうえで、これとは違った点を強調してきた。すなわち、記録された歴史と神話とが意識的に混同され、その地理は自衛的、否、宗教的と言えるほど、自己中心的であった*」（43頁）
（The history of Japan has encouraged a different emphasis in teaching both subjects. Its recorded history has been consciously confused with mythology, and its geography protectively and even religiously self-centered）

　歴史と神話が混同され、神話が歴史化することもあったと分析している。これは、すべての学問に共通することであるが、学問は「科学的」でなければならない。歴史のように、史実を扱う場合は、証拠にもとづく裏づけが不可欠である。筆者は、戦後教育史を専門としているが、日本の歴史教育には、「偏狭的」なところが多いため学生には、世界史の視点で日本史を見るように指導している。歴史には、客観性が重要で、そうでなければ、「記録」が「記憶」に陥る危険性がある[25]。

　地理においても、然りである。戦時中の「大東亜共栄圏」の考えなどまさ

しく日本の侵略を正当化したもので、国民を「洗脳」したことは、歴史研究において実証されている。戦時中、アメリカで日本の「歴史」と「地理」について徹底的に分析したのが、『菊と刀』（原題：The Chrysanthemum and the Sword: Patterns of Japanese Culture）である。これは、アメリカの文化人類学者ルース・ベネディクトが、日本文化を文献上で分析した著作である。『菊と刀』は、ベネディクトの戦時中の調査研究をもとに、1946年に出版されたものである。恩や義理など、日本文化『固有』の価値を分析している。本書は、戦争情報局日本班チーフだったベネディクトがまとめた5章から成る報告書「Japanese Behavior Patterns（日本人行動パターン）」をもとに執筆された。それが、GHQスタッフの日本観として植えつけられた。

(2) 歴史と地理教科書の書き直し

「*歴史と地理の教科書の問題は単なる改訂では済まないという点で、現在の状況は危機的である。教科書は書き直されなければならない。しかも、いままでとはまるで違う歴史観の下で書き直さなければならない。これには時間が必要である*」（44頁）（The situation is critical in the texts in history and geography cannot be merely revised; they must be rewritten, and with a different historical outlook. This requires time）

厳しい口調の勧告文である。すなわち、歴史と地理に代わって、新しいアメリカのカリキュラム「社会科」が誕生する契機となった。そのためには、時間がかかるとして、「学習指導要領」（暫定的・試行案）という考えが生まれた。したがって、本来、学習指導要領は、新しい教科のための試行的な役割のためのものであって、拘束力をもたせるようなものではなかった。

(3) 手引書としての参考書

「*手引きとして役立つように、学校教師用の参考書を早急に整えること*」（45頁）（A prompt development of school teachers' manuals to serve as guides）

教師用「手引書」を整備することを提言している。

(4) 知識の詰め込みよりも探究学習

「*試験のために事実的知識をただ覚えることよりも、自由に探究することのほうが強調されるべきである*」（51頁）（Freedom of inquiry, rather than exclusive memorization of factual knowledge for examination purposed, should be emphasized)

　これは、『報告書』第 1 章「日本の教育の目的および内容」の「結論」のところの勧告文である。そこでは、教育使節団が、試験制度の「弊害」を打開するには、「探究心」が重要であるとの認識を示している。戦後 70 年を経過して、学校教育での「探究学習」という表現が聞かれるようになり、漸く国民に浸透しつつある。たとえば、「探究学習」は、2022 年度から新しく導入される高等学校学習指導要領のキーワードとなる。

(5) 創造的教育の涵養

　「*最後に、教育制度は、学生の間に、単に知的のみならず、実践的かつ美的な興味を創り出すようなものでありたい*」(52 頁) (Finally, the educational system will do well to create new interests among students, not only intellectual, but practical and esthetic)

　前述の「結論」の後半部分からの引用である。「実践的かつ美的な興味を創り出す」ことが、リベラルアーツであるとの認識を示している。「一般教育」における、アート（技法）的な涵養を示唆する。

6)　ローマ字改革の勧告

(1) 国語改革の重要性

　「*われわれは、深い義務感から、そしてただそれのみから、日本の書きことばの根本的改革を勧める。国語改革の問題は、明らかに、根本的かつ緊急である。それは小学校から大学に至るまでの教育計画のほとんどあらゆる部門に影響を与える*」(53-54 頁) (From a deep sense of duty, and from it alone. We recommend a drastic reform of the Japanese written language. Clearly the question of language reform is basic and urgent. It casts its shadow over practically every branch of the education program, from the primary school to the university)

　教育使節団が、国語改革の提言について、いかに躊躇したか、そのデリケートさが読み取れる。そのことは、この第 2 章「国語の改革」の冒頭で、「*われわれはいまや、もし日本の児童への責任感が見逃してさえくれるならば、慎しみのためにも気楽さのためにも、むしろ避けるべきだと思われる一つの問題に直面する*」(53 頁) (We come now to a matter which both modesty and ease would counsel us to avoid, if our sense of responsibility to the children of Japan permitted) とか、「国民生活と非常に緊密な関わりをもっているので、外部からこれに迫ろうとするのは危険である」(53 頁) (Language is so intimate an organism in a people's life that it is hazardous to approach it from without) と言及しているところからも読み取ることができる。

(2) ローマ字改革の役割

「*本使節団の判断では、仮名よりもローマ字のほうに利が多いと思われる。さらに、ローマ字は民主主義的市民精神と国際的理解の成長に大いに役立つであろう*」(57 頁) (In the judgement of the Mission, there are more advantages to Romaji than to Kana. Furthermore, it would lend itself well to the growth of democratic citizenship and international understanding)

この提言から、教育使節団がローマ字改革をどのように考えていたかを知ることができる。ここでも、上から目線の勧告ではなく、「教育使節団の判断では」と謙虚に対応していたことがわかる。そして、その目的は、「民主主義的市民精神と国際的理解の成長」に役立つと述べている。

教育使節団の勧告文を受けて、ローマ字改革がクローズアップされ、国語改革が断行されるものと誰もが思っていた。なぜなら、マッカーサーも賛同し、ストッダード団長も強い関心をもっていたからである。しかし、教育使節団の中に、国務省を代表して、文化人類学者ゴードン・ボールズがいた。彼は、日本生まれで 1925 年から 1926 年にかけて、旧制第一高等学校で英語を教えたことのある親日派であった。文化人類学者としての立場から、このような日本文化の根本にかかわることは、占領軍が決めることではないと猛反発した。最終的には、日本人が決定すべき事柄であるとして、慎重な態度を貫いた。ローマ字改革が、決定したものと有頂天になっていた、ローマ字信奉者ホールは、ボールズの意見に「激怒」したことは、ボールズの証言からも明らかである[26]。

米国教育使節団の派遣は、もともと GHQ と陸軍省の管轄であったが、のちに教育事項に関わるということで、国務省に移管されたという経緯がある。そのことから、最終的には、国務省に判断を委ねられることになった。国務

省は、ボールズの証言にあるように、日本側で議論して決めることを容認した。したがって、ローマ字改革は、土壇場で変更を余儀なくされ、混乱が生じた。日本では、ローマ字改革が断行されるものと考え、ローマ字に備えた学校もあった。結局のところ、ローマ字改革は、「トーンダウン」して、日本側の「国語委員会」に委ねられることになった。

7) 学校制度改革と教育行政に関する勧告
(1) 個人の能力にふさわしい教育の機会均等

「*民主主義においては、繰り返し言うように、個々の人間存在が卓越した価値をもつのである。個人の利害を国家の利害に隷属させてはならない。個人の能力にふさわしい教育機会が、性別・人種・信条・皮膚の色の如何にかかわらず、すべての人に平等に与えられるべきである。少数のグループも尊敬され、尊重されなければならない*」(60頁) (In a democracy, individual human beings are, we repeat, of surpassing worth. Their interests must not be subordinated to those of the state. Educational opportunity, commensurate with individual ability, should be equally available for all persons regardless of sex, race, creed or color. Minority groups should be respected and valued)

この勧告文が、『報告書』第3章「初等学校および中等学校における教育行政」の冒頭「基本的教育原理」の提言であることを考えれば、この章の狙いがどこにあったかは自ずとわかる。すなわち、アメリカの基本的な教育原理が述べられている。なぜなら、「皮膚の色」が強調されているからである。その趣旨は、『教育基本法』に反映されることになった。後述の「教育の機会均等」の原点を読み取ることができる。
(2) 学校と社会の一体化

「*学校は、それが奉仕する社会にとって欠くべからざる一部分でなければならない。カリキュラムを構成する学校内での経験は、生徒の校外での経験と密接に関連していなければならない*」(60-61頁) (Schools should be integral parts of the communities which they serve. The experiences within the school which constitute the curriculum should be closely related to the out-of-school experiences of pupils)

学校は社会の一部であり、カリキュラムは、生徒の校外での経験と関連づけなければならないとして、「社会科」が想定されている。ここでは、教室外学習の重要性が指摘されている。このような考えを蔑ろにしたことが、大学における単位制の認識にも影を落とすことになった。

(3) 公教育における偏向教育の廃止

「*われわれは、政治的にしろ宗教的にしろ、国公立学校における偏向教育を廃止することに賛成する*」(61頁)(We approve the discontinuance, in the public schools, of partisan teaching, political or religious)

同章「基本的改革」の中で提言されている。公教育における偏向教育の廃止に賛成している。これは、国公立と私立学校を峻別した提言として注目される。

8) 授業および教師養成についての勧告

(1) 視学官制度の廃止

「*教師は、何を、どのように教えるかを厳密に指示されてきた。授業は、全体として、形式的で型どおりのものであった。規定された内容と形式から逸脱しないように、視学官は、印刷された指示が文字通り行なわれているかどうかを監視するよう義務づけられていた。このような組織は、授業を硬直させる効果をもつ*」(75頁)(Teachers have been told exactly what to teach and how to teach it. Teaching has been by and large, formal and stereotyped. To prevent any deviation from the prescribed content and form, inspectors have been charged with the duty of seeing that printed instructions were followed to the letter. Such system has the effect of putting teaching in a strait-jacket)

この勧告文は、『報告書』第4章「授業および教師養成教育」の冒頭「含まれる問題」の中での提言であることを鑑みれば、教育使節団がこのような認識にもとづいて、本章の提言をまとめたことになり、CI&E教育課による事前教育が徹底していたことが読み取れる。

現在とどれだけ変わっているといえるだろうか。画一的であることはいうまでもない。視学官制度こそ廃止されたが、「学習指導要領」という名の下で

拘束され、全国一律の授業形態が徹底されていることは、大きく変わったとはいい難い。戦後70年経過しても、変化の兆しが見られないとすれば、どこかに根本的な原因が内在していたことを見逃しているのかも知れない。もしかしたら、硬直した制度だけではなかったのではと疑わずにはいられない。

　筆者は、これは「平等」という日米の概念の食い違いからくるのではないかと考える。日本人は、「みんなで渡れば怖くない」とばかりに、平気で横断歩道を渡るように、他者と同じことをすることが、平等だとの独断と偏見をもっている。すなわち、他者と同じことを学び、教えられることが「平等」だと勘違いしている。これは、教育使節団が提言している、「民主主義」の理念に反するものである。他者と違うということが、民主主義の基本でなければならない。したがって、教育使節団の「*何を、どのように教えるかを厳密に指示されてきた*」（75頁）(Teachers have been told exactly what to teach and how to teach it)ことが、「*授業を硬直させる*」（75頁）(Such system has the effect of putting teaching in a strait-jacket)との結論づけにつながる。この民主主義の理念が、理解できなければ、教育使節団の深い哲学は読み解けない。"in a straitjacket"の表現には、（自由を束縛されて）「金縛りに遭う」という意味合いがある。

　(2) 個人的差異が民主主義の原点

　「*民主主義的教育とは、生徒の個人的差異をよく認識し、社会集団への効果的な参加の発展を強調するところに特徴をもつものと言えよう*」（77頁）(Democratic education can be characterized by a recognition of individual differences in pupils, by an emphasis on the development of the potentialities of the individual, and by the goal of acceptable and effective participation in the social group)

　『報告書』第4章「授業および教師養成教育」の「すぐれた授業の特徴」に含まれる勧告文である。まさしく、「教育」ではなく「Education」という概念に立ち、民主主義教育の基本が個人的差異によるものであることを強調し、学校教育を社会の一環と位置づけている。このような考えが、CI&E教育課で「社会科」の導入につながった。

　(3) 平等は画一性とは違う

　「*平等とは機械的な画一性を意味するものはない*」（78頁）(Equality does not

46

imply a dead level of uniformity）

　さらに、「個人的な差異」の項目を立てて提言を繰り返している。"A dead level of uniformity"（機械的な画一性）は、考えさせる表現である。すなわち、画一性は、「不平等」との考えに相当する。日本人が、平等とかたくなに信じていたことは、民主主義理念に反するものであった。形式に捉われ過ぎ、アメリカ型の六・三・三制を導入しさえすれば、アメリカと同じ平等の理念が共有できると錯覚した。教育使節団は、学校制度の改革にあたっては、内容が重要であることを繰り返し述べているが、日本人には理解されなかった。これは根本的には、農耕民族的な発想に根ざすもので、容易に払拭できない。

　(4) 民主的教育計画に沿った試験

　「*民主主義的な学校では、テストのプログラムやその他の方法を通じて、生徒の知的水準を発見することに努め、それに合わせて教育計画を組んでいく*」(78頁)（The democratic school, however, through its testing program, and in other ways, seeks to discover the intellectual level of its pupils and adjusts its program accordingly）

　試験制度にメスを入れている。テストは、個々の学習者の知的水準を見出すことが目的であり、それに即した教育計画を立案するためのものでなければならないとの見識を示した。すなわち、「評価」というよりも「アセスメント（教育的評価）」の重要性を提言している。教育使節団の勧告文を省みれば、現状は、戦前とさほど変わっていない。「偽りの」民主主義だと批判されても仕方がない。

　(5) 模倣学習の弊害

　「*教師が教え、生徒がそれを聞き、聞いたことを単に繰り返すといった雰囲気は、生徒の成長を刺激する効果を欠いている*」(79頁)（The teacher tells and the pupils listen and then merely give back what they have been told is not effective stimulating pupil growth）

　これは、同章の「個人の発達」のところの提言である。このような学習環境では、学習者は成長しないと警鐘を鳴らしている。画一的な一斉授業のあり方、教員中心の授業のあり方に、メスを入れている。学習者が教員の指導にしたがって、「正解」を求めて満足するのは、教員の「エゴ」に過ぎない。

教えたことの模倣では、「個人の発達」にはつながらない。学びとは、教員の教えたことを関連づけることで、はじめて自らの学びとなる。

(6) 将来につながる探究学習

「*生徒が質問を出し、いろいろな資料を調べ、自分の考えを仲間に批判してもらいながら、理性の光の中で、可能な結果あるいは現実の結果に照らして解決の道を見出していくことができるのでなければ、創意も独創性も抑圧されてしまうのである*」(79頁)(Initiative and originality are repressed unless pupils can ask question, consult different sources, subject their ideas to group criticism, testing solutions in the light of reason and in terms of possible or actual consequences)

引き続いて、自立的・自律的学習が、将来の展開につながるとの考えを示している。そのためには質問すること、資料を調べること、批判的な考えをもつことが必要であると具体的に提言している。この章は、「授業および教師養成教育」における提言であるところから、そのような学習者を育てることを目的とした、教師養成教育について提言していることがわかる。この「探究学習」は、新しく導入される高等学校学習指導要領のキーワードである。70年以上のタイムスパンを感じる。

(7) 民主的行動と経験がアクティブラーニングの原点

「*民主主義的な姿勢は、民主主義的な行動の経験によって学ばなければならない*」(79頁)(Democratic attitudes must be learned through the experience of democratic action)

同章「社会参加」の冒頭の文章である。問題解決学習という学習方法が、ジョン・デューイによって考案されたものを踏まえている。この学習方法の特徴は、記憶中心の学習ではなく、活動をすることによって学ぶところである。問題を解決することを通して学ぶ、狩猟民族型を示唆している。ジョン・デューイは、伝統的な講義形式の授業、つまり、学習者の活動が受動的な学習は記憶中心の学習で、社会との接点が見いだしにくいと、疑問を呈している。これが、アクティブラーニングの原点だと考えれば、アクティブラーニングは、アメリカの民主主義の学習方法であると結論づけることができる。

(8) 社会科で民主主義的な教授法を学ぶ

「*倫理、日本では『公民』ともいわれる分野であり、合衆国でいうところの*

48

『社会科』の一部に相応するものである。これには、学習者の成熟度に応じ
て、政治学、経済学、社会学、倫理学が含まれる」(80頁)(The field chosen for
illustration is that which is referred to as ethics and sometimes "civic" in Japan, and is a part of
"social studies" in the United States. It embraces political science, economics, sociology, and eth-
ics, adapted to the maturity of the leaner)

　「初等・中等学校では、企業、銀行、商店、警察、消防署、官庁を見学す
ることが有益であろう」(81頁)(In the elementary and secondary schools they will profit
from visits to business establishments, banks, stores, police and fire departments, and government
offices)

　「社会科」導入の具体例を「公民」と比較しながら提言している。そして、「社
会科」の教授法を取り上げている。裏を返せば、民主主義的教授法が不十分
であることを示唆している。アメリカ民主主義は、「生活様式」そのもので
あることから、容易に模倣・導入できるものはないとしたうえで、

　「彼らはまだ完全に身についたとは言えない民主主義的教授法の採用を期
待されている」(83頁)(They are expected to follow democratic methods not yet entirely fa-
miliar to them)

と「教師の再教育」を提言している。

　(9) アクティブラーナー不在の学校

　「活気のない学校というのは、教える者が教え始める段階で学ぶのを止め
てしまうような学校をいうのである」(86頁)(A static school is one whose instructors
stop learning when they begin to teach)

　同章「教師の現職」の項目の提言である。最近こそ、教員自身がアクティ
ブラーナーが重要との指摘を耳にするが、教育使節団は、1946年時点で、
このような認識を示したことは驚愕である。学習パラダイム提唱者ジョン・
タグ教授や授業デザインの一人者フィンク博士が、アクティブラーナーの重
要性について強調しているように、「教える」ということは、教員自らが「学
ぶ」という、建設的な姿勢が、『報告書』の「教師の現職教育」のところで求め
られた。換言すれば、教員が学習者の立場に立って、教える必要があると提
言している。

(10) 教師相互交流の必要性

「*教師にとって、教育上第一に必要なことは、仲間の教師たちと、互いに助言しあったり、刺激しあったりするために、集会をもつ機会が与えられることである*」(87頁)(The first educational necessity for teachers is that they shall be given opportunities to meet with their fellows for the interchange of counsel and inspiration)

　同章「教師の会合」の冒頭のことばである。この提言の裏を返せば、「*教育上第一に必要なこと*」が、うまく機能していないことを示唆している。多様な要因が考えられる。『報告書』が、敗戦直後（1946年）の時代背景に影響されていたことは否めない。戦前は、「思想統制」のもとに、視学官制度があり、教員の集会が厳しく監視された「名残り」があった。

　筆者の京都情報大学院大学には、「教員相互評価」という制度がある。これは、他大学では類を見ないユニークな制度である。大学の同僚による相互評価は難しい。すなわち、教員が他の教員を評価することは容易ではない。したがって、「相互」という視点を残し、「評価」のところを「アセスメント」に変えて、「教員相互アセスメント」とすれば、より現実的だといえる。

(11) 教師相互授業参観の必要性

「*現職教育のもっとも効果的な様相の一つは、実はもっとも素朴なものの一つである。つまり、他の教師の授業を参観させ、その後で、その教育的目的や方法について討論をさせるのである*」(89頁)(One of the most effective phases of in-service education is also one of the simplest. It is the observation of another teacher in action followed by a discussion of the educational aims and methods involved)

　同章「教師相互の授業参観」の冒頭のことばである。前述の「教師による相互交流」にもつながる。教育使節団も「教師による相互授業参観」の必要性を勧告している。そこでは、相互に「評価」するのではなく、互いの授業を「参観」することに重点が置かれている。「評価」は、「アセスメント」と違って、「良否」の判断をするもので「改善」につながらない。「百害あって一利なし」とまではいかないにしても、効果が薄い。何よりも、「参観」はアセスメントと対をなすことばである。

　筆者が、弘前大学に在職中、ラーニング・ポートフォリオの世界的権威者

50

ズビザレタ教授を招聘したことがある。当時、同大学でFDにもっとも熱心に取り組んでいた、医学部看護学科の作業療法士実習のクラスを参観したことがある。これは、ズビザレタ教授が希望したもので、担当教員にとっては驚きであった。同教授は、日本語ができない。また、学生たちも英語の説明を理解できるほどのレベルではなかったが、最も歓迎してくれたのは、学生たちであった。授業参観を終えた教授は、コメントした「メモ」を担当教授に渡した。筆者が、「無理しなくても良い」と助言したら、授業参観したら、何らかのフィードバックをするのは「常識」だと笑っていた。数年後、帝京大学八王子キャンパスに招聘したとき、文学部社会学科で試験的に導入した、「オナーズ・プログラム」の授業を参加した。学生の議論に加わり、口頭でコメントした。彼は、当時、全米オナーズ・プログラムの会長であった。

(12) 師範学校をカレッジに再編成

「*師範学校は、より優れた専門職的養成教育とよりふさわしい自由教育を提供するために、より高度のレベルに再編成されるべきである。すなわち、師範学校は、教師の養成教育のためのより高度の学校あるいは単科大学とすべきである*」(96-97頁) (Normal schools should be reorganized on a higher level so as to offer better professional preparation and a more adequate liberal education; they should become higher schools or colleges for the preparations of teachers)

『報告書』の第4章「授業および教師養成教育」では、他の章にない、「勧告」という項目を設けて、師範学校を単科大学に昇格することを提言した。さらに注目すべきは、「単科大学および総合大学における教師と教育関係職員の養成教育」(The Preparation of Teachers and School Officials in Colleges and Universities) の項目を掲げている。注目すべきは「総合大学」という文言である。すなわち、『報告書』(「摘要」を除いて) の他のところでは、「総合大学」という表現は見られない。大学に関しては、師範学校との絡みで「College」だけである。いうまでもなく、Collegeは単科大学のことである。したがって、教育使節団は、項目として「Colleges and Universities」としているが、内容に少し触れただけで、総合大学には言及していない。これは、筆者の推測であるが、項目に掲げていながら、文言で言及されていないのは、「総合大学」の提言について、共

通理解が得られていなかったからではないかと考えている。

　これは、その後の「総合大学」の展開を考えるうえで、重要な分岐点である。これについての最終的な判断は、教育使節団の帰国後、CI&E教育課が決定することになる。この点に関しては、後述の「6　大学院改革の混迷」を参照。

　「勧告」と銘打つほど、師範学校の提言には熱が入っていた。同分科会の「意気込み」が伝わる。「師範学校」という表現を聞くと、戦前・戦時中の軍国主義による「押しつけ」的な印象を受けるが、当時、アメリカの州立大学は「師範学校（Normal School）」を母体にしたところが多く、勧告文でも師範学校を「*よりふさわしい自由教育*」（96頁）（A more adequate liberal education）を提供できる単科大学レベルに昇格することを提言している。『報告書』の第4章「授業および教師養成教育」を検討した分科会には、アメリカの州立大学関係者が数名含まれていたことも見逃せない。

　（13）教師養成の一般教育カリキュラム

　「*カリキュラムは、未来の教師を、個人として、また市民として教育するように作成されるべきであるから、たとえば自然科学、社会科学、人文科学、美術といった自由学科的な側面も強調される必要がある*」（97頁）（Since the curriculum should be designed to educate the prospective teacher as an individual and as a citizen, emphasis is needed on the liberal aspects, as in the natural sciences, social studies, humanities, and arts）

　この提言は、同じく第4章「授業および教師養成教育」の「勧告」のところのもので、高等教育の章でないにもかかわらず、「一般教育」につながる重要な要素が含まれる。たとえば、自然科学、社会科学、人文科学の3つの分類が提言されている。また、自由主義的な資質を育むと美術も含まれる。

9）高等教育に関する勧告

　（1）最高学府としての大学

　「*大学は現代のあらゆる教育組織の首位に立つものである*」（106頁）（The university is the crown of every modern educational system）

　これは、最後の第6章「高等教育」に関する冒頭からの引用である。ここ

では、大学を現代のすべての教育機関の王冠 (Crown) であると宣言している。

『報告書』の全般が、初等中等学校の制度および教育行政に焦点を当てられていたことから、高等教育については、多くのことが勧告されなかった。

これについては、日本側教育家委員会が、初等・中等教育改革に「協力」する代わりに、高等教育改革は日本側で行うという、教育使節団との間に、「忖度」があったと筆者は睨んでいる。そうであるとしても、高等教育の章の冒頭の宣言文は、格調高いもので、大学を「最高学府」と位置づけ、すべての教育組織に首位に立つと宣言している。

(2) 科学的根拠にもとづく教育

「*科学の世界への日本の関わり方は、創造的、独創的というよりは、むしろ多分に模倣的、吸収的であった*」(107 頁) (In the world of society, Japan's participation has been to a great extent imitative and absorptive rather than creative and original)

第 6 章「高等教育」の「日本の高等教育の過去における制約」について述べているところである。すなわち、科学分野が、過去に閉鎖的であったことを断罪し、模倣的・吸収的で創造的・独創的ではなかったと厳しく批判している。

(3) 帝国大学への優先的待遇の是正

「*高等の学術に進む権利の認識は、少数者のものであった特権が多数の者に開放され定め直されるに応じて、国民にも、またさらに高等教育を統制する行政権力者にも、より一層明確になされなければならない。こうした認識によってのみ、今日帝国大学の卒業者に与えられている優先的待遇の修正への道が開けるのである*」(107-108 頁) (Recognition of the right of access to higher learning must be made clearer to the people and to the administrative powers controlling higher education, as the prerogative and special advantages of the few are relaxed and redefined to the many. Only by such recognition can there be a corrective to the preferential treatment given today to the graduates of Imperial universities)

この勧告文は、帝国大学への優遇措置の是正を提言している。帝国大学については、戦争責任が追及され、「帝国大学解体論」まで飛び交った。帝国大学解体論は、GHQ による指示であるかのように恐れられたが、GHQ 文書を見る限り、そこでは、むしろ帝国大学の学問上の優秀さが強調されてい

る。そのような視点から、『報告書』の提言を読み返せば、別の見方ができる。すなわち、帝国大学の優秀性を認め、その優秀性を拡大する必要があったとも読み解くことができる。

　文部大臣であった、永井道雄は、日本の大学を「富士山」ではなく「八ヶ岳」のように8つの峰をめざすべきだと提言したことにも通ずるところがある。すなわち、複数の優れた頂点をもつ大学が、日本には必要であるとの認識である。

(4) 人文主義的態度の涵養

　「*日本の高等教育機関のカリキュラムについて、われわれが感じていることは、すでに前の箇所で指摘したように、大部分は一般教育に対する機会があまりに少なく、専門化があまりにも早く、あまりにも狭く行なわれ、そして、職業教育にあまりに力をいれすぎているということである。自由な考え方へのバックグラウンドと、職業的訓練の下地としてのより良い基礎を与えるために、もっと広い人文主義的態度が養われなければならない*」(117頁)（In the curriculum of Japanese institutions of higher learning, we think, as has already been suggested, that for the most part there is too little opportunity for general education, too early and too narrow a specialization, and too great a vocational or professional emphasis. A broader humanistic attitude should be cultivated to provide more background for free thought and a better foundation on which professional training may be based）

　本章の核心部分である、大学のカリキュラムの「一般教育」（General education）についてのものである。同章「専門学校および大学のカリキュラム」の冒頭のことばであるところからも、教育使節団が「一般教育」を重視したことが明らかである。すなわち、「一般教育カリキュラム」の原点ということになる。「一般教育」の機会が少なすぎ、専門化が早すぎ、狭く職業的であると批判的な見解を示している。その提言を勘案すると、「一般教育」の導入は、硬直した専門教育を遅らす狙いがあった。

　ここでの「一般教育」とは、「人文主義的態度の養成」のことを意図していた。そのような態度を養成するために「一般教育」が必要であったと考えられる。筆者は、教育使節団が、考えていた「一般教育」とは、今日流でいえば、「汎

用的能力」の涵養にあったのではないかと考えている。むしろ、その方が「一般教育」の理念を包括しているように思われる。はたして、General が「一般」、Education が「教育」でよかったのだろうか。General には、「一般」のほかに、専門に対する「汎用」の意味合いもある。Education も「教育」と訳すのは、「誤訳」であると本書で繰り返し述べている。それは、むしろ「汎用」に近いものであるのではないかと考える。

「涵養」は、「教育」とは違う。「涵養」は、水がしみこむように自然に、少しずつ教え養うという意味で使う。たとえば、人間性とか、能力、適性といったものを性急に身につけさせるのではなく、ゆっくりと自然に養われるように仕向けることである。したがって、「人文主義的態度の養成」と対をなす。

しかしながら、その後の大学カリキュラムで、「一般教育」の三分野系に分けた配列方法は、教育使節団の「一般教育」の精神を継承したものではなかった。

職業教育を重視する大学関係者は、当初から「一般教育」に対して否定的で、背後から解体を目論んだ。それを裏づけるかのように、「一般教育」が解体されると「雪崩」のごとく、専門教育の前倒しが行われ、「元の木阿弥」と化した。

現在、『報告書』のこの部分が、ほとんど生かされていない。その典型的なものが、医学部である。アメリカでは、学部2年間だけのリベラルアーツ教育では医者としては不十分であるとして、4年間を通してリベラルアーツ教育を受けさせ、その後、大学院レベルのメディカル・スクールで専門医学を学ばせる。すなわち、日本の大学の学部教育カリキュラムは、『報告書』とはベクトルが逆に回転している。

筆者は、「リベラルアーツ教育」とは、ボクシングの「ボディーブロー」に似ていて、じわじわと後で効いてくるものだと考えている。この「広い人文主義的態度」が、まさしくリベラルアーツ教育の神髄である。注目すべきは、その「態度」を表現する、「アート」に重点が置かれている。したがって、リベラルアーツとは、汎用的能力を培う「技法」と考えることができる。

10)「摘要」における『報告書』の修正

　『報告書』は末尾で「摘要」をまとめている。オアは、四年制大学出所の根拠を『報告書』の「本論」ではなく、「摘要」に求めたとの証言をしている。ここでは、四年制大学のことが、より鮮明に打ち出されている。たとえば、「*単科大学の増設以外に、細心な計画に従って、より多くの総合大学が設置されることを提案する*」(134 頁)（In addition to providing more colleges, it is proposed that more universities be established according to a considered plan）と提言していた。

　総合大学という名称は、「授業および教師養成教育」の「勧告」では「単科大学および総合大学における教師と教育関係職員の養成教育」とする項目のみの記載に留まったが、「摘要」の高等教育のところではじめて、単科大学の増設だけでなく、より多くの総合大学を設置するとの踏み込んだ提言に変わった。一般に「摘要」とは、簡潔にまとめるところであるにも関わらず、なぜ土壇場で踏み込んだ勧告文に変貌したのか、「臆測」を呼ぶ。

　筆者の推測では、『報告書』の完成間際になって、新しい動きが「勃発」したことを暗示させる。一つは、六・五制から六・三・三制への変更、もう一つは高等教育について明言を避けた、四年制を「総合大学」と決定して、大学院も視野に入れた積極的な提言に「修正」させたという「動き」があった。

　以上、『報告書』が、何を勧告したのかを、いくつかの提言を抽出して解説した。『報告書』は、理論的な記述が多く、具体性に欠けたところがある。したがって、勧告文というよりも提言あるいは提案に近い。とくに、高等教育においては、同じ大学教育者としての尊敬の念が感じられた。

　教育使節団は、GHQ の意向を受けて、初等・中等教育についての具体的な勧告に多くの時間を割いた。戦後日本の高等教育については、単科大学の増設以外に、より多くの「総合大学」が設置されることを提案したに過ぎなかった。このように考えれば、戦後日本の大学が、出発点から目標が希薄であり、「漂流」していたことが理解できる。

　『報告書』は、「一般教育」について言及したが、「単位制」にはまったく触れていない。筆者は、単位制の形骸化が、大学を「ダメ」にしたと「断言」している。「バイブル」と称された『報告書』には、議論の痕跡もない。

すなわち、「一般教育」も「単位制」も、初等・中等教育のような抜本的「改革」というよりも、CI&E 教育課が、戦後日本の高等教育を「編成」する中で、必要に応じて「派生」したものに過ぎなかった。

　結局、戦後の二大花形と期待された、「一般教育」と「単位制」は、『報告書』によるのではなく、CI&E 教育課と日本側教育家委員会との交渉に委ねられたことを鑑みれば、この二つがうまく機能しなかったことも頷ける。

6　大学院改革の混迷

1）大学院改革

（1）はじめに

　「5　1946 年の『報告書』は何を勧告したか」で述べたように、教育使節団は、初等・中等教育制度とカリキュラムの改革に焦点を当て、高等教育は「枠外」に置かれた。これは、教育使節団だけに責任転嫁できない。なぜなら、事前の「打ち合わせ」で決まっていたからである。したがって、『報告書』の最後の「摘要」で、「帳尻」を合わせたに過ぎない。その点からもウエイトの置き方が違った。したがって、大学院改革は言うまでもなかった。

（2）占領軍は大学院をどのように考えていたか

　もともと、戦後日本の教育改革は、占領下で実施された。「占領」とは、『広辞苑』によれば、「武力をもって他国の領土を現実に自国の支配下におくこと」とあるように、「戦争の継続状態」であった。したがって、占領下の改革が、アメリカ主導型であったことはもとより、彼らの利害関係が優先し、恣意的な改革であったことは否めない。CI&E 教育課初期スタッフは、軍人であった。占領支配を可能な限り、早期に終結させ、本国に帰還したいとの思いが強かった。そのためには、何よりも可視化できる成果をあげる必要があった。それは、敗戦国における「義務教育」の完備であった。したがって、高等教育改革は、当初から眼中になかった。そのような「事情」があったからこそ、日本側教育家委員会との「忖度」を可能にした。その結果、占領下日本の大学改革は未完に終焉した。大学改革が未完であったことは、大学院改革も然りである。

　高度の専門教育、とくに専門職業教育は、アメリカと同様に大学院段階で

行なえばよいという、占領軍側の認識があったとの指摘もある[27]。

2) 論文博士温存のジレンマ

(1) はじめに

戦後日本の大学院が発展しなかった要因は、多岐にわたる。大学院について議論するには、大学改革がどうであったかの理解が重要である。大学改革が未完に終わったことを勘案すれば、大学院について議論するまでもない。なぜなら、戦後 70 年が経過したことを考えれば、日本側にその意志があれば、大学院改革が断行できたはずである。それにもかかわらず、「現状維持」のままということは、大学院を育てる風土・土壌が欠落していたと疑われても仕方がない。

(2)「18 歳」で決まる人生

外国から日本を見ると、その「不条理さ」がわかる。筆者は、国際比較教育学を研究分野としているので、アメリカから日本の大学あるいは大学院を見ることが多い。OECD 調査分析[28]を待つまでもなく、その鍵が「18 歳」にあることがわかる。すなわち、日本社会では、大学受験に焦点を合わせている。それ以降の大学院の学歴は、さほど重視されない。「18 歳」のときに、どの大学に入学したかで、人生が決まるという極端な考えがある。すなわち、失敗が許されない、未来に希望がもてない「窒息社会」である。アメリカは、オープン社会なので、すべてにおいて「敗者復活戦」にチャレンジでき、失敗が許される。失敗を奨励するわけではないが、敗者復活を可能にする社会であるため、ベンチャー企業も盛況である。

日本では、若者にベンチャービジネスを目指す、起業家が育たないと憂慮されるが、それは、教育のあり方にも左右される。「失敗」が許されないために委縮する。失敗という「経験」から学ぶからこそクレジット（信用）となる。

卑近な例であるが、最初にアメリカに渡った、1960 年代後半、クレジットカードを申請したら却下された。銀行に「借金（クレジット）」がないというのがその主な理由であった。当時、筆者は借金がないことが信用されると勘違いしていた。逆に、それはクレジット（信用）がないことと同じであること

がわかった。借金と信用は、表裏一体の関係にある。すなわち、借金ができるということは、裏を返せば、信用されている証である。

事例が長くなったが、失敗と成功は、表裏一体にある。ベンチャービジネスで繰り返し失敗しても、それをサポートするアメリカ社会がある。それは失敗を糧に、さらなる成功を期待しているからにほかならない。

将来の日本の教育をどう考えるべきか。なぜなら、統計的にも、18歳人口の減少は明らかである。これに対して、「脱18歳」を提唱する者がいる。すなわち、壮年と高齢者の教育機会を拡大して、「知的資源の再利用」を提案している[29]。人生100年を長いスパンで考える必要がある。

(3) 論文博士の温存との葛藤

戦後日本の大学院改革については、拙著『戦後日本の高等教育改革政策〜「教養教育」の構築』(玉川大学出版部、2006年)の「8章　大学院改革の挫折〜『論文博士』の温存をめぐる攻防」で論じている。この章からもわかるように、筆者は、戦後大学院改革を「挫折」と断定した。その理由は「論文博士」の温存にあると考えた。

これまで、度重なる議論にも関わらず、「論文博士」が継続されているところに、未完の大学院改革を象徴するものがある。「論文博士」は、旧制制度で、アメリカ占領下では、アメリカと同じように、課程制大学院が議論されたにも関わらず、「論文博士」と「課程博士」を並列するという、世にも不思議な「ダブル」制度となっている。アメリカ版の課程制大学院が貫徹できなかった事実からも、日本側の意向が強かった。

前述したように、1946年3月25日、南原と高木八尺日本側教育家委員会委員は、CI&E教育課ホールと会合をもち、「教育改革—日本側教育家委員会の公式意見」と題する報告を行い、高等教育に関しての改革案を提言している。その中で、「すべての大学に大学院研究機関を設置すること」が含まれた。すなわち、大学院改革案は、教育使節団の提言によるものではなく、南原とCI&E教育課ホールとの間で決められた合意である。これについては、南原が委員長としての権限を逸脱して、行使しているとの批判もあるように、必ずしも、日本側教育家委員会による合意ではなかったのかも知れない。

　さらに、ここで提言されたのは、本稿で取り上げる、専門職大学院ではな
く、「大学院研究機関」であったことに注目したい。すなわち、当時の日本
の高等教育リーダーには、研究機関としての大学院しか「眼中」になかった
ことになり、専門職大学院が後手に回ったことは否めない。

（4）論文博士と課程博士は似て非なるもの

　日本は、「課程制」の重要性を未だに認識していない。「論文博士」と「課程
博士」は、似て非なるもので、一緒にすること自体おこがましい。それにも
かかわらず、同じ博士学位として授与されるのは、滑稽といわざるを得ない。
前者は、研究成果の到達度で、審査・評価するものであるのに対して、後者
は、大学院における教育課程に焦点が当てられたものである。換言すれば、「論
文博士」は、研究者をめざすものには役に立つかもしれないが、それは、研
究所などで研究に従事する人に限定されるべきである。課程制大学院といえ
ども、教育が主で研究が従でなければならない。なぜなら、国の税金および
授業料で支えられているからである。大学院における研究は、学生の授業料
に還元される範囲内のものでなければならない。

　「課程博士」とは、大学院で高度な授業を受け、規程の単位を取得したう
えで、博士論文を提出して、学位が授与されるものである。そこでの経験が、
大学教員になったときに活かされる。なぜなら、大学院も同じ単位制である
からである。「課程博士」が、浸透しない原因も「単位制」の理解の欠如によ
るものである。

　このような中途半端な大学院改革が、戦後教育改革を象徴している。たと
えば、大学における「一般教育」の欠如や「単位制」の形骸化は、大学院にお
ける「論文博士」の温存と表裏一体にある。

　「論文博士」と「課程博士」が、似て非なるものであることを象徴するのが、
学位論文の提出方法である。前者は、「論文」がすべてであるが、後者は、「課程」
がすべてであり、教育課程で必要な単位を取得しなければ、論文は提出でき
ない。換言すれば、その論文は、教育課程の「一部」に過ぎない。アメリカ
の学位論文の表紙には、たとえば、筆者の場合、「コロンビア大学ティーチャー
ズカレッジ教育学博士号の要件を部分的に満たして提出された」(Submitted in

60

partial fulfillment of the requirement for the Degree of Doctor of Education in Teachers College, Columbia University）と記載されている。これは、どの大学院も同じ表記である。

　もう一つの違いは、学位論文の審査基準である。両者ともに厳しい審査が課せられることはいうまでもないが、論文博士は、研究の到達度が決め手になるのに対して、課程博士の基準は、コースでの単位履修が重要になる。また、どちらの学位も「独立した研究者」になるかどうかが、審査の判断基準となる。したがって、口頭試問のときも、そのような視点から試問される。すなわち、この学位が授与されることによって、どのような社会貢献が期待されるかが問われる。

(5) CI&E 教育課と日本側との攻防

　大学院改革を巡って、CI&E 教育課とどのような攻防があったのか。結論から先に言えば、大学院改革は、不運なめぐり合わせが重なった。その直接の原因は、短期大学をめぐる攻防の問題が尾を引いたことである。ウォルター・イールズの強引さは、占領軍でなければとうてい許されない破天荒ぶりであった。当時の新聞は、彼の名前のイールズ（うなぎ）を文字って、「うなぎ」がスルリと滑り落ちて、短期大学を認可させたとのユーモラスな挿絵を描いている。

　彼は、高等教育に関しては、旧来のヨーロッパ型に戻すべきであると煽動して事態を混乱させた。しかしながら、大学院改革に限っては、旧来のヨーロッパ型「論文博士」に代わって、アメリカ型「課程博士」を奨励するなど、自己矛盾が露であった。大学院改革に、イールズの影響がどれだけ及んだかを知る術もないが、短期大学の突発的な改革や、大学改革におけるアメリカとの同調性を疑わせる「煽動」的な言動があったことは、何らかの影響を与えたと思われる。

(6) リベラルアーツ教育の欠如が大学院教育の欠陥

　『報告書』には、大学および大学院の改革案が欠落した。『報告書』には、大学院という文言さえない。大学については、「単科大学（Colleges）」と「総合大学（Universities）」を峻別されただけである。この「総合大学」が何を意味したのか、そのことを判断できたのは、『報告書』を実施した CI&E 教育課だけで

ある。筆者は、この点について、当時課長であったオアに単独インタビューで質した。これについて彼は、「総合大学とは、大学院を含むものと、当時、CI&E 教育課で考えていた」[30]との重要な証言をした。彼の証言は、的を射ていた。現に、アメリカでは、College と University が明確に峻別されている。その分岐点は、前者は単科大学で、基本的に大学院をもたない。後者は、総合大学で、複数の学部学科を有し、大学院をもっている。日本からの大学関係者が、単科大学であるにも関わらず、英語の名刺に誇らしげに、University と印刷しているのが目に余ると、アメリカの日本人研究者から聞いたことがある。

　オアの証言は、重要である。当時、大学院は独立した機関としてではなく、総合大学の一環として、検討されていたことになる。日本側教育家委員会が、「報告書」で提言した、「総合大学に大学院を設け」との考えとも共通する。

　さらに、南原の大学院改革は、あくまでも研究機関としてのものであった。これらの証言は、後述の日本における専門職大学院大学設置の遅れに、直接・間接的に影響を及ぼした。

　戦後日本の大学および大学院改革が円滑でなかった理由は、多岐にわたるが、新制大学が発足した、1949 年翌年には、朝鮮戦争が勃発し、それまでの準備が大幅に修正された。それだけではない、現在の文科省にも通じるところもあるが、教育については多くの省庁が口を挟むように、占領下においても例外でなかった。CI&E 教育課が、教育改革の中核を担うことは、組織図からも明らかであったが、GHQ 経済科学局科学技術課も、科学分野における高等教育のあり方に「興味」を示した。まだ、CI&E 教育課で、戦後教育改革の路線が確定する前、1947 年 8 月には、米国学術顧問団を派遣し、科学分野における大学院改革について積極的に提言した。

　同顧問団の主たる提言は、大学院改革であったが、大学と大学院が一体化して論じられた。すなわち、「ドイツの大学の伝統に従ったので、日本の大学においては高度の専門化が行われている。一人の学生は一つの学部の中に閉じ込められ、一般的教育はすべて大学以前の段階において得られる。大学院生は一人の教授に属し、この一人の指導のもとに行う研究及び半独立的な

研究が彼の仕事のすべてである」[31] がそうである。これは『報告書』の勧告を踏まえて、一歩前進したもので、大学院も視野に入れ、先の「総合大学」の考えを範疇に入れたものである。

(7) 日本における専門職大学院の遅れ

占領下および戦後初期における状況を鑑みると、大学院改革が後手に回り、その後の発展に支障をきたしたことは明らかである。その主たる要因は、「論文博士」の温存の攻防に、無益な時間をかけ過ぎたことだと筆者は考える。長い伝統と功績のある「論文博士」を捨て去ることは、占領下といえども容易ではなかった。

アメリカの大学院は、研究大学院 (Graduate School) と専門職大学院 (Professional School) に分化して、修士課程と博士課程がある。たとえば、筆者のコロンビア大学ティーチャーズカレッジは、教員養成の専門職大学院で、修士課程と博士課程がある。博士課程には、研究者を養成する伝統的な Ph.D. (研究学位) とは別に、Ed.D. (専門職学位) を授与している。日本では、広島大学大学院教育学研究科博士後期課程人間科学専攻が、教職課程担当教員養成プログラムとして Ed.D. プログラムを設けており、同研究科で授与する、博士 (教育学) の学位を Ed.D. 学位と位置づけているが、その認知度はまだ低い。

日本では、専門家 (Professional) としての概念が未熟であり、プロフェッショナルスクールを職業教育と同一視したり、専門家をスペシャリストと同一視するなど混乱が見られる。

アメリカ内務省が、1934 年に刊行した文献には、Ph.D. 以外の高度専門職業人養成型大学院に関する各種の博士学位の形態が列記された[32]。Ph.D. だけでなく、Doctor of Education, Doctor of Science, Doctor of Engineering, Doctor of Juridical Science, Doctor of Science of Law, Doctor of Law, Doctor of Jurisprudence, Doctor of Canon Law, Doctor of Both Law, Doctor of Medical Sciences, Doctor of Public Health, Doctor of Science in Hygiene, Doctor of Theology, Doctor of Sacred Theology, Doctor of Letters, Doctor of Modern Languages, Doctor of Religious Education and Doctor of Commercial Science など、細かく分類された[33]。

アメリカの高等教育の歴史を顧みればわかるように、ジョンズ・ホプキン

スにおいて最初に大学院から大学がはじまった。したがって、学部教育より大学院教育が先行した。そのような伝統が、強いアメリカの大学院のバックボーンになっていることを看過してはならない。

このことは、韓国の場合と明暗を分けた。韓国ではかなり早い時期(1970年代中盤)に、論文博士を撤廃して、課程制大学院を確立しただけでなく、アメリカの大学院制度の専門職大学院を、早い時期(1950年末)に導入した。すなわち、アメリカのプロフェッショナルスクール(碩士レベル)をモデルに、ソウル大学に行政大学院(1959年)と保健大学院(1959年)、高麗大学に経営大学院(1963年)を設立した。さらに、これらの専門職大学院が企業を主導して経済発展を促進した[34]。

3)「専門職大学院」制度の発足

2003年、学校教育法が改正され、「専門職大学院」制度が発足した。同法の第60条は従来、「大学院は、学術の理論及び応用を教授研究し、その深奥を究めて、文化の進展に寄与することを目的とする」と規定していた。改正後、この目的規定は「大学院は学術の理論及び応用を教授研究し、その深奥をきわめ、又は高度の専門性が求められる職業を担うための深い学識及び卓越した能力を培い、文化の進展に寄与することを目的とする」と改められ、さらに新たに第2項として、「大学院のうち、学術の理論及び応用を教授研究し、高度の専門性が求められる職業を担うための深い学識及び卓越した能力を培うことを目的とするものは、専門職大学院とする」という規定が加えられた[35]。

したがって、わが国の大学院制度は、この法改正を機に、「大学院」と「専門職大学院」の2種類の大学院から構成されることになった。しかし、専門職大学院は、当初からではなく、法改正によって追加されたものであることがわかる。たしかに、2種類の大学院を謳いながらも、主たるものは大学院であり、その「大学院のうち」に専門職大学院を置くとの位置づけで、「差別的」な扱いであるとの批判は免れない。

専門職大学院が発足し、出身学部とかかわりなく進学の道が開かれれば、

学部段階の教育は一般・教養教育や専門基礎教育重視の方向に、大きく転換していくのではないかと期待された。まさしく、法科大学院は、そうした学部教育改革の尖兵としての役割を期待されて制度化された[36]。

　占領下における大学院改革の「挫折」について顧みたが、専門職大学院が誕生するまで相当年数を要した。なぜなのか。これは、専門職大学院に限らず、研究者養成の大学院でも同じことがいえる。繰り返すが、日本の高等教育の中心は、「18歳」に焦点が当てられたことに遠因がある。したがって、世間では「大学院でも行くか」という「フリーター的」な考えが流布した時期もあった。また、日本には、大学院は必要ないという「大学院不要論」の風潮まで飛び交ったことがある。それは、大学院教育を否定するというよりも、企業における教育、いわゆる企業内教育が優れた成果をあげているから、必要ないという意味においてである。元駐日アメリカ大使エドウィン・ライシャワーは、日本には優れた企業内教育があると絶賛した。

　しかし、その企業内教育もバブル崩壊後、独自に企業内教育を提供できなくなった。諸々の条件が相まって、専門職大学院が誕生した。したがって、研究者のための大学院と専門職大学院の違いは、法科大学院大学の教員スタッフを見ればわかるように、法曹界で経験を積んだ、第一線の実務家教員が多いように、筆者の所属するIT専門職大学院大学も同じことがいえる。筆者は、専門職大学院とは、企業内教育の優れた専門性を大学院で学ぶことに等しいと考えている。したがって、今後、そのニーズは、益々高まると思われる。その傾向の兆しが見えはじめている。すなわち、大学と社会の連携を強調した「大社連携」の活発な動きがそうである。数年前までは、「高大連繋」は耳にしたが、「大社連携」など聞いたことがなかったが、いまでは、キーワードとして検索できるようになった。

　余談になるが、数十年前、アメリカ東部名門女子大学・スミスカレッジで教職員・学生を対象に、日本の高等教育の現状について講演したことがある。学者特有の態度で、日米の高等教育を比較しながら、日本の大学教育の「ダメ出し」をした。ところが講演の後、出席者から「ソニーの高性能テレビ」や「トヨタの効率の良い車」は、誰がどのように生産しているのか。日本の大

学卒業生ではないのかと尋ねられた。筆者は、即答に苦慮し、外国では日本の大学をそのように見ているのだとふと我に返った。たしかに、外からみれば、日本の企業は、卓越した業績をあげている。まさしく、ライシャワーではないが、日本の企業内教育を見直した。

4) 専門職大学院の課題

「専門職大学院制度と現状について」（資料4　中央教育審議会分科会大学院部会　専門職大学院ワーキンググループ（第1回）(2015年12月21日）の「専門職大学院制度の創設の経緯」の中の「新時代の大学院教育—国際的に魅力ある大学院教育の構築に向けて—（答申）」(2005年9月5日）には、「専門職大学院制度は発足からいまだ日も浅いが、現在、その発展が積極的に図られている。その一方で、新たな制度としての専門職大学院の急速な広がりに伴う諸課題も浮かび上がってきており、このことは、専門職大学院の果たすべき役割とそれ以外の大学院の果たす役割、さらには学部段階の教育との関係も含めた大学全体に及ぶ課題も投げ掛けている。このため、専門職大学院（専門職学位課程）の実績を見つつ、修士課程及び博士課程との関係等を踏まえて、その在り方については、今後、検討すべき課題であると考える。その際には、学士、修士、博士のそれぞれに係る課程の在り方や相互関係、大学、大学院、学部といった法令上の用語の使われ方の再整理等も視野に入れつつ、検討が進められていくことが望まれる」と述べている。

5) ダブルスタンダードの排除

最後に、ダブルスタンダードについて筆者の考えを述べる。ダブルスタンダード（Double Standard）とは、類似した状況において、それぞれ異なる対応が不公平に適用していることを意味する。

戦後教育改革は、占領下における間接統治であったため、占領軍と被占領国の利害関係が微妙であり、両者を並列した「ダブルスタンダード」が混在した。これが、「ボタンのかけ違い」となり、齟齬や混迷を深める原因となった。

大学院改革ではないが、「学年制」と「単位制」は、その象徴たるものである。

アメリカの単位制を導入していると、表面上はアピールしているが、実際は、「学年制」の延長であり、4年以上の在学を「付帯条件」にするなど中途半端である。これでは、学生のモティベーションを削ぐことになりかねない。

　ダブルスタンダードは、これだけではない。専門職大学院に関しては、たとえば、法科大学院という新制度が導入された。ここでも、新制大学大学院において課程博士が導入した「経緯」と同じ轍を踏んだ。すなわち、旧制度を温存したことである。法科大学院は、理論的には卓越したものであるが、司法試験の壁があるところから、高額の授業料を払うよりも、厳しい司法試験の難関を突破する方を選択することに傾き、法科大学院大学への「人気」は、次第に衰えた。これは、従来の司法試験を受けて、法曹界に入ることと、法科大学院を経て司法試験を受けて、法曹界に入ることの選択を迫ったものである。しかし、両者は、「次元」が違う。前者が、旧来の日本式であるのに対して、後者はアメリカ式ロースクールをモデルにしたもので、そこで問われるのは、「人間性」(Humanities)であったはずである。すなわち、国民に寄り添った人間味あふれる、法曹界への期待の表れであった。

　これは、医学部においても然りである。リベラルアーツ教育を蔑ろにして、医者への「バイパス（迂回路）」を通過させるものである。筆者は、法科大学院の構想は、「理想的」だとは考えるが、どのような優れた制度であれ、古いものを温存すれば、人間の温情に縛られ、新体制はうまくいかないのが常である。

　まずは、ダブルスタンダードの考えを排除すべきである。それがグローバル化あるいは国際化への早道である。

6）魅力ある専門職大学院の構築

　日本の大学院あるいは専門職大学院は、魅力ある職業につながっていくのか素朴な疑問がある。その背後には、「大学院でも行くか」という消極的なイメージがあることは払拭できない。「文系の『大学院卒』が日本だけ圧倒的に少ないのはなぜ？大学院進学率の高い大学ランキング」と題する興味あるオンライン記事が、『AERA dot.』(2021年12月10日（金）10:00配信）に掲載され

た。「アメリカでは修士と学部卒で初任給に1.5倍の差」と題して、東京大学
大学院教育学研究科福留東土教授は、「アメリカでは、修士号を持っている
人は学部卒の人に比べて、初任給だけで1.5倍前後の差が生まれます。特に
経営学などのビジネス系や教育系では、修士号を持つことに強い経済的なメ
リットがあります。日本では研究目的で大学院に進学するケースが多いです
が、アメリカでは、大学での学びを実務でのキャリアに生かす目的で進学す
るケースが多い。大学院側も、そうした学生側のニーズに沿う教育を提供し
ようという意識を強く持っています」と述べている。これは、大学院卒業後
の就職についての紹介である。

　筆者が注目しているのは、同記事で、大学教育の中身の違いについて言及
しているところである。すなわち、「学部と大学院の位置づけにも大きな違
いがあります。日本では学部の段階である程度専門領域が分化していますが、
アメリカでは多くの場合、リベラルアーツ教育を4年間受け続けます。言い
換えれば、学部卒の時点では専門教育が不十分。そのため大学院に進学して
専門を学ぶことの効果が大きく、学部卒との違いが可視化されやすい、とい
う背景もあると考えられます」がそうである。

　これらは、アメリカの教育体系に関する認識不足に起因している。リベラ
ルアーツ教育と呼ばれる一般教養を担当する、4年制カレッジと専門教育を
担当する大学院との連携が発足時から円滑でなかった。『報告書』やCI&E教
育課、そしてオアへのインタビューからも明らかなように、そこでは「総合
大学」（大学院を含む）程度にしか、検討されていなかった。したがって、大学
院構想は、蚊帳の外に置かれた。リベラルアーツの一般教育を提言しなが
らも、大学院改革に言及しなかったのは片手落ちで、「支離滅裂」であった。
ここにも大学院改革が、後手に回った遠因がある。

　リベラルアーツ教育の欠落が、大学院にも影響を与えたという事実は、今
後の魅力ある専門職大学院の構築に活かされるべきである。

　最後に、魅力ある専門職大学院を構築するためには、大学院と企業との連
携（大社連携）が不可欠である。たしかに、一般の大学院と比べて、専門職大
学院は実務家教員が多く含まれるので、企業との連携はより密である。しか

し、卒業生が企業でどのように評価されているのか、その調査は不十分である。筆者は、学びのアウトカムを強調していることから、外部からのフィードバックは、今後の専門職大学院を構築するうえで不可欠な要素だと考えている。

　周知のように、アメリカには、日本のように、大学ランキングの偏差値のようなものはない。それでは、誰がどこで大学あるいは大学院を評価するのか。実は、企業が重要な役割を担っている。なぜなら、企業は、誰よりも客観的な評価ができる立場にあるからである。すなわち、企業にとっての「満足度調査」ということになる。大学には、学生へのアンケート調査による「満足度調査」があるが、それは大学という狭い枠内での評価にならざるを得ない。外部からの評価が重要であることは、昨今の「外部評価委員会」の活動を見れば、明らかである。だからといって、大学や大学院が企業に「迎合」するようでは、リベラルアーツ教育を徹底できない。企業内大学との差別化が難しくなる。

　たとえば、アメリカに The US News（USA）がある。これは、US ニューズ＆ワールド・レポート社によって発行されるアメリカの日刊紙としては、3番目の発行部数を誇り、1983 年から開始された大学ランキングは、全米の大学を分野別に上位 40 校の一覧を発表している。主な審査基準は、1) ビジネススクールが他校のプログラムを評価、2) 企業採用担当者（人事部）の評価、3) 卒業生の給与やボーナス、4) 卒業生の内定率、5) MBA コース入学者の GMAT 及び GPA の平均値などで毎年審査が行われランク付けされる。とくに、「2) 企業採用担当者（人事部）の評価」は、大学・大学院そして専門職大学院を評価するときの外部のバロメーターになる。

　今後、専門職大学院は、自己のディプロマポリシーに「陶酔」するのではなく、企業でどのように客観的な評価が下されているかを考えるべきである。

　言うまでもなく、専門職大学院の将来は、社会人をどのようにリクルートするかにかかっている。最近は、「リカレント教育」の再興が注目されている。大社連携の欠落した日本社会で、「リカレント教育」を期待するのは無理である。まずは、「リカレント教育」発展を阻害している教育環境を整備すべ

きである。「条件整備」が整えば、社会人学生の大学院へのリクルートは、決して難しいことではない。なぜなら、これまでと違って、インターネット時代を迎え、オンラインを通して、どこでも、誰でも、いつでも受講を可能にするからである。とくに、専門職大学院においてはなおさらのことである。ここでは、企業と大学院が一体化した発展が期待される。一体、何が「リカレント教育」の発展を妨げているのか。詳細については、拙稿「自律的学習者を育てるには〜リカレント教育のための条件整備」(『教育学術新聞』2022年6月1日付) を参照。

2章　混迷する現在

I　混迷する大学の現状を「診断」する

1　顕在化した大学教育の欠陥

　新型コロナウイルス感染拡大の影響を受けて、アメリカでは多数の大学で、授業料返還の集団訴訟が起きている。オンライン化により、学生の受ける教育の質が学費に見合わなくなったとの訴えである[1]。日本にもその兆候が見えはじめている。もし、そのようなことが、現実と化すれば、異常事態といわざるを得ない。なぜなら、日本は、儒教の影響を受けているので、「学校神話」の崩壊につながりかねないからである。学校や教員を相手に、訴訟沙汰が起これば、前代未聞である。

　オンライン授業になり、録画配信したことで、教員の授業の質の良し悪しが、教室での講義よりも簡単に比較できるようになった。世間では、新型コロナウイルス感染拡大で、大学教育が「あぶり出された」と騒いでいる。その結果、学生たちが、他のコンテンツと比較するなどで、議論の俎上に置かれることになった。これまで、大学の授業は「密室」で行われ、誰も介入が許されなかった。したがって、学生による授業評価が、唯一の「内部告発」の媒体であった。それでも、顕在化しなかったのは、どのくらい劣悪状態なのか、他と比べられなかったからである。ところが、オンデマンドなど録画が配信されたことで、そのことが歴然となった。教員は試練のときを迎え、授業方法の見直しが焦眉の急となっている。

　新型コロナウイルス感染拡大の影響で、アカウンタビリティ（説明責任）を問う声が飛び交うようになり、大学の情報公開の義務化が鮮明になった。む

しろ、遅きに失した。学生から授業料を徴収しているのであるから、情報公開は当然である。しかし、日本の場合、大学は文科省から設置認可を受けているという国の「後ろ盾」があることをいいことに、真摯に取組んでこなかった。

2 大学教育を断罪する

　大学教育を断罪するとき、必ず、俎上にあがるのが大学入試である。大多数の日本人にとって、大学への関心は専ら「入試」にある。入試が終われば、大学での学びは、終わったと考えるものも少なくない。それを裏づけるかのように、入学後の四年間の大学生活を、「レジャーランド」であると揶揄されている。入学後の学生の関心は、専ら「就活」にある。逆に、アメリカの大学カリキュラムで注目されるのが、「キャップストーン (Capstone)」と呼ばれる、ユニークな制度である。キャップストーンとは、ピラミッドの頂点に、最後に載せる石のことで、学業の最後の総仕上げのプログラムのことである。多くの場合、キャップストーン・プログラムは、企業との「大社連携」で進められる。したがって、4年間の大学生活を「レジャーランド化」する暇はない。日本の大学生が、どれだけ知的資源の無駄にしているか考えたことがあるだろうか。これは、大学改革を入試改革と混同しているからである。つまり「大学」ではなく、「入試」に社会全体の関心が向けられているからである。これは、世界的に見れば、奇異な現象と映る。多分、「科挙」による、試験制度の弊害といえる。科挙が、官僚登用試験のための登竜門であったのは、過去の遺物に過ぎない。

　拙著『社会で通用する持続可能なアクティブラーニング〜ICE モデルが大学と社会をつなぐ〜』(東信堂、2017 年) で論じたが、日本では、あまりにも高大接続、すなわち入学試験に重点が置かれ過ぎ、「不毛な議論」を繰り返してきた。それに、反撥する意味もあり、「大社連携」の造語を生み出したという経緯がある。最近では、同調者も現れ、大学や企業でもその傾向が見られる。筆者は、「大社連携」では、生ぬるいと考えている。なぜなら、企業人といえども、元大学生であるから、「同じ穴の狢」に過ぎない。そこで、

一層、「入学試験」を廃止して、「卒業試験」に「パラダイム転換」してはどう
かと考えている。これが可能になれば、日本の伝統である文化・教育・社会
を根底から覆す、「一大事件」になる。多くの大学の実態が浮き彫りになり、
大学教員は、何を教えているのか、学生は何を学んでいるのか、非難ごうご
うとなることは間違いない。

　入試突破直後の日本の高校生の学力は、世界的にも高い水準にあるといわ
れる。ところが、大学では、入学者たちの知的ポテンシャルを十分に伸ばせ
ていない。日本の初等・中等教育のレベルは、世界的にも優れていると評価
されているにも関わらず、大学教育は、世界基準から見れば劣っている。こ
の格差は、どこからくるのか。日本では、大学入試や合格発表のあり方は異
常である。テレビニュース番組でも、特別報道扱いされる。このような光景は、
アメリカでは見られない。なぜなのか、大学に合格したからといって、将来
が約束されたことにはならないからである。

　『日本の教育政策』(朝日新聞社、1976年) の記述を紹介する。日本の社会には、
出生による階級はないが、「18歳」の大学入試によって階級が生じていると
する、ライシャワーやロナルド・ドーアなど日本通による、日本教育への痛
烈な診断書がある。この中には、有名な一文「18歳のある一日に『彼』の人
生が決まる」との下りがある。これは、当時の大学受験の凄まじさを表すバ
ロメーターとなっている。しかも、「彼」と明言している。今なら、「女性蔑
視」に相当する。OCEDが、報告書でこの問題を取り上げたのは、他の諸国
で見られない奇異な現象であったからである。その証拠に、アメリカの大学
の卒業式は、家族総勢で賑やかに祝うが、「入学式」にはそのような光景や
セレモニーはない。授業のはじまりが、入学式である。なぜなのか、それは、
入学したとしても「明日、自分がその席に座っているかどうか」わからない
からである。

3　北米の大学との比較

　本来、大学の学びの基本は、大教室の講義中心の授業ではなく、比較的小
規模なクラスの討論型授業である。このタイプの授業では、教員は本格的な

講義をしない。そこでは、授業シラバスの精密なガイダンス、予習文献の指定、授業はじめでの議論の方向性を指し示し、優秀な TA が、学生たちの議論をリードすることである。教員はむしろ、TA の背後に隠れ、歌舞伎の「黒子」のような存在である。後述のように、いま、世界で注目されている、大学教授法「問題基盤型学習 (PBL)」や「チーム基盤型学習 (TBL)」も、基本的には、教員は講義をしてはいけないというスタンスを貫いている。

10 数年前、南フロリダ大学で、ベストティーチャー賞に輝く教員の授業を FD の観点から観察したことがあった。最初から最後まで、教員から具体的な指導はなかった。アメリカでは、TA が特別な訓練を受け、教員のサポート、図書館司書が指定図書などの専門的にサポートをする。このように、目に見えないところでの授業支援が、教育の質を高めているといっても過言ではない。

9 月の新学期は、TA トレーニングが頻繁に行われる。筆者が参加したのは、カナダのダルハウジー大学「化学」担当の TA トレーニングであったが、実験事故で負傷した学生の応急措置、救急車の手配などのマニュアルも含まれていたのには驚いた。日本の大学のように、教員の「小間使い」の雑用係とは違った。TA の訓練にも、将来のプロフェッショナルを目ざす「教員の卵」としての姿が垣間見られた。

大教室授業のままで、オンデマンド配信型の授業録画を各教員任せで、制作させて授業の質を上げるというのは、そもそも不可能である[2]。授業の基本は、対面でもオンラインでも、双方向を原則とする。そのための教室設計も重要である。正面がどこであるかがわかるような、教壇と教卓の配置は望ましくない。四方がホワイトボードに囲まれ、学生が発表するところが、「正面」となるような可動式机と椅子が望ましい。

非常勤講師に代わり、チームティーチングを可能とする熟練した TA 人材をどのように養成し、質保証を伴う方法で、大学間の需要をいかに調整していくかが鍵になる[3]。筆者は、日本の大学で改革しなければならないことは、多岐にわたるが、とくに私立大学における授業の「効率化」を左右する、非常勤講師の数をどうするかは、焦眉の急であると考えている。これに該当す

るものはアメリカにはない。最も近いものとして、Adjunct Lecture（兼担講師）かも知れないが、日本の非常勤講師とは違う。日本の場合、非常勤講師の数で、大学の「経営」がなりたつといっても過言ではないほど、死活問題である。これは「教員中心」でも「学生中心」でもない、「経営中心」である。これが、大学教育の質を劣化させているといえば、非常勤講師の方に「失礼」になる。多くの場合、特定の科目を担当する、非常勤講師として採用される。したがって、授業が終われば、大学にいない。これでは、教室外学修時間の確保や、授業後の適切な指導など望めない。文科省は、非常勤講師の上限を決めているが、多くは「飽和」状態である。最近は、非常勤講師のコマ数を減らすために、コマ数を常勤に振り分けているが、常勤を使って、非常勤講師よりも安価で済まそうとする経営主義に変わりはない。

4　単位制の形骸化

　本書の趣旨に沿って述べれば、後述の「12　戦前日本における単位制の『模倣』」のところでも明らかにするように、大学教育の根幹である単位制が、ほとんど機能せず、旧態依然の「学年制」に、単位制を上乗せしたものとなっている。

　たとえば、大学の卒業単位は124単位で、アメリカとほぼ同じである。しかし、最近、アメリカでは日本からの留学生の124単位を、そのまま認めない傾向にあるという。その理由を質せば、日本における124単位は、講義によって授けたもので、学生の教室外学修時間による取得ではないとの「疑念」がそうである。したがって、124単位の三分の一が、学生の実質の単位数になるとして、単位数が少なく認定されていると聞いたことがある。

　なぜ、このような事態に陥ったのか。その原因は、大学における教授法に欠陥にある。多くの大学教員は、高校までと同じように、知識を授けることに重点を置いている。知識を応用・展開させて、新たな発見につなげさせていない。すなわち、学生の教室外学修時間をどのように確保し、それを教室内授業の活性化につなげていない。オンライン授業になって、課題が多くなったと、学生が悲鳴をあげている。これは、課題を多く出すことが、教室

外学修時間の確保につながると短絡的に考えているに過ぎない。これは、教室外学修時間数を可視化しているに過ぎない。真の目的は、質の確保でなければならない。たしかに、単位は学生の「学習量」で査定されるものであるが、そこでの学習量とは、「学修量」でなければならない。これが、「学習」と「学修」の顕著な違いである。

5 疲弊した大学教員

最近、オンライン授業による「Zoom 疲れ」という表現を耳にする。大学教員は、昔と比べてどうであろうか、現在の大学教員は、以前に比べてはるかに真面目に授業をこなしている。それでも外部からは、大学の研究力が低下している、授業がつまらない、といった批判の声が新聞などでクローズアップされる。ここ 20 年以上にわたり、日本の大学の研究力が低下してきたのはおそらく事実だが、それは、大学教員の研究に集中できる時間がどんどん減少してきたからである[4]。

たしかに、最近は、文科省が単位制の実質化の強化から、15 回の講義を徹底するようにと指示している。これを受けて、各大学も授業シラバスで、注意を喚起し、15 回の授業期間中に、試験を含んではいけないことになっている。試験は、15 回の授業とは別の回で実施するように、徹底されている。したがって、授業を 15 回行うことは、既成事実である。休校した場合の時間割を別途設ける大学も多い。以前は、まともに 15 回の授業をする教員は、稀であった。同僚の授業を見て、「10 回」も授業をするのかと驚いた時代が懐かしい。それでも、授業が成り立った。何の不満も出なかったのは不思議である。これは、大学の大衆化も原因の一つであるが、インターネットの普及で大学に行かなくとも、簡単に情報がアクセスできる社会になったことも影響している。何よりも、価値観の違いが顕在化したことが、変化を加速させている。

6 変貌した学生

学生はどうだろうか。今の学生は、一昔前よりも、はるかに真面目に授業

に出席している。授業に出席しないことを自慢した時代もあった。真面目に授業に出席したからといって、「学んでいる」とは限らない。以前、岩手大学の調査で、出席率は年々伸びているが、それは授業のためというよりも、学生が「居場所」を求めているためであった。その証拠に、図書館の利用率が、「反比例」して減少している。キャンパスには行くが、図書館には行かない。本来なら、図書館の来館者数も増えるはずである。ここでも「歯車」が空回りしている。これは、「単位の実質化」につながる由々しき問題である。すなわち、単位制の形骸化が露呈し、授業のみで単位が授与されている現状が浮き彫りになっていることを裏づけている。

7　集中講義の弊害

　筆者は、大学における集中講義のあり方にも、疑問を呈している。多くの場合、短期集中型の講義形態で、教室外学修の時間（予習・復習）を確保する暇もない、詰め込み型の連続授業で、単位が授与されている。これで、大学の授業といえるだろうか。それを認可している、文科省の責任が問われる。一方では、教室外学修時間の確保が単位の実質化につながると謳いながら、片方では、集中講義を認めるという「支離滅裂」が、大学教育の質の低下を加速させている。集中講義を開講しなければ、卒業単位が確保できないというのであれば、大学カリキュラムのあり方を「改善」することが先決である。

　筆者は、集中「講義」という名称ではなく、集中「授業」に変えるべきであると考えている。たしかに、授業は高校までの名称で、大学からは講義という名称を使用することになっているが、いま、その「講義」が教育の質の低下を加速させているのである。

　講義の由来は、古代ギリシャ・ローマ時代にまで遡る。少なくとも、ヨーロッパの大学の歴史からはじまった、13世紀頃かと思われる。「講義」(lecture)ということばは、ラテン語に由来するもので、もともとは、「読書する」の意味である。13世紀頃には、綴じられた本は、稀覯本で高価であったので、経済的に裕福な大学教授しか入手できなかった。講義は、学びを口頭伝承す

るツールに過ぎず、学生はひたすらノートを取るしかない時代であった。

　大学は講義を止めて、授業に専念すべきである。授業は、すべての教育活動を指すので、教室外授業も含まれる。このことは、筆者がシラバスをあえて「授業シラバス」と呼ぶこととも、軌を一にする。授業には、講義とは別に、教室外学修も含まれる。

　大学教育は、学部教育を基本とするべきである。これは、大学院研究を軽視しているのではない。むしろ、逆である。優れた学部教育が、結果として、優れた大学院研究につながると考えるからである。ところが、戦後教育改革を顧みれば、学部教育において、一般教育と専門教育の区分撤廃を望んだのは、とりわけ、それまで一般教育科目に張り付けられた教員たちであり、そのような声を背景にした大学であった。そして、規制緩和の結果、多くの教員が専門科目に重心を移し、一般教養科目の中身が空洞化した[5]。

8　旧制大学との断絶

　帝国大学は、「新制大学」の一翼として生き残り、その優越的地位を維持したが、旧制高校は占領期改革に翻弄されて漂流した。この運命の分かれ道は、単に占領軍が日本の旧制高校の気風に批判的であったとか、旧制高校が占領軍とうまく渡り合えなかったとかいった、些末な理由によるものではない。むしろ、新制大学と六・三・三・四制という、一元的な教育システムが、戦後日本に導入されていくなかで、旧制高校の居場所が構造的に失われたことに、最大の理由があったとの指摘もある[6]。

　一方、帝国大学は、どうであったのか。戦争に対しては、知的エリートの責任が問われ、占領軍が帝国大学に批判的で、「解体」を企てたとの「俗論」がまかり通った。たしかに、初期の CI&E 教育課スタッフには、日本の高等教育について、指揮できる専門家がいなかったことに遠因があった。その結果、アメリカから教育者や教育行政者を招聘することになった。また、教育使節団と高等教育について対等に議論するために、当時、韓国軍事下で高等教育を担当していたアルフレッド・クロフツをリクルートした。

　クロフツが、帝国大学の優越性を訴え、その存続を主張したことが、占領

文書に残されている。彼は、帝国大学を含む、旧制大学の大学院への「昇格」
も視野に入れていたが、大学院改革構想は、未熟で遅れた。結局、旧制大学
を新制大学に「衣替え」させるだけに留まったことが、大学教育の質の低下
のみならず、その後の大学院の発展に禍根を残すことになった。これは、戦
後の高等教育改革の分岐点となった。

　なぜなら、旧制度では、旧制高校 (3 年) と旧制大学 (3 年) の 6 年間であったが、
新制大学では 4 年間に短縮されたからである。さらに、新制大学では、一般
教育 (前期 2 年) と専門教育 (後期 2 年) と専門教育が 1 年短縮された。もともと、
旧制大学は、専門教育を授ける 3 年制の大学であったことから、大学教育の
質の低下を直に感じることになった。

　歴史には「もし」は禁句であるが、旧制大学が新制大学院に衣替えして、
スタートしたら、現状の大学制度および大学院制度は、まったく異なった展
開を見せたであろうことには、異論をはさむ余地はない。

　換言すれば、他の高等教育機関は「昇格」したのに、旧制大学だけで「格下げ」
的な処遇を受けて、新制大学としてスタートを切った。その結果、旧制大学
は、専門教育を学ぶところで、一般教育は旧制高校に分担させるという「二
重構造」を作ることになった。結果的には、アメリカ型の新制大学において、
一般教育と専門教育の両輪を稼働させるには、一般教育を旧制高校に依存す
るという「ジレンマ」が、占領改革の舞台裏に隠されていた。

9　短期大学成立による混乱

　表面的には、六・三・三・四制というアメリカ型単線型を装ったが、その
内実は、過去の「しがらみ」を残した編成に過ぎなかった。学校制度には、当初、
「短期大学」は、組み込まれていなかった。なぜなら、短期大学の議論がは
じまったのは、『学校教育法』で六・三・三・四制が成立した後であったか
らである。これは、CI&E 教育課内部事情によるもので、紆余曲折を経た結
果であった。同教育課は、アメリカでは短期大学が高等教育機関でなく、後
期中等教育機関に属したことから、そのような位置づけを考えていたが、日
本側の要望は、大学の枠組みに属したいと、イールズ担当官を通して要請が

あった。その妥協案として生まれたのが、世にも奇妙な「短期の大学」という呼称が、そのことを象徴している。結局、イールズ旋風で有名なイールズの「ごり押し」もあり、短期大学が誕生するというドラマがあった。今でも、短期大学関係者は、イールズを日本における短期大学の「父」と崇めている。

　戦後日本の学校制度は、単線型を謳っている。したがって、六・三・三・四制となっている。短期大学は「短期の大学」ということで、4年制の枠組みに入れている。これは、4年制大学の中に2年制の短期大学を有する場合であって、短期大学しか存在しない場合は、どうなるのかと素朴な疑問が残る。したがって、正式には、六・三・三・（二年もしくは四制）とするべきではないかと考える。

10　リベラルアーツ教育が欠落した大学教育

　米国教育使節団は、高等教育の欠陥を看破した。『報告書』は、日本の高等教育が、あまりにタテ割りの専門教育を優先させ過ぎていると批判し、学生たちの自由な思考を広げ、知的創造力を伸ばしていくには、米国のカレッジで行われているジェネラル・エデュケーション（一般教育）、つまりヨコ型のリベラルアーツ教育が不可欠であることを強調した。だからこそ、CI&E教育課は、戦後日本の国立大学再編の原則として、人文学、社会科学、自然科学などの個別学部を認めず、すべてリベラルアーツ学部に統合されるべきと明記したのである[7]。これは、日本にはカレッジ概念が乏しいことの証であった。タテ割り社会の日本では、カレッジより大学の方が、レベルが高いとの先入観がある。本来、カレッジは、大学院をもたない、伝統的なリベラルアーツ教育のことで、アメリカのカレッジに匹敵する。

　CI&E教育課の大学改革には、偏りがあった。すなわち、私立学校を対象外として特別扱いしたことがそうである。これは、その後の混乱の「火種」ともなった。いうまでもなく、これは、「マッカーサー3原則」の指令が徹底された証である。すなわち、女子教育、私立学校、キリスト教の扱いを、「別枠」と考えていた。したがって、新制大学の公式スタートは1949年であるが、これは国立大学の場合であって、私立大学は例外的に、1948年からの設置

が許可された。

　吉田文は、新制大学の設立に際し、日本では「ジェネラル・エデュケーションがリベラルアーツであるということが議論された形跡はなく、人文・社会・自然のカテゴリーにおいて多様な科目を用意するのは一般教育という理解で進んでいた」[8]と述べている。制度を導入することに性急なあまり、本質を忘れた。日本では「ジェネラル・エデュケーション」や「リベラルアーツ」という概念が乏しく、その結果、前者を一般教育、後者を教養教育と表面的に翻訳したことで、多くの誤解や混乱を招く結果となった。重要な点は、双方ともヨコ型の汎用的能力を培うところにある。

　結局、旧制大学は、新制大学への転換に当たり、廃止された旧制高校の遺産を一般教育の担い手として引き入れ、大学の学部編成では旧制大学の考え方を変えなかった。すなわち、「旧制下における旧制大学と旧制高校の教員の身分差を、そのまま新制大学に持ち込むことになった」[9]がそうである。

　旧制高校をどのように改革するかは、占領政策の一つの「謎」であった。これについては、繰り返しになるが、南原、高木、ホールの三者会談で、「学閥の原因である『旧制高等学校』を廃止すること」[10]と決定した事実を鑑みれば、旧制高校OB（出身者）からの「抵抗」があったことは、容易に推察できる。したがって、旧制高校を「温存」することも検討されたはずである。結果的には、新制大学の一般教育の一端を担うことで「難」を逃れたが、旧制高校出身者には到底納得できるものではなかった。旧制高校の狙いは、独立した教育機関として存続することであった。その「執念」は根深く、その後、日本に新たに誕生することになるジュニアカレッジ構想にまで、生存の道を探ったが、CI&E教育課イールズの考えとは齟齬があり、相容れなかった。イールズが考えていたのは、アメリカ版ジュニアカレッジのことで、旧制高校の入り込む余地はなかった。

　吉見俊哉は、新制大学の誕生後も、リベラルアーツ・カレッジとしての大学の概念が未発達であったから、旧制高校は新しい萌芽として発展するのではなく、占領軍に促されて導入した一般教育を教える教員の供給源として新制大学に吸収されたと述べている[11]。これは、間接統治の「悲劇」である。

占領政策には、多くの「矛盾」があった。それは、旧制大学以外の高等教育機関に対しては、新制大学への「昇格」という手段を取りながら、旧制大学を据え置いたことである。

11　CI&E 教育課と日本側教育委員会の「忖度」

　占領軍の「関心」は、初等・中等教育、なかでも「義務教育」の完備であった。そのためには南原を中心とした日本側教育家委員会からの協力は不可欠であった。日本側は、司法取引ならぬ、占領軍との「裏取引」で高等教育については「関与」させないという「忖度」があった。したがって、『報告書』の高等教育に関する勧告文の大半は、日本側の「自主性」に委ねられる形となった。もともと、日本には「旧制大学院」的な発想は乏しく、旧制大学を新制大学院に昇格するという発想もなかった。すなわち、「リベラルアーツ・カレッジ」としての概念が未発達であった。『報告書』で「カレッジ」という概念が見られたのは、大学ではなく、「師範教育」をどうするかの議論の枠内での限定的なものあった。

　この点に関して、前掲の南原は「全案をすべてアメリカの計画を模範（モデル）にし、小学校、中等学校、カレッジ、総合大学（Universities）を単線化し、」[12] と単線型を提案した。すなわち、南原の提案では、高等教育機関が「カレッジ」と「総合大学」に分かれていた。しかし、旧制高校が新制大学に吸収されたことでカレッジという概念が欠落し、すべてが「新制大学」に一元化された。現在、「カレッジ」は、短期大学の名称となっている。

12　戦前日本における単位制の「模倣」

　寺﨑昌男によれば、単位制は、戦前日本にも見られた。大正期の大学改革の際に、科目履修選択制度と並んで導入された。ハーバード大学におけるシステムをモデルとして、日本女子大学校創立者成瀬仁蔵が導入したのが嚆矢であるが、そこでは学生たちの学習意欲を喚起することが狙いであった。通常、毎週二時間・一学年間の履修を一単位とするものであった。導入された当時の日本では、計算法も一律ではなかった。加えて導入するかどうかはあ

くまで個別大学の選択によるものであった¹³。したがって、科目制と単位制
があまり区別されなかった。実質的に、単位制が導入されたのは、新制大学
になってからである。当時は、単位制とは何かについて、十分理解されてい
なかった。戦前期、「単位」は選択科目をカウントする方法にとどまり、そ
の「制度の採否は大学の選択に任され、計算方法も普遍性がなく大学間の共
用は、不可避」な状態であった¹⁴。ここでも単位制の理念が「歪曲化」された。
そして、教室外学修時間を測る「学習量」という概念が完全に欠落していた
ことは看過できない。

13　ハーバード大学における単位制のはじまり

　戦前日本における単位制は、ハーバード大学を「模倣」したものであったが、
それが「モデル」と呼べるに値したかどうかはなはだ疑問である。ハーバー
ド大学における単位制の導入経緯について述べておく必要がある。
　単位制度は、ハーバード大学において選択制が導入されたことに端を発し
た。1869年、チャールズ・エリオットは総長就任演説のなかで、以下のよ
うに述べている。
　「ごく数年前まで、このカレッジを卒業する学生は、すべてただ一種類の
画一的なカリキュラムのなかを通過して行った。個人の特性、好みとは無関
係に、すべての者は同じ教科を同じ割合で学習することとなっていた。そこ
では個々の学生が教科を選ぶことも、教師を選ぶこともなかった。（後略）」
と述べ、総長就任とともに必修科目制を廃し、自由選択制を導入したという
経緯がある¹⁵。
　ハーバード大学の場合、自由選択制と単位制が対となっている。すなわち、
単位の互換性が自由選択制を促進し、自由選択制が単位の互換性を生み、学
びの流動性を促す、車の両輪のような働きをした。エリオット総長の演説で
は、むしろ必修科目による「学年制」を否定する、延長上に単位制があった。
狩猟民族的な学びの構成といえる。すなわち、流動的であるがゆえに、新た
な学びに遭遇し、学びを深めるアクティブラーニングの考えが根底にある。
　清水一彦によれば、米国において100年近く前に開発・導入された単位制

度は、日本と違って、「満足な学修成果」という尺度、質的観点（GPA = Grade Point Average）が組み込まれているという事実が、日本ではまったく看過されている。その結果、日本では1単位=45時間の学修といった、量的規定のみが強調され過ぎたこと、また、単位制度は、FDのような教授法の開発を必須として誕生したことも理解されなかった。そして、単位制度が導入されてから、30数年後になって、ようやくFDの議論がはじまるという「後手」に回った。単位制には、重要な「付帯事項」が付されていることを看過できない。それは、単位制による教育の質の確保を維持するために、GPA（成績評価基準）が一体化されているということである[16]。GPAを看過した単位制の授与は、大学そのものの崩壊につながりかねない。

14　おわりに〜戦後教育改革の混迷はいつまで続くのか

　「Ⅰ　混迷する大学の現状を『診断』する」を締めくくるに当たって、この混迷はいつまで続くのだろうかと案じている。1946年3月アメリカ教育使節団の『報告書』を「バイブル」と崇めて、新しい学校制度改革に情熱を燃やした日本人は、どこに消えたのだろうか。これまで見たように、『報告書』の青写真は提供されたものの、そこでの改革を主導したのは、CI&E教育課と南原を中心とする日本側教育家委員会であった。当時の指導者でさえアメリカにおける一般教育についての理解は、不十分であった。一般教育が理解されないところに、単位制などわかるはずもない。このように、暗中模索であったのだから、末端の教員に、『報告書』の真意が伝わるはずもなかった。そのような意図もあり、本書では『報告書』原文を引用して、教育使節団が戦後日本の教育改革に何を伝えたかったのかを直に感じ取ってもらった。

　「はしがき」のところで、フィッシュボーンのイラストを紹介した。このイラストが、「混迷」の原因をわかりやすく紐どいてくれるかも知れない。魚には、骨格となる「背骨」がある。この「背骨」が『報告書』だと考えると、その周りの腹骨と中骨が、『報告書』を改革に移した、CI&E教育課と日本側教育家委員会に置き換えることができる。これが、魚の全体像を描いているようにみえるが、実は、魚にはそのほかにも、小骨とヒレがあることを忘れ

てはならない。筆者は、この小骨が、末端の教員ではないかとイメージしている。すなわち、背骨（『報告書』）の意図が、十分に小骨まで届かない状態では、ヒレはどちらを向いて舵を取れば良いかわからず、迷うことになる。

したがって、原因は明らかなので、修復は難しいことではない。すなわち、戦後教育改革の骨格である、リベラルアーツ教育と単位制を「再構築」すれば修復可能ということになる。これからは、文科省や中教審などの意見に翻弄されることなく、自らの「ヒレ」で行先を決めて、泳げる骨太のフィッシュボーンになるべきである。

筆者が「混迷」と題したのは、戦後教育改革を「信奉」しているからではない。そこから前進しないで、停滞しているからである。このような保守的な考えでは、グローバル社会では生き残れない。現に、新型コロナウイルス感染拡大という世界規模の脅威が迫っている。このような不透明な時代に、たよれるものはどこにもいない。すなわち、主体的に考え、行動するしかない。そのことを『報告書』は、繰り返して提言していたはずである。

「混迷」を阻止するには、パラドクス的に、混迷の中に飛び込み、再度、戦後教育改革の原点に戻って考え直すしかない。

II　未完の『報告書』と戦後教育改革の混迷

1　リベラルアーツ教育の混迷

1章「外圧の過去〜プロローグ」「I　米国教育使節団と『報告書』の解釈」でみたように、戦後教育改革は、未完に終わった。とくに、リベラルアーツ教育は、混迷というよりも、「迷走」と化した。このままでは、一歩も先に進めない、「袋小路」に入ってしまった状況にある。そこで、本項目を立てて、その背景をさらに考察することにする。

1）リベラルアーツ教育の包含する問題

リベラルアーツ教育の問題は、新制大学発足時まで遡る。戦後教育改革史を専門とする筆者は、六・三・三・四学校制度は、おおむね成功だったと評

価している。しかし、それはあくまで制度上のことで、教育内容に関しては、逆の評価をせざるを得ない。大学教育に関していえば、新制大学の花形として導入された一般教育と単位制は、まったく機能しなかった。周知のように、一般教育は、1991年解体され、単位制については、形骸化もはなはだしく、戦前の学年制と戦後の単位制が混在した、あたかもテニスの「混合ダブルス」と化し、それも瀕死の状態にある。

新制大学が、成功したかどうかを測るバロメーターがあり、それが一般教育と単位制だと仮定すれば、戦後日本の大学は、完全に失敗であったと断言できる。

その原因は、明白である。旧制高校を、新制大学に移行した時点で、「ボタンのかけ違い」を犯し、その「傷口」を広げたことである。すなわち、旧制高校における教養教育を、新制大学の専門教育の予備的なものとして、一般教育を再編成したことに原因がある。このことが、未だ、大学教育の後遺症として尾を引いている。換言すれば、学部におけるリベラルアーツ教育を、専門教育の予備的なものと位置づけたことが、諸悪の根源である。

新制大学における、リベラルアーツ教育は、戦前のものと峻別して考えるべきである。戦後のリベラルアーツ教育は、アメリカの一般教育 (General Education) として導入されたが、それは、敗戦直後にアメリカから直輸入されたもので、必ずしも、日本側が内容を咀嚼した上でのものではなかった。

歴史研究は、複眼的に分析する必要がある。すなわち、日本史を世界史に照らして客観的に見ることと同じである。これによって、これまで、見えなかった細部が露になる。1945年当時アメリカの高等教育は、どのような問題を抱えていたのかを知ることで、戦後日本のリベラルアーツ教育の混迷の糸口が、探し出せるかも知れない。General Education を、一般教育と日本語訳にしたことが正しかったかどうかにも疑問が残る。たとえば、高等教育に限定されない概念の General Education を「(高等)普通教育」と理解していなかったことに、疑問を呈する研究者もいる[17]。

2）アメリカにおけるリベラルアーツ教育の歴史的変遷

　20世紀アメリカで、専門教育と対置する形で言及されたのが、一般教育（General Education）の概念であった。アメリカにおける一般教育概念とリベラル・エデュケーション概念の相克については、松浦良充「教養教育とは何か」で詳細に述べている[18]。植民地期以来のカレッジでは、古典語による伝統的学芸（Liberal Arts and Sciences）による学士課程教育が行われ、リベラル・エデュケーションと呼ばれた。そして、20世紀に入って、一般教育概念が提唱された。後者を広く定着させたハーバード大学報告書『自由社会におけるゼネラル・エデュケーション』（1945）は、一般教育のカバーすべき知識の領域を、自然科学、社会科学、人文科学の三分野として明示した。これが、戦後日本の一般教育導入に強い影響を与えた[19]。さらに、同報告書はリベラル・エデュケーション概念が、リベラルアーツ概念を基礎とし、古代の奴隷制社会における貴族主義的理念構造をもつとして批判した。したがって、同報告書は、現代の民主主義社会にふさわしい教育のあり方として、リベラル・エデュケーションではなく、一般教育を提唱したという経緯がある[20]。

3）『報告書』とリベラルアーツ教育

　戦後教育改革のバイブルと称された『米国教育使節団報告書』「授業および教師養成教育」の章で、リベラル・エデュケーション（Liberal Education）という表現が用いられていたことが混乱させた。一方、『報告書』の大学カリキュラムに関する勧告文では、「専門化があまりにも早く、あまりにも狭く行われ、そして、職業教育にあまりに力を入れすぎているということである。自由な考え方へのバックグラウンドと、職業的訓練の下地としてのより良い基礎を与えるために、もっと広い人文主義的態度が養われなければならない。これが、学生の将来の生活をより豊かにするであろうし、また彼をして自分の職業が人間社会全体の中にどう適合していくかを知らしめることにもなるのである」との考えを示した。

　「リベラルアーツ教育」ということばこそ使われていないが、その意図するところは、「人文主義的態度」の涵養である。それが、学生の将来の生活

をより豊かなものにする、「汎用的能力」につながるとの認識を示した。

4）旧制高校と教養教育

　新制大学に導入された、一般教育は旧制高校のように、専門教育の予備機関としての教養教育ではなく、批判的かつ複眼的な考察ができる、洞察力を育成することを目的としたものであった。CI&E 教育課は、当初から旧制高校と旧制大学が「隔離」されていたことに「懐疑的」であった。これは、アメリカ民主主義の根幹に関わる由々しい問題であったからである。アメリカには、「人種のるつぼ」的な考えが根強く、教養と専門を統合して、一緒に学ばせるべきだとの「こだわり」があった。

　筆者は、これまで『米国教育使節団の研究』（玉川大学出版部、1991 年）、そして『新制大学の誕生〜戦後私立大学政策の展開』（玉川大学出版部、1996 年）を上梓した。その結果、明らかになったことがある。それは、戦後高等教育改革には、二つの重大な「欠陥」があったということである。すなわち、一般教育というリベラルアーツ教育の考えが欠落していたこと、そして、大学の根幹である、単位制が形骸化していたことである。したがって、筆者の最大の関心は、戦後高等教育改革におけるリベラルアーツ教育と単位制が、なぜ機能しなかったのかを究明することにある。これに関しては、拙著『戦後日本の高等教育改革政策―「教養教育」の構築』（玉川大学出版部、2006 年）で部分的に明らかにしている。

　その後、『報告書』の内容を、注意深く読み返した結果、もともと、リベラルアーツ教育や単位制を受け入れる土壌に乏しい構造であったのではないかとの考えに至った。その証拠に、アメリカでは日本の大学のように、リベラルアーツ教育や単位制のことを、ことさらに取り上げていないからである。それが、重要でないという意味ではない。むしろ逆で、それは民主主義的教育の根幹であって、アメリカ国民にもともと付随している「資質」であるので、あえて強調するまでもないと考えていたのかも知れない。

5）一般教育混迷の原因

(1)『報告書』とジェネラル・エデュケーション

　吉田文『大学と教養教育～戦後日本における模索』（岩波書店、2013 年）第 1 章「混乱のなかでの一般教育の導入」では、当時の一般教育の混迷と考えられる要因が、網羅されている。重要な指摘なので、引用して以下に紹介する。

　具体的には、旧制の多様な高等教育機関は四年制大学に一元化され、アメリカのジェネラル・エデュケーションが一般教育として付加された。これが、一般教育を正規のカリキュラムとして導入する契機となった。文部省訳では、「普通教育」と訳出されているが、原語は「general education」で、1991 年の大学設置基準の改正までは「一般教育」と称された[21]。

(2) CI&E 教育課におけるジェネラル・エデュケーションの考え

　CI&E 教育課で、一般教育の導入を推進したラッセル・クーパーによる、『一

写真 2-1　ラッセル・クーパー

出典：https://ja.foursquare.com/v/russell-m-cooper-hall-cpr/4b0b1fa6f964a520492d23e3/photos

般教育と社会科学』によれば、一般教育は「民主的な市民」の教養だと論じている[22]。

また、同じく CI&E 教育課トーマス・マッグレールは、『新制大学と一般教育』において、一般教育が「能動的な公民」になるために必要な教育であることを強調した。ここでは、「公民」と翻訳されている原語は「Citizen」である[23]。

(3) 日本側との温度差

日本側は、『報告書』の提言に感服したものの、それをどのように導入するかについては温度差があり、一般教育そのものが何であるかも知らずに困惑した[24]。たとえば、大学基準協会事務局長として、大学基準の制定にかかわった東京工業大学教授佐々木重雄は、「general education というのは、はじめてだし、教育の方で言えば、高等学校までのが general education ですから、どうもハッキリつかめない」[25]と述べている。

教育刷新委員会委員城戸幡太郎は、「アメリカの方から一般教育を入れろというんですが、ところがその当時、正直にいってぼくには、アメリカの方でやっている一般教育がわからなかったですヨ」[26]と語っている。。

『科学と一般教育』や『現代市民の育成と大学』(訳書)によって、一般教育の重要性を説いた東京大学教授玉虫文一でさえ、「その頃(米国教育使節団の報告書が出された頃)general education ということばだけで、どういう内容のものかしらなかった」[27]と回想している。

当時の指導者が、このような認識であったのであるから、末端の教員はさもありなんである。

(4) 一般教育カリキュラムの制度化

このような不安定な状況下で、大学基準における一般教育の三系列均等の配分必修制が、議論されたのであるから、混乱を招いたのは当然の帰結であった。そこでの議論の「ボタンのかけ違い」が、一般教育の崩壊につながった。大学基準協会では、一般教育の導入に関して、大学基準の策定を準備すると同時に、単位制についても議論を重ねた[28]。

アメリカの配分必修制においては、ジェネラル・エデュケーション専用の

科目というものはなく、学生の履修によって、ジェネラル・エデュケーションにも専門教育にもなり得たが、日本では、一般教育が具体的に計画される段階から、専門教育とは区別された科目として扱われた[29]。これは、前述したように、CI&E が懸念した「分離」が、ここでも顕在化したことになる。

　また、アメリカでは当然のことである、ジェネラル・エデュケーションがリベラルアーツであるということが議論された形跡はなく、人文・社会・自然のカテゴリーにおいて、多様な科目を用意するのが、一般教育だという思い込みで進んでいた。したがって、その後の議論は、どの科目をどの系列に入れるか、一般教育として何単位の履修を求めるかという、技術論に終始した[30]。まさしく、「制度先にありき」であったといわざるを得ない。

　アメリカにおけるジェネラル・エデュケーションの多様なカリキュラム・モデルの存在や、その理念の歴史的変遷などを理解するには至らず、ましてや、配分必修制の欠陥がどこにあるかも知らないまま、配分必修制の表面をなぞり、「バランスを重んじた編成」に終始した[31]。吉田は、「新制大学は授業時間に対し一定の自学自習を学生に要求しているが、旧制大学では学生の学習時間を特別に規定せず、学生に自由に委せ、ある場合には講義による授業時間を多く課して自学自習の余裕を与えない傾きがある」[32] を引用して紹介している。これは、後述の新制大学の教室外学修時間における自学自習が徹底されない根源であり、旧制大学時代のあり方を踏襲するという伝統が、現在も温存している証である。

(5) 混迷の原点

　なぜ、このような事態に陥ったのか。手品ではないので、仕掛け（原因）があるはずである。前述のように、教育改革が断片的であって、相互に関連づけて議論されたという形跡がなかった。これは、占領という時代の不安定のなせる業である。これまで繰り返して述べたように、戦後教育改革は占領軍の意向にもとづいたもので、義務教育の抜本的な改革しか眼中になかった。敗戦直後の疲弊した、日本社会における高等教育改革は、「夢」のようなものであったに違いない。しかし、CI&E 教育課オアとの単独インタビューで、疲弊した社会ではあったにも関わらず、教育への情熱には凄まじいものがあ

92

り、高等教育に関しても同じであったと語っている。したがって、占領軍は、当初のプランを変更せざるを得なくなり、結果として、アメリカから著名な教育者および教育行政官を招聘することになった。換言すれば、高等教育改革は、当初プランにはなかったことが、後手に回る原因になった。オアの考えは、当時の南原など主要な教育関係者からの意見の総意であって、理解の限界があったのかも知れない。

　そのような背景があったから、『報告書』は高等教育に関して、具体的な勧告まで至らなかったのではないかと考えている。前述のように、高等教育改革に関しては、教育使節団の帰国後、CI&E教育課と南原を中心とする日本側教育家委員会に委ねられることになった。

　蟹は甲羅の大きさだけ砂に穴を掘るといわれるように、そこには両者の利害関係がひしめき合っていた。すなわち、初等・中等教育のように抜本的な「改革」を断行したのではなく、高等教育改革に関しては、現状を「編成」するに留まった。

　旧制高校が、どのような経緯で廃止に追い込まれたか、長い間、「知る人ぞ知る」の謎に包まれていたが、本書の1章「外圧の過去〜プロローグ」の「4　南原繁とストッダード団長との秘密裡会談」「2) 旧制高等学校の廃止の謎」のところで、その「黒幕」が南原であったことが占領文書から明らかになった。

　さらに、なぜ、旧制高校における教養教育が、新制大学の「一般教育」として前期課程に移行させられたことが、関係者に十分に理解されていたかどうか疑問である。これが、ハーバード大学の『一般教育』をモデルにしたことは知られているが、どれだけ理解されていたか十分に検証されていない。当時、アメリカでも、「一般教育」の考え方が流動的であったことを勘案すれば、それが日本で「混乱」したとしても不思議ではなかった。

　『報告書』、CI&E教育課、日本側の三者において「一般教育」に対する理解に齟齬があり、出発点から「ボタンのかけ違い」が鮮明であり、混迷のルーツがそこにあったことが判明した。

6)「人文主義的態度を養う」汎用的能力の育成

『報告書』は、「一般教育」のことを「人文主義的態度を養う」として提言している。これが、教育使節団の考えるリベラルアーツ教育あるいは一般教育の理念であったのではないかと考える。したがって、一般教育とは、旧制高校の教養教育を継承するという「消極的」なものではなく、専門教育をも含む、大学教育そのものを「統合」して、Generalize（汎用化）することが意図されたものであったと考える。ここでも、旧制高校を温存するために、教養教育の真意を誤謬して「ボタンのかけ違い」を犯した。換言すれば、アメリカのリベラルアーツ教育を「教養教育」と混同したことに原因があった。

「教養」という日本語は、曖昧である。世間で教養の多寡が論じられるような、日常生活における教養と大学レベルのものが混同されている。さらに、新たに発足した短期大学が、女性のための教養教育を打ち出したことも、混乱に拍車をかけた。

2　単位制度の混迷

1) 新制大学における単位制度の導入

単位制は、アメリカにおける大学教育の骨格であり、単位制が機能しなければ、大学そのものが崩壊しかねない。それほど重要である。しかし、アメリカの大学では、日本が重視するほど、教室外学修時間の確保や単位の実質化が叫ばれないのは、なぜだろうかと素朴な疑問を抱かずにはいられない。筆者は、アメリカの大学の単位制は、授業形態に付随されたもので、取り立てて強調するまでもなく、大学授業そのものだと理解しているからではないだろうかと考える。たとえば、アメリカやカナダの大学で講義をする機会があったが、日本のように「講義」だけを準備して臨むと、「大失敗」をする。90分授業で30分も延々と講義をするものなら、「ブーイング」はおろか、退出者も続出する。不思議に思って、履修者に理由を尋ねたことがある。すると、大学の授業に出席するのは、教員の講義を聞くためだけでなく、教室外学修で調べたことを互いに議論することが目的であると教わった。すなわち、大学に出席する目的からして、日本とは違う。したがって、あえて、単位制を

とやかくいわなくても、授業形態に、単位制が内在しているとの考えである。

2) 単位制運用の誤り

なぜ、日本では教室外学修が、うまく機能しないのか。その原因は、実は、身近なところにある。それは、15週を15回と勘違いしていることにある。1週と1回では、雲泥の差がある。週は「学生」のため、回は「教員」のためと考えればわかりやすい。回数（コマ数）を気にするのは、「教員」である。1コマを1回の授業と考えるから、このような歪な考えが生まれるのである。

「非常勤講師」の数が増大するのも、これが理由である。1週と考えれば、非常勤講師を採用することは、経営的には採算が合わない。これも単位制の本質を見誤り、「15」という数字に執着した結果から生じたものである。

週と回は、学修と学習の違いにも匹敵する。最近、大学では「出席」の表現を避け、「授業貢献度」あるいは「授業参加度」に言い換えている。なぜなら、大学の授業に出席するのは、「最低限」の義務だからである。当然のことながら、出席を「評価」の対象にしてはならない。

3) なぜ『報告書』は一般教育と単位制を勧告しなかったのか

「バイブル」と称された『報告書』は、一般教育に関して、多くを言及していない。しかも、それも専門教育のための教養教育というよりも、大学教育そのものを汎用化（Generalize）することを提言した。また、単位制については、まったく言及しなかったことに驚かされる。なぜ、単位制に触れなかったのか。詳細は不明であるが、単位制は大学運用の問題であったからではないだろうか。とくに、一般教育と「対」で考えられていたので、一般教育の明確な方向性が決まっていなかったことによる、当然の帰結である。

単位制については、『報告書』が提出された後、CI&E教育課と日本側教育家委員会の間で協議されたことを勘案すると、インパクトが弱かったことも頷ける。

Ⅲ　オンラインパラダイムへの変遷

1　はじめに

　2章「混迷する現在」の目的は、新型コロナウイルス感染拡大の影響を受けて、オンライン授業に移行した現在の混迷についてである。これまでの教育パラダイムや学習パラダイムを越えて、オンラインパラダイムという、新たな領域に突入したことになる。

　筆者は、新型コロナ禍の教育を憂いて、『非常事態下の教育のあり方を考える～学校方法の新たな模索』（東信堂、2021年）を刊行した。緊急事態制限が落ち着いたと思った矢先、世界保健機関（WHO）は、2021年11月29日、南アフリカで新たに「オミクロン株（変異種）」が発生したと公表した。世界中にニュースが流れ、再びパニック状態に陥った。オミクロンは、感染力が強く、ワクチン接種をしていても危険であると警告された。水際対策に追われ、外国からの旅行者を入国拒否するなどで対応している。

　戦後日本の高等教育改革は、その核心ともいうべきリベラルアーツ教育と単位制の問題を未解決のまま、オンライン授業に突入した。したがって、二重のハンディを背負ったままでの「現在」の幕開けとなった。

2　オンラインパラダイムとは何か

　新型コロナウイルス感染拡大の影響で、大学は対面授業からオンライン授業に、半ば強制的に変更させられた。これは、これまでのパラダイムの考えを一蹴するものであるところから、「オンラインパラダイム」と名づけることにした。そして、すべての授業や学習のあり方を、抜本的に考え直す契機となった。

　文部科学省は、2021年5月25日、「新型コロナウイルス感染症の影響による学生等の学生生活に関する調査」を公表した。2020年度後期は、オンライン授業がほとんど又はすべてだったと回答した学生は、全体の6割に達した。オンライン授業の満足度は、不満より満足が上回ったのは、不幸中の幸いであった。詳細については、以下の**図2-1**を参照。

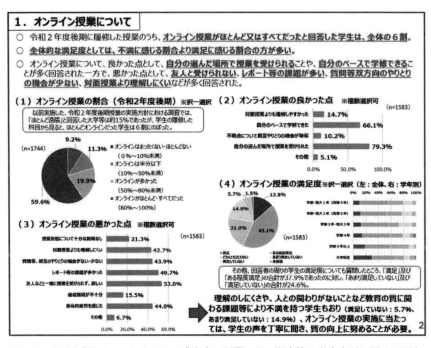

96

図 2-1　文科省「新型コロナウイルス感染症の影響による学生等の学生生活に関する調査」
出典：文部科学省、2021 年 5 月 25 日、「新型コロナウイルス感染症の影響による学生等の学生生活に関する調査」（https://reseed.resemom.jp/article/2021/05/26/1625.html）

　2021 年 10 月 29 日、アシストマイクロ社主催の Web セミナー Blackboard Teaching & Learning Forum Japan が開催された。基調講演者山田剛史（関西大学教育推進部）は、「オンライン教育において学生エンゲージメントをどう高めるか」と題して、実証的な研究成果を発表した。とくに、注目すべきは、オンライン授業に関する学生の声（全国生協調査）（調査期間：2021 年 7 月 5 日〜 19 日）を紹介し、「集中力が対面講義に比べて続かない（57.8%）」「周りがどれくらい勉強しているかわからない（47.8%）」「課題の量が多い（47.3%）」「わからなくなったときに聞ける相手がすぐにいない（40.1%）」。また、「学びの孤立化をどう防ぎ、学習意欲を維持・向上させ、学習実感をもたらすかがカギ」などの特徴を報告した。筆者も、オンライン授業を担当し、インターネットの

画面越しで、学生に接しているが、同じような考えをもっている。

　さらに、「学習意欲や学習効果を最も高めるのが教員からのフィードバック」(2021年春学期授業に関するアンケート(関大))にもとづき、「学習意欲や学習効果を高める方法」について言及し、「学習活動に対する教員からのフィードバックが最も重要」であると注意を喚起した。そのうえで、「ニューノーマルの高等教育においては、遠隔か対面かの形態の是非ではなく、学生の学習成果を高めるための手段として、教育活動をデザインすることが肝要」であると述べた。

　同フォーラムの岡田圭子(獨協大学経済学部経済学科)は、「コロナ禍の英語教育におけるLMSの役割」と題して講演した。ここでも、自らのハイブリッド型オンライン授業にもとづく学生からのアンケート調査が報告された。とくに、自由記述のところは説得力があった。たとえば、「対面授業の良いところ」については、「コミュニケーションがとりやすい」「質問がしやすい」などが上位にあげられた。一方、「リアルタイムオンライン学習の良いところ」については、「通学時間がない、在宅できる、時間が有効に使える」などがあげられた。

　これは、後述の学生による「パネルディスカッション」での意見とも重なるところがあり、学生も同じような考えもっていることが判明した。一方、教員はどのように考えているか。岡田は、教員の反応として、「非常勤講師へのアンケート調査」(2020年8月)を紹介した。そこでは、多くの課題があげられているが、本項との関連から、「コミュニケーションの難しさ」に注目した。それによれば、「対面ならば 学生の学習環境、生活、性格等少し理解ができるのでそれを踏まえ指導することも可能だが、オンラインだとそれができない」「学生の反応が掴めず、どのレベルで授業をすればいいのか苦労した」「学生が積極的に参加しているのか確認するのが難しい」などが報告された。これは、非常勤講師に限らず、どの教員にも共通することで、どれも的を射た指摘であった。

3　パネルディスカッション「学生に聞くオンライン授業のホンネ」

　オンライン授業に対する学生の満足度は、56%とする文科省の調査を先に紹介したが、これは、あくまでも全国平均のアンケート調査であって、大学や個人によって差がある。アシストマイクロ社セミナーに参加した、4名の現役学生に「ホンネ」を聞くパネルディスカッションが企画された。アシストマイクロ社が、人選した学生代表なので、オンライン授業やオンデマンド授業を経験した学生であることを差し引いても、現役学生のオンライン授業への順応性の高さを垣間見ることができた。調査データの数量的評価だけでなく、パネルディスカッションによる質的評価が重要であることはいうまでもない。以下に、パネルディスカッションの「要旨」を共有する。発表者名は、「匿名」とした。

　冒頭、司会者からオンライン授業の経験について、どう考えるかという質問があった。これに対して、「自宅でゆっくり考えながら、授業や課題に取組めるというメリットはあったが、学生同士の交流が難しく、不便さを感じたこともあった」「対面授業では、友だちはいつも同じ仲間だが、Zoomのブレークアウトルームでは、いろいろな友だちと接することができた点で良かったが、知らない者同士なので沈黙することがあった。集中力を欠いたところにマイナス面があった」(女子学生①)

　「オンライン授業は、課題提出まで時間的余裕がもてたことが良かった。友だちとの交流は、LINEなどでできたので、不便さは感じなかった。オンライン授業では、椅子に座る時間が長いので、環境を整える意味から、政府から支給された10万円でリラックスチェアーを買った」「オンデマンドは、考える時間が長く、何度も繰り返し聞けるという点で良かった。オンライン授業だと、すぐにリアクションペーパーが求められることが多かったが、オンデマンドでは、時間的な余裕もあり、他の論文を調べたり、考えたりする時間ができた」「デメリットは、質問を直接にメールで教員に送るなど、ハードルの高さがあった。オンデマンドだったので、海外のフィールド調査に参加ができなくなり、最終的にテーマの変更を余儀なくされた」「対面授業と違って、教員に容易に相談することが制約されたが、オンデマンド授業では

自分で調べたり、一人で考えたりできた」「オンデマンド授業で優れた事例としては、前週の課題をリストアップしてくれた教員がいて、他の学生の意見を知ることができた」(男子学生)

「オンライン授業は、効果的であると感じた。オンデマンド授業の場合は、わからないところを繰り返し聞くことができたので良かった。最初のころは、友だちも少なかったので、寂しいと感じた」「オンライン授業の特徴はいつでも、どこでも学ぶことができる自由さにあるが、集中力を持続することが、課題であると感じた」「オンラインでは、入学手続きなど書類手続きが煩瑣と感じた」「オンライン授業は、集中力を高めるのが困難であった。オンライン授業が良いのは、タイムマネジメント(時間管理)ができたことであった。しかし、対面授業のように、学生同士で一緒に作業ができなかった」(女子学生②)

「昨年は、対面は0、オンライン授業が7割、オンデマンド授業が3割という具合であった。オンライン授業では、対面授業のような教育実習ができなく、模擬授業もオンラインで行ったので、現場に出てから大丈夫だろうかというもどかしや不安があった」「オンライン授業は、主体的に学べる点では、プラスであると感じた。なぜなら、与えられた環境のなかで自分なりに考えて、学ぶことができる経験が得られたからである。逆に、マイナスの側面は、一人で学ぶ空間をどう整えるかという心細さがあった。オンデマンド授業でのフィードバックが欲しいと思った。一方通行だと学んだかどうかがわからないので、フィードバックで学びを実感することができると良いと思った」「対面授業では、空間が重要になるので、オンライン授業で空間をどうつくるかが、今後の課題であると思った(女子学生③)

学生の様々な生の声が、Zoom 画面を通して聞くことができた。優れた企画である。筆者も、常々、強調しているように、Learning from Students が最も効果的な FD につながると思っている。オンラインについては、文科省の調査結果を裏づける「満足度」を確認することができた。当初は、オンライン授業に対する不安もあったようであるが、さすがは IT 時代の学生で、上手に克服しているとの印象を受けた。オンデマンド授業に対して、好意的な

意見が多かったのは驚きであった。そこでの「鍵」となるのが、迅速なフィードバックであることには同感である。これは、対面授業の場合も同じであるが、オンラインでは、より重要であることがわかった。学びは、教員からのフィードバックで深まることを学生からの生の声で確証することができた。

4 学生エンゲージメントから学習エンゲージメントへ

これまで、アクティブラーニングを促進するには、学生を関与させることが重要だと考えられてきた。これは、学生エンゲージメントと呼ばれ、学生エンゲージメント全米調査 (National Survey of Student Engagement, NSSE) に代表されるものである。フィンク博士のアクティブラーニングは、この学生エンゲージメントを拠り所としている。筆者の前任校 (帝京大学八王子キャンパス) のアクティブラーニングのスローガンは、POSE (Promotion of Student Engagement) と、彼が名づけてくれた。これは、NSSE と同じスタンスである。

オンライン学習を起点に、「学生エンゲージメント」から「学習エンゲージメント」へパラダイム転換して考える必要がある。

5 デールの経験の円錐〜学習ピラミッドに見るアクティブラーニング

「学習ピラミッド」は、教育だけでなく、企業などでも多用されている。ところが、この図表は、長い間、作者不明、出典不明とされていた。それにもかかわらず、使われ続けたのは、アクティブラーニングを表すのに最適だと誰もが考えたからであろう。筆者も長い間活用している。これは、平均学習定着率 (Average Learning Retention Rates) を階層的に表示したもので、最上部の「講義」の定着率が 5% しかないことから、教授方略などを工夫することが、学習定着率の向上につながる事例として使われている。とくに、学生同士が教え合う (Teaching Others) は、有効な教授方略で、授業内で学生同士が教え合ったり、話し合ったりする仕組みを取り入れることで、学習のモチベーションが高まり、学習定着率が上がることを説明するのに好都合である。

この「学習ピラミッド」は、もともと、1960 年代初期に「ナショナル・トレーニング・ラバラトリ」(National Training Laboratories: NTL) によって開発されたが、

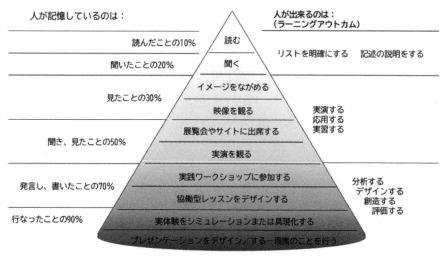

図 2-2　デールの経験の円すい (Dale, 1946)

NTL は数値の根拠となるオリジナル研究結果を提示できず、また探せなかった。ところが、エドガー・デール Edgar Dale の著書、Audio-Visual Method in Teaching （学習指導における聴視覚的方法, 1946）で提唱されていた学習経験の分類図、「経験の円すい：Dale's Cone of Experience」（図 2-2）であることがわかったという。

　デールは、オハイオ州立大学教育学教授（1946, ナショナル・トレーニング・ラバラトリ National Training Laboratories: NTL）であった。彼の以下の「経験の円すい」が、「学習のピラミッド」へと変わった。

　前述のアシストマイクロ社 Web セミナー「Blackboard Teaching & Learning Forum Japan 2021」では、これを以下の図 2-3 の「エドガー・デール『経験の円錐』」として紹介した。

　これは、これまでの「学習ピラミッド」よりも詳細である。たとえば、左側を「学習活動」、右側を「学習効果」に分け、ピラミッドも上部を「受動的学習（Passive Learning）」、下部を「能動的学習（Active Learning）」と分類している。

　筆者が、この図表を共有した意図は、右端の「学習設計」の部分にある。学習設計（Learning Design）するには、「動詞の活用」が不可欠であることが強調

一般的に覚えている割合...（学習活動）
People generally remember...
(learning activities)

できること（学習効果）
People are able to ...
(learning outcomes)

10% of what they read
読んだ内容の10%

20% of what they hear
聞いた内容の20%

30% of what they see
見た内容の30%

50% of what they see and hear
見聞きした内容の50%

70% of what they say and write
発言した、書いた内容の70%

90% of what they do
行動した内容の90%

Passive Learning

Active Learning

Define
Describe
List
Explain

Demonstrate
Apply
Practice

Analyze
Define
Create
Evaluate

定義する
記述する
列挙する
説明する

論証する
応用する
実行する

分析する
明確化する
創造する
評価する

学習設計

出典：マイクロアシスト社主催オンライン「Blackboard Teaching & Learning Forum Japan 2021」（2021年10月29日）

図 2-3　エドガー・デール「経験の円錐」

されているからである。筆者が顧問を務める「主体的学び研究所」が中心に進めている、ICE モデル／ ICE ルーブルックにおいても、ICE 動詞の活用に注目していることと軌を一にする。なぜなら、これまでは、教員から授業を学ぶ受動的学習が中心であったが、学習者がより主体的に学ぶには、能動的でなければならない。そのためには、個々の学習者が、何をどのように学んでいるかを理解する必要がある。学習者の理解度を知るには、「動詞の活用」が最適であると考えている。

　「学習ピラミッド」に関するエピソードを紹介したい。学習者がどれだけ能動的であるかを計るバロメーターとして学習ピラミッドを用いて、弘前大学在職中に、英文ティーチング・ポートフォリオをまとめて、この分野の世界的権威者ピーター・セルディングに提出したことがある。メンター役のセルディングは、興味深そうに学習ピラミッドの図表を眺め、ひとこと、「あなたの学生は、どこにいるのですか」と聞かれた。筆者は、学習ピラミッドを用いて一般論を説明しただけであったので、そのような質問が出るとは予想もしなかった。そして、沈黙のなかで、そうだ、自分の学生を抜きにしたデータなど形式的なものに過ぎず、何の役にも立たないということに気づかされた。学びのデータは、実証的でなければ意味がない。そこで、筆者の学生に「学

習ピラミッド」を作成してもらったという経緯がある。オリジナルの学習ピラミッドが出来上がり、最終英文ティーチング・ポートフォリオを提出して、高い評価を受けたことを覚えている[33]。

　学習ピラミッドが良く引用されるのは、「講義」による学習定着率が「5%」であるところから、これを根拠に「講義」を「悪者扱い」にしてきたところがある。ところが、調査に参加した、弘前大学の女子学生は「講義（90%）」とその重要性を、逆に強調していたのに驚かされた。この学生は、優秀で、その後、大学院まで進学したことを考えれば、一概に、講義が悪いと短絡的に決めつけることはできないことを学んだ。

　セルディングとのメンターリングから学んだことは、その後の筆者のメンターリングやコンサルティング活動に活かされている。メンターは、「黙して語らず」の精神で、「傾聴」に心がけ、質問を極力少なくして、相手に考えさせるものであることを学んだ。

Ⅳ　コロナ禍における教職員研修

1　はじめに

　新型コロナウイルス感染拡大に直面して、対面授業が機能しなくなり、路頭に迷っている、筆者の京都情報大学院大学教職員を対象に、2020年度FDオンライン研修を4つのテーマで実施した。以下は、オンライン研修のPPTを文章化にしたもので、一部に「繰り返し」があることをご容赦いただきたい。

　鑑みれば、1995年を起点にアメリカで起こった、「学習パラダイム」への転換に対応するため、アメリカでは、CTL（Center for Teaching and Learning 教育・学習センター）を拡充することで「克服」したという歴史がある。一方、日本がどのように対応したかはいうまでもない。文科省は、2008年にFD義務化という、世界で類のない、トップダウン方式で「学習パラダイム」への転換を図った。その結果がどうなったかは、現状の大学教育が物語っている。

　どこが違うのか。日本のFDが、「教員中心の授業改善」であったのに対して、アメリカでは、これをCTLと名称を変えて、教員だけではなく、学生の「学

習」にも重点を置いたところである。両者の決定的な違いが、現在の大学教育のあり方に反映されている。

　本研修では、オンライン授業を契機に、「大学教育とは何か」の原点に戻って、CTL の視点から、4 本の動画を作成し、教員のみならず、学生に身近に接している職員にも視聴してもらった。筆者は、FD という表現が誤解を招いていると考えている。なぜなら、F のファカルティは、教員に限定されているからである。したがって、CTL の方が望ましい。なぜなら、CTL は教育と学習のためのセンターで、職員が加わるのは当然であるからだ。筆者の前任校のセンターの名称は、日本語では「帝京大学高等教育開発センター」であるが、英語名は、Center for Teaching and Learning, CTL）とした。当時、CTL の名称は一般的でなかった。現在の京都情報大学院大学の場合、高等教育・学習革新センターで、英語名は、Center for Teaching and Learning Excellence, CTLE となっている。

　動画を配信して、視聴してもらうだけでなく、教職員には、視聴した内容を自ら「省察」して、単元ごとに、ワード 2000 字のポートフォリオを作成して提出してもらった。FD 研修の一環なので、提出された教職員のポートフォリオを読んで、ワード「コメント欄」にフィードバックして返却した。100 名近くの教職員なので、「高等教育・学習革新センター（Center for Teaching and Learning Excellence, CTLE）」の教員で手分けして、フィードバックした。

2　ポストコロナ時代の授業のあり方を考える

1）新型コロナウイルス・パンデミック

　新型コロナウイルス・パンデミックということばをよく聞く。これは、日本だけに限ったことではない。全世界に大きな衝撃を与え、高等教育機関に対しても、「教育・学修における新たなパラダイム転換」を迫っている。これから、日本そして世界の大学が、どこに行こうとしているのか、予測することさえ難しい、混沌とした状況下にある。すなわち、「明日が読めない」危機的な状況にある。このような不透明さだからこそ、「歴史」の視点が役立つ。すなわち、大学は、これまで何をしてきたのかが浮き彫りになり、こ

れから、どうすれば良いのか、叡智を授けてくれる糸口となる。

2）オンライン授業と対面授業のどちらが効果的か

　オンライン授業と対面授業について、新聞やテレビ等で報道されているが、「オンライン授業は、これまでやってきた対面授業と同じくらい効果的なのかどうか」が問われている。e ラーニングの有効性を対面授業と比較することは、困難であるとしながらも、対面授業がいいのか、オンライン授業がいいのか、誰しも気になるところである。どのような教育方法が、より効果的であるか、即断することは難しい。なぜなら、教育効果の測定には、複数の可変性を考える必要があるからである。世論調査や分析および観察を踏まえて、研究者が「オンライン授業と対面授業のどちらが効果的であるか」という質問をしたところ、双方のアプローチにおいて賛否両論があり、どちらとも言えないという結論であった。この記事の「顛末」については、最後で述べる。

3）1960 年代以降のアメリカの高等教育の変遷

　1960 年代以降のアメリカ高等教育の歴史を振り返る。なぜ、アメリカの歴史を振り返る必要があるのか。それは、日本の高等教育は、アメリカと同じ歴史の変遷を辿っているからである。日本を知るには、アメリカ高等教育の歴史を見た方が早いといわれるように、両国の戦後は、類似した展開をしてきた。

　2章「混迷する現在」を考えるには、世界に目を向ける必要がある。まず、注目すべきが、1995 年ころ、世界中に大きな衝撃を与えた、「学習パラダイムへの転換」である。すなわち、1995 年以前は、教員を中心とした授業であったものが、徐々に、学習者中心のパラダイムに転換してきたという経緯がある。しかし、明瞭に時代を区分することはできないので、それを「起点」として考えることにする。

　「パラダイム転換」とは、大きなインパクトがあったことを意味する。すなわち、「パラダイム」とは、『広辞苑』によれば、「一時代の支配的な物の見

方」と説明している。すなわち、「学習パラダイム」の到来は、「教員中心時代」の終焉を告げたことになる。それほどに、ドラスティックな転換であったことから、「パラダイム転換」と呼んでいる。日本の現状を見る限り、未だに「教育パラダイム」の渦中にあり、旧態依然の「教員中心のパラダイム」を右往左往している状況にある。皮肉な見方をすれば、「パラダイム転換」の兆しにさえも気づかないでいる教員も多い。以下に、1995年に至る歴史的な経緯を振り返る。

4)「教育パラダイム」→「学習パラダイム」→「オンラインパラダイム」への変遷

　表題の矢印のように、1995年までは「教育パラダイム」、次に「学習パラダイム」へと転換した。さらに、新型コロナウイルス感染拡大の影響で、オンラインに移行したことで、「オンラインパラダイム」へと激変している。2020年を起点に、「オンラインパラダイム」に変革した年であったのではないかと考える。

　「教育パラダイム」や「学習パラダイム」の表現を、良く耳にすることがあるが分かりにくい。そこで、約10年ごとに分けて、アメリカの歴史的変遷を見ることにする。

　1960年代は、どういう時代だったのか。これは、「学者の時代」と呼ばれている。換言すれば、研究が重視された時代である。1970年代は、「教員の時代」と呼ばれ、教育が重視され、「学生による授業評価」に焦点が当てられた。現在、「学生による授業評価」が実施されているが、これは、1970年代にアメリカではじまったものである。すなわち、現在の「学生による授業評価」をそのまま使用するようでは、時代錯誤に陥る可能性がある。したがって、「学生による授業評価」項目は、抜本的に考え直す必要がある。

　1980年代は、「デベロッパーの時代」と呼ばれた。「デベロッパー」とは、教員のための教授開発、すなわち教員の授業を改善するファカルティ・デベロップメントのことである。頭文字の「FD」が注目されはじめた時期である。日本では、その後、2008年に「FD」が義務化されたが、その源流を遡れば、1980年代ということになる。FDの義務化は、大学や機関に対して行われた

もので、教育の中心を担う教員は、「蚊帳の外」に置かれた。その結果、FD
のことを「フロッピーディスク」と揶揄した教員も現れた。1990年代になれば、
「学習者の時代」が到来して、学習者に焦点が当てられた。「学習パラダイム」
が1995年に起こったが、これは「学習者の時代」の延長ということができる。

　2000年代になると、「ネットワークの時代」になり、それが現在につながっ
ている。「オンラインパラダイム」時代は、そのような歴史的変遷から、生
まれたものであることがわかる。

　しかしながら、「オンラインパラダイム」は、単なる、「教育パラダイム」→「学
習パラダイム」の「延長」ではない。「オンライン授業」を起点として、教育と
学習が「融合」する可能性を示唆している。すなわち、これまでの教育と学
習の「対峙」した関係から、融合するものと考えられる。後半の3章「つかみ
取る未来」で、文科省の「教育DX」（教育分野のデジタルトランスフォーメーショ

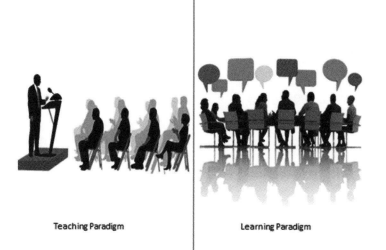

図2-4　教育パラダイムから学習パラダイムへ

出典：Deandra Little, "The Future is Now: The Learning Paradigm in the 21st Century,"（POD/Teikyo Collaboration
　　Project 2015）より

ン)について言及するが、教育と学習の「融合」は、まさしく、文科省の期待する、教育DXではないかと考える。

　図2-4からもわかるように、左側が「ティーチングパラダイム(教育パラダイム)」といわれ、教員が教壇に立ち、学生が一列に座って、教員の講義を聞く時代である。これが、1995年まで主流であった。1995年を起点に、「ラーニングパラダイム(学習パラダイム)」へと徐々に移行した。図表の右側を見ると教員が誰でどこにいるのかわからないほど大転換したことから、「パラダイム転換」と呼ばれるようになった。

5) 1995年「学習パラダイム」以降の授業

　「学習パラダイム」提唱者の一人が、タグ教授である。彼が共同執筆した、「教育から学習への転換〜学士課程教育の新しいパラダイム」と題した論文が、世界的に注目された。その結果、この論文は1995年以降、多くの所で引用されている。しかし、どれも正式に翻訳権を得て訳されたものではなく、「海賊版」に過ぎない。そこで、「主体的学び研究所」は、論文の翻訳権をタグ教授を介して取得し、筆者の監修下で、雑誌『主体的学び』創刊号、2014年の巻頭論文で紹介することにした[34]。

6) パラダイムの現状と課題

　図2-5は、「教育パラダイムとの比較一覧」と題するものである。左側が「教育パラダイム」で、右側が1995年以降の「学習パラダイム」ということになる。たとえば、最初の「使命と目的」の項目に注視してもらいたい。教育を伝授すること、教えることが、「教育パラダイム」の特徴であったことがわかる。いわゆる教員中心の教育である。ところが、右側の「学習パラダイム」になると、一転して、学習を生み出すというように「転換」している。これは、これまでの教育現場の教え方のベクトルが、「逆回転」している。すなわち、教えがすべてだとの「神話」が覆されたことを示唆する[35]。

　次の「成果の基準」の項目では、「教育パラダイム」で、何を学んだかのインプットが重視された。さらに、入学者の学力や偏差値が、過剰に評価され

教育パラダイムとの比較一覧		
	教育パラダイム	学習パラダイム
① 使命と目的	*教育を提供／伝授する *知識を教員から学生に移譲する *コースやプログラムを提供する *教育の質を改善する *多様な学生のアクセスを可能にする	*学習を生み出す *学生から知識の発見や考えを誘い出す *強力な学習環境を創造する *学習の質を改善する *多様な学生の成功(成果)を可能にする
② 成果の基準	*インプット、資源 *入学する学生の質 *カリキュラム開発と拡大 *資源の量と質 *在籍登録者数と収入の増加 *教員と教育の質	*学習と学生の成果の結果 *卒業する学生の質 *学習技術の開発と拡大 *成果の量と質 *集合的学習の伸びと能率 *学生の学習の質
③ 教育／学習の機構	*原子論的〜全体よりも部分重視 *時間は一定に保ち、学習は変動する *50分講義、3単位コース *クラスは一斉に開始／終了する *一クラスに教員が一人 *独立した学問分野、学部 *教材をカバーする *コース終了時の採点評価 *クラス内で担当教員による成績評価 *プライベートな評価 *学位は単位時間数の累積に相当する	*全体論的；〜部分よりも全体重視 *学習を一定に保ち、時間は変動する *学習環境 *学生の準備ができたとき環境の準備ができる *学習体験がうまくいくなら、なんでも可能 *学習分野や学部を超えた協同 *規定した学習成果をあげる *開始前／中間／終了後の評価 *外部による学習の評価 *公的な評価 *学位は、証明された知識及び技能である
④ 学習理論	*知識は"外に"ある *知識は指導者が伝授する"塊"や"断片"で現れる *学習は累積で直線的である *知識の倉庫という喩えに合致する *学習は教師中心に管理される *"活気ある教師"、"活気ある学生"が求められる *クラスルームと学習は競争的で個人主義的である *才能や能力はわずかである	*知識は一人一人の心の中にあり、個人の体験によって形成される *知識は構築され、創造され、"取得される" *学習は枠組みの重なりで相互作用である *自転車の乗り方を学ぶ喩えに合致する *学習は学生中心に管理される *"積極的な"学習者が求められるが、"活気ある"教師は不要 *学習環境と学習は協力的、協同的、助け合いである。 *才能や能力があふれている
⑤ 生産性と資金配分と	*生産性の定義〜学生一人当たりの指導時間に対するコスト *指導時間数に対する資金配分	*生産性の定義〜学生一人当たりの学習単位に対するコスト *学習成果に対する資金配分
⑥ 役割の性質	*教員は主として講義者である *教員と学生は独立して別々に行動する *教師が学生を分類し選別する *スタッフは教職員と指導過程を援助／支援する *専門家は誰でも教えることができる *直線的管理〜独立した役者たち	*教員は主として学習方法や環境の設計者である *教員と学生は一緒に、あるいは他のスタッフも加えてチームで活動 *教師は学生それぞれの能力や才能を引き伸ばす *スタッフ全員が、学生の学習と成果を作り上げる教育者である *学習力を高めることは骨が折れる、複雑なことである *共同管理〜チームワーク

図2-5　教育パラダイムとの比較一覧

出典：『主体的学び』(東信堂、2014年)創刊号、「表1　教育パラダイムとの比較一覧」7頁

ていた。しかし、「学習パラダイム」に移行してからは、別の側面が重視されるようになった。すなわち、インプットではなく、アウトプットに重点が移されるようになった。大学 4 年間で、何を学んだかの真価が問われることになった。そのことは、入学時の偏差値ではなく、出口あるいは卒業時の学生の質を重視するところの「のびしろ」評価の考えが広がったことを意味する。

7)「学習パラダイム」提唱者～ジョン・タグ

「学習パラダイム」提唱者ジョン・タグ教授に、2012 年 10 月にカリフォルニア州サンディエゴでインタビューすることができた。もちろん、「学習パラダイム」の話が中心であったが、アメリカの高等教育が直面した問題についても、直に聞く機会があった。たとえば、ジョンズ・ホプキンスで、最初に、大学院の授業がはじまったことから、アメリカの大学では、学部ではなく、大学院からその歴史がはじまった。そのため、学部教育には、多くの課題があると指摘してくれた。タグ教授は、その数年後、筆者の前任校帝京大学 (八王子キャンパス) に招聘され、基調講演を行った。

8)『教育神話』とは何か

近年、タグ教授は、以下の著書を刊行している。著書については、授業デザインの世界的権威者フィンク博士と筆者との「鼎談」で詳細に語っている。

2 時間余りの収録映像であるが、「主体的学び研究所」ホームページで字幕付きで公開されている。これは、『ジョン・タグ教授とディ・フィンク教授による「世紀の対談」―「教育パラダイム」と「学習パラダイム」における教育と学習を語る』と題するもので、2018 年 6 月に収録されたもので、この時点では、新型コロナウイルス感染は、発生していなかったにも関わらず、討論にはポストコロナ時代を見すえた、内容を盛り込んだ仕上がりとなっている。

鼎談の中で、タグ教授が 2019 年に刊行した著書が、話題になった。著書のタイトルも斬新で、『教育神話 (The Instruction Myth)』というものである (**写**

2 章　混迷する現在　　111

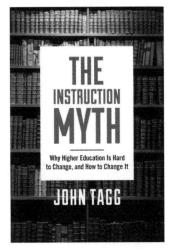

写真 2-2　ジョン・タグ著書『教育神話』表紙

真 2-2）。これまで、なぜ、アメリカの大学が頑なに、改革を拒むのかよくわからないところがあったが、それは、教育神話によるものであることがわかった。なぜ、大学は、自らの大学を改善しようとしないのかとの問題提起は、示唆に富むものである[36]。

9）クエスチョン（質問）を促すハイブリッド型授業

　新型コロナウイルスに関連して、ハイブリッド型授業ということばを良く耳にする。これから、With コロナあるいはポストコロナ時代の授業がハイブリッド型になることは、多くの専門家が予想しているところである。ハイブリッド型授業とは、どのようなものかが話題になっている。教育パラダイムと学習パラダイムに関連づけて述べるならば、両者をハイブリッドしたところに、オンライン授業があると考えている。対面だけでなく、オンラインだけでなく、「同時並行」で行うところに、意義がある。

　ハイブリット型授業に変わっただけでは意味がない。授業方法や学習方法も、それに応じてパラダイム転換しなければならない。具体的には、「疑問形」で問いかけながら教え、「疑問形」で考えさせながら学ばせる方法に変え

るべきである。これからの授業で重要になるのが、「クエスチョンマーク（？）」の活用方法である。すなわち、クエスチョンマークで「はじまり」、クエスチョンマークで「終わる」ような授業を目指すことにチャレンジしてもらいたい。クエスチョンで問いかけることができる教員（ファシリテーター）が、いま必要とされている。

10）新型コロナ・パンデミックに対応したオンライン授業

新型コロナ・パンデミックが勃発したことで、どの大学も対応に苦慮している。筆者の京都情報大学院大学は、スムーズに移行できた方ではないかと考えている。なぜならば、IT専門職大学院大学であるから、どこよりも、今回の危機に「順応」できたと考えるからである。授業シラバスは、オンライン授業でも対応できるように最初からできている。

新たなパラダイム転換においては、対面授業が教育・学修のあるべき姿だというステレオタイプを根底から覆さなければならない。オンライン授業は、「ノーマル」なことではない、一過性に過ぎないと軽視しているかも知れないが、数年後には、「ニューノーマル」と化して、後戻りできない時代がくることは必至であり、その兆候も見えはじめている。

11）オンライン授業は対面授業の延長

「オンライン授業とは何か」について、専門家が独自の見解を主張したり、論文を書いたりしているが、筆者は、オンライン授業は、対面授業の「延長」でなければならないと考えている。なぜなら、オンライン授業も対面授業も方法論に過ぎず、ツールであると考えているからである。両者が違うようであれば、授業を受ける学習者に混乱を与えることになりかねない。授業内容は、両者とも同じでなければならず、媒体がオンラインか対面かの違いに過ぎない。換言すれば、対面授業とオンライン授業が、違ってはいけないと考えている。オンライン授業だからといって、特別なことをする必要はない。なぜならば、学生は、学生だからである。このような考え方が、学習者中心の授業になる。オンライン授業は、授業を円滑にするためのツールと考えれ

ばよい。したがって、すべてを同じ方法で教えなくても、教員によって柔軟に対応しても構わない。

12）オンライン授業と対面授業のハイブリッド

　前述の「オンライン授業は対面授業と同じくらい効果的であったかどうか」の回答であるが、この質問自体が、不適切な問いである。どちらが効果的なのかの二者択一的な問いかけは、的を射た問いかけとはいえない。むしろ、オンライン授業と対面授業を、どのように組み合わせれば、どのタイプの学生に、どのような状況で学習を効果的にすることができるか、「学習者中心の視点」に置き換えて、質問するべきである。これが、「学習者中心」における「学習パラダイム」に対応する秘訣である。オンライン授業と対面授業は、同じものであって、どちらが学生にとって便利であるか、どのような効果があるか、そのような視点に立って、効果を検証することが求められる。同僚がやっているから、あるいは誰かに勧められたからオンライン授業に変えたとか、他者にいわれて対面授業に戻ったというのではなく、学習者が、そのことから何をどう学んでいるか、どのように効果的に学んでいるかが重要になる。

13）ポストコロナ時代のニューノーマル

　「ニューノーマル」という新語が生まれた。熊本大学鈴木克明教授が、『IDE現代の高等教育』に、2020年8〜9月「経験してみた遠隔授業」の中で「実践的遠隔授業法」について論文を書いている。その中で、「コロナ前の大学教育がそれほど良いものだったかといえば、実は必ずしもそうではなかった。多くの授業はちゃんとデザインされていなかったし、効果的でも魅力的でもなかったし、そして何よりも無駄が多すぎた」と述懐している。その上で、「講義は過去の教育形態」であると表現している。これからは、オンライン授業だったり、対面授業だったり、ハイブリッド授業だったり、ブレンド型授業だったり、多様な授業形態になるという。「元の授業に戻りたい」という、逆戻りはできない。不透明なコロナ禍時代で、どうすれば最も効果的な学習

が、学生のためにできるかということを考えながら、色々なことを試しながら変えていくことで、「ニューノーマル」をデザインした、ワンランクアップの教育の質を目指したいとの趣旨を述べている。

3　オンライン授業と反転授業

1)　新型コロナウイルス感染拡大の影響と反転授業

　新型コロナウイルス感染拡大の影響で、今までにも増して、反転授業が注目されている。しかし、反転授業の本来の役割が、十分に理解されないで、「ことばの一人歩き」が見られる。

　反転授業とは何か。これは、知識の獲得のための時間と知識の応用や発展のための時間を、授業内外で組み合わせて行う、授業形態のことである。すなわち、両者を組み合わせた授業のことである。そのため、教員や担当科目の内容の組み合わせによって、温度差が生じることもあるが、そこは教員の「裁量」で柔軟に対応するところに特徴がある。

　文系や工学系あるいは理系で、運用が違うのかという素朴な質問がでることがある。反転授業は、教室内のアクティブラーニングを活性化するのが、主たる目的であり、そのための「ツール」であると考えれば、文系も理系も基本的には、相違がないということになる。

　これまでは、大学では「指定図書課題」が、反転授業の役割を担い、教室外学修の役目をしてきた。IT の普及あるいは学習者の IT 化の影響で、動画を用いる反転授業が拡大するようになった。しかし、これまでは「限定的」で、一部の IT 通の教員が、YouTube 動画教材などを使用していたに過ぎなかった。

　ところが、新型コロナウイルス感染拡大の影響で、一斉にオンライン授業が、半ば強制的に動き出したことから、IT 通でない「ノン IT」の教員も、否応なしにインターネットに接続して、オンライン授業をせざるを得なくなった。幸か不幸か、オンライン授業を実施するうえで、「苦手意識」をもつ教員も、それを克服して、反転授業の動画作りができるようになった。その結果、これまで動画作りがハードルであった、教材づくりの障害も少なくなり、反転授業がにわかに活気づいてきた。

　すなわち、オンライン授業と反転授業は、最高の組み合わせである。筆者の京都情報大学院大学は、オンライン授業における反転授業の活用を「義務化」している。「義務化」するまでもなく、オンライン授業では、対面授業よりもはるかに、学生の教室外学修時間の確保が困難になるので、PCの裏側にいる学生の学習意欲や教室外学修時間を、どのように維持・確保するか、難しい学習環境下に置かれているので、反転授業を活用しない限り、効果的な授業を実践することは難しいと思われる。

2）ハイフレックス型授業

　ハイフレックス型授業ということばをはじめて聞かれた教職員も多いかも知れないが、これは、対面授業＋同期（オンライン）＋非同期（オンライン）にしたもので、Hyflex Classroom という、新しい授業スタイルのことである。すなわち、オンライン授業と対面授業を、組み合わせて実施するハイブリット型授業のことで、英語の Hybrid と Flexible を一緒にして、ハイフレックス（HyFlex）と呼ばれている。

　この授業の特徴は、学生が同じ内容の授業を、オンラインでも対面でも受講できるというメリットがある。たしかに、HyFlex は便利であるが、授業をより良くするためというよりも、どうしても授業に参加できない学生のために、「対処療法的」に、対面授業をオンラインにつなげたもので、必ずしも、授業デザインにもとづいた変革とはいえない。教員は対面授業を行い、学生は、都合に応じて対面授業を受講するか、同期双方向型のオンライン授業を受講するかを選ぶことができる。学生が、選ぶことができるという点では、学習者中心の授業スタイルといえる。

　文科省は、新型コロナウイルス感染等の拡大に対応した取組イメージとして、「学習支援体制強化」として、「対面と遠隔によるバイブリッド授業を行い、いずれの形態で受講するかを学生自ら選択」させる、ハイフレックス型の「学習支援体制」を強化している。

3) ハイフレックス型授業スタイル

ハイフレックス型授業スタイルとは、どのようなものかは、以下の**図2-6**のイラストで説明する。

このイラストは、新型コロナウイルス感染拡大における複雑な授業スタイルを興味深く描いている。たとえば、教室内が密にならないように、十分な間隔が取られ、教員はマスクをかけ、マイクを片手に学生に対面授業を行っている。後ろの二人は、TAと思われ、同じようにマスクをかけ、イヤホンをつけて、パソコンをチェックしながら、スクリーンのオンライン学生をモニターしている。

この授業スタイルには、メリットやデメリットの両方がある。メリットとしては、学生は置かれた状況に応じて、オンライン授業を受けるか、対面授業を受けるか選択ができる。また、対面授業の実施が、不可能になった場合でも、フルオンライン授業への移行が、スムーズにできる。

逆に、デメリットとしては、上のイラストからも分かるように、教室環境の設定が容易でないことがあげられる。したがって、事前にテストして確かめる必要がある。また、教室と対面の両方の学生に、注意しながら授業を行うために、教員の負担が大きくなる。ハイフレックス型授業スタイルの場合

出典：https://www.highedu.kyotou.ac.jp/connect/teachingonline/hybrid.php

図2-6　ハイフレックス型授業スタイル

は、TA を必要とすることが前提になる。

4）対面授業と反転授業の比較

　対面授業と反転授業について、以下の**図 2-7** で説明する。

　左側が、今までの学習の流れ、右側が反転授業の流れである。まず、今までの学習の流れを説明すると、教員が黒板に向かって授業を行う。学生は、基本的なことを学んで、自宅の宿題で復習をする。一方、反転授業の流れの場合、学生と教員が逆転する。イラストの女の子のように、事前にオンラインで基本的なことを予習して、その後に対面授業の応用・発展演習に臨む。

　反転授業には、どのようなメリットが考えられるか。単位制の観点からいえば、学生が教室外学修を、事前にするようになるというよりは、むしろ、教室外学修をせざるを得ない状況に追い込まれる。オンライン授業の場合、事前学習をしてくることが前提になるので、教室内授業では、応用・発展に円滑につなげることができるので効果的である。教員にとっても、学生にとっても、授業を楽しむことができるのが、反転授業の最大の魅力である。

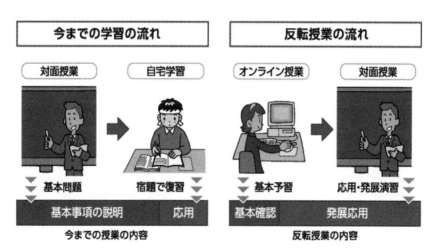

図 2-7　反転授業の流れ

出典：https://hackletter.com/archives/2954

5) 反転授業の動画の説明

　反転授業の動画内容について説明する。実際の動画は、以下の URL を参照。
https://www.lancers.jp/work/detail/624756

　反転授業は、新しい教育方法である。それは、伝統的な教室をひっくり返した状態である。毎日、何千人もの教員が担当するクラスで、何百万人もの学習者にまったく同じレッスンをする。毎晩、何百万人もの学生が、まったく同じ宿題の解答方法を見つける。

　Flipped Classroom とは、授業を反転することから、反転授業と呼ばれる。

　伝統的な学習者は、講義を聞き、クラスでテストを受ける。教科書を読んだり、自宅で問題に取り組んだりする。反転授業では、学習者は最初に、自宅でトピックについて学習する。通常、YouTube のビデオレッスンで、知識を習得する。問題を解決し、クラスで実践的な作業をする。教室を反転した、反転授業の利点については、以下のようである。

1. すべての学習者が、自分のペースで学習できる。ビデオを繰り返し見ることができる。
2. 学習者が、予習してから教室に入るので、効果的な学びができる。
3. 理解を深めるために、グループ作業やプロジェクトにより多くの時間を費やすことができる。
4. クラスで宿題をすることができる。学習者同士が助け合うなど、双方の利点がある。

　さらに、授業についていけない学習者にとってもメリットがある。反転授業は、教員にも変化をもたらす。伝統的に、教員は自信のある学習者に質問することが多いが、反転授業を実践することで、すべての学習者をターゲットにすることができる。すなわち、自信がある学習者だけでなく、支援を必要とする学習者をサポートすることができる。また、正面から話しかける代わりに、サイドからサポートすることができ、学習者は、個人または小グループでより緊密に学習することができる。

　授業に自信のない教員は、ビデオを使って、コンセプトを説明することができる。教員のスタイルに合った、教育方法に焦点が当てられる。プロジェ

クト作業や実験などのビデオ教材が、オンラインで利用可能になることで、教員は同じ講義を、何度も繰り返す必要がなくなる。繰り返すにしても、多くの時間をクラスのニーズに合わせることができる。

　多くの学者も主張しているように、反転授業を導入することで、平等な学習機会を促進し、すべての学習者が宿題をするとき、同じように注意を注ぐことができるようになる。教育に関心の深い子どもの両親、年上の兄弟または高額な家庭教師を雇えない人にとって明らかに有利である。

6)『ザ・ニューヨークタイムズ』紙の調査分析

　これは、『ザ・ニューヨークタイムズ』紙(2020年6月13日)で、取り上げている記事である。それによれば、「バーチャル教室とオンライン学習が急増するにつれて、研究者は、何が機能し、何が機能しないか、それを定量化するために取り組んでいる」という内容のものである。同紙によれば、学生はコースによっては、オンライン授業での学習効率が通常より、低くなる傾向があると分析している。筆者の京都情報大学院大学で、この研修に参加した教職員の場合は、どうだったのだろうか。春学期、オンライン授業を実践した教員もいたと思うが、学習効率は、どうだったのだろうか。低かったのか、あるいは、逆に高かったのか。それぞれの授業で違うかと思われるが、同紙の調査によれば、オンライン授業での学習効率が、通常より低くなる傾向があると分析している。そして、重要なポイントも指摘している。それは、ファシリテーターあるいはメンターがいる場合、優れたパフォーマンスを発揮することがあるというのである。すなわち、ファシリテーターの役割が、重要だとの指摘である。アメリカでは、教員のことを「ファシリテーター」と呼ぶことがある。教員は、講義だけするというイメージがあるが、決してそうではない。講義も行い、そして学生の指導も行うというのが「ファシリテーター」である。

7) コンセプトマップで描く反転授業

　筆者の授業では、コンセプトマップを活用した、反転授業を実践している。

コンセプトマップについては、後述する。反転授業には、色々な方途が考えられる。筆者の場合、コンセプトマップ（マインドマップと呼ぶこともある）を用いて、ポートフォリオを書かせて提出させ、最終評価をしている。

　毎回の授業後、学生に数時間かけて、授業で学んだことを振り返らせ、コンセプトマップを描かせている。これは、授業での学びを省察して、頭の整理をするものである。振り返ることで、新たな発見や発想につながる。これを12回（註:15回の授業の3回は、プレゼンテーションなので、コンセプトマップの提出がない）描くことになる。12回のコンセプトマップを通して、最終的に、ポートフォリオにまとめて、提出させる仕組みである。また、コンセプトマップを描くことで、教室外学修時間の確保にもつながるというメリットもある。

8）eラーニングによる学修時間の確保

　筆者は、『教育学術新聞』（2020年5月13日）で、「単位制を再考するeラーニングによる学修時間をどう確保するか」と題して寄稿した。その中で、「ミニット・ペーパーとポートフォリオ」という方法について紹介した[37]。eラーニングにおいては、学修時間の確保が、今後の課題となると問題提起した。

9）コンセプトマップ作成方法の動画の説明

　以下は、コンセプトマップの作り方（How to Create a Concept Map）の動画の説明である。実際の動画は、以下のURLを参照。

https://www.youtube.com/watch?v=sZJj6DwCqSU

　コンセプトマップとは、思考を整理し、アイデアをつなげて可視化する方法である。コンセプトマップを作成して、アイデアのブレインストーミングや整理、課題概要の作成、知識テストや試験のための復習に役立てる。

　コンセプトマップは、どのようにして作るか。次の7つの手順に従って説明する。

　ステップ1：主要なトピックを抽出することからはじめる。知っているすべてを書き出して、ブレインストーミングする。講義、テキスト、その他のコース、教材のすべて関連するコンテンツを使用する。

ステップ2：主要な情報をポイントごとに整理する。

ステップ3：マップの作成をはじめる。メイントピックからはじめ、メインポイントとサポートなど詳細に分岐する。

ステップ4：マップを確認し、他とのつながりを探す。矢印、記号、色を使用して、アイデア間の関係性を明示する。

ステップ5：定義、方程式、図のすべてが役に立つ、詳細も含める。

ステップ6：マップを分析して改善する。自問してみる。アイデアは、どのように組み合わされているか。必要なつながりをすべて行っているか。概念図（マッピング）は、正確で論理的で詳細であるか。

ステップ7：詳細にできたら、コンセプトマップを更新して理解を深める。コンセプトマップをことばにしてみる、自問してみる。アイデア間のつながりが明瞭に説明できているか確かめる。

　これらの7つの手順に従うことで、学習に役立つコンセプトマップを作成することができる。

　以下の**図 2-8** は、学生が「ICE モデル」に関する授業後にまとめた、コンセプトマップである。ICE モデルについて、何を学んだかが描かれている。授業では、教員が何を教えたかよりも、学生が何をどのように学び、それをどのように関連づけるかが重要である。したがって、コンセプトマップは、教員にとって、最善のフィードバックということになる。

10）学生のフィードバックから学べ

　教員の授業改善には、学生からのフィードバック（Learning from Students）が欠かせない。これは、アメリカの FD 関係者からよく聞くことばである。学生が、何もフィードバックをしてくれなければ、教員は何をどのように改善すればよいか分からず、「思考停止」に陥る。したがって、優れた教員ほど、優れた学生からのフィードバックが多いということになる。筆者の考える良い学生とは、積極的にフィードバックをしてくれる学生のことである。

　2021 年春学期のオンライン授業が終わった。最終評価、各授業のコンセプトマップ、そして最終コンセプトマップとポートフォリオを総合して、最

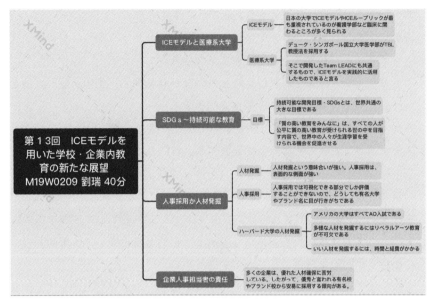

図 2-8　学生の「ICE モデル」コンセプトマップ

（作成者　張献文）

終評価を行った。たとえば、次のような自由記述を書いた学生がいた。「周りが静かで、誰も邪魔にならない場所で、授業を受けるので質量が高くなる。多くの人がいる教室では、予想外の状況も発生する可能性があるので、オンライン授業は、対面授業より集中できたと思う」。

　他の学生からは、「本当に学習しているのか、オンライン授業で学んでいる実感がない」と、逆に、オンライン授業の問題点を指摘してくれた学生もいた。これらは、重要なフィードバックである。

　次のようなフィードバックもあった。「Zoom を使用した同期型オンライン授業の強みは、チャットや音声通話を通して、先生 - 学生・学生 - 学生のやり取りが、リアルタイムで可能なことです」という指摘がある。チャットの問題を解決する、二つの方法を提案しくれた院生もいた。「まず一つは、学生のカメラ ON を義務付けた上で、音声での応答をメインとし、チャットはあくまで補助とする。二つ目は、Zoom の標準機能である『挙手ボタン』

を押した学生を、先生が当て発言権を与えるというものです。これで学生の授業参加率自体も上がると考えます」。後期授業からは、カメラ ON が推奨されるようになった。

11) 学生からの最終コンセプトマップ

最終コンセプトマップは、全12回の授業を通して、何をどのように学んだかを省察してまとめたものである。

図が細かいが、12回の授業がすべて網羅されている（**図2-9**）。このようなコンセプトマップを見ることで、学生が何をどのように学んだかを知ることができ、見る人の想像を広げる効果がある。何よりも、教員には12回の授業を通して、学生の成長（「のびしろ」）を可視化できるという教育効果がある。

12) 自立・自律的学習者の涵養に役立つコンセフトマップ

本章では、コンセプトマップを中心とした、反転授業について述べたが、反転授業には、副次的な効果もある。たとえば、単位制につながるという効

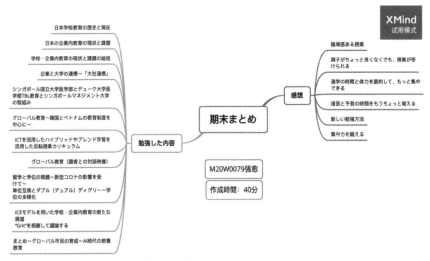

図2-9　学生の「期末まとめ」コンセプトマップ

（作成者　張愈）

果である。すなわち、教室外学修の時間の確保に役立つのである。教室外学
修時間では、YouTube の動画を事前に視聴するので、教室内でのアクティブ
ラーニングにつながり、学生のモチベーションを高める。さらに、反転授業
なので、主体的に学ぶことになり、自立・自律的学習を促し、卒業後、社会
人として活躍できるための「社会人基礎力」を身につけることができる。そ
の結果、いま、注目されている SDGs にも、チャレンジできるようになる。

13) 反転授業の克服すべき課題

反転授業には、多くのメリットがある。反転授業は、教室外学修を重視す
ることになるので、教室内の講義だけで単位を授与するものと比較すると、
雲泥の差があることがわかる。

反転授業といえども、「万能」ではない。検討すべき課題がある。それは、
学生の成績評価とどのように「ひもづける」かという重要な問題である。反
転授業による教室外学修が、成績評価に反映されないことがわかれば、学生
は一生懸命にやらなくなる。その結果、効果も半減して「負の連鎖」につな
がる。したがって、反転授業で重要なことは、教室外学修が、教室内授業と
同じように、正当に評価されるシステムづくりが重要であり、それを考慮し
た授業デザインづくりが喫緊の課題である。

4 学習者中心シラバスと授業デザイン

1) はじめに

1995 年の「学習パラダイムへの転換」を起点として、多くの教員が学習者
中心の重要性に注目するようになった。同時に、「学習者中心シラバス」に
ついても関心をもちはじめた。しかし、それは「学習者中心」とはいい難く、
これまでの「教育パラダイム」を「延長」したものに過ぎない。換言すれば、
現在の授業シラバスは、未だに「教員中心シラバス」である。日本では、シ
ラバスと呼んでいるが、正しくは「授業シラバス」(Course Syllabus) である。

2）授業シラバスとは何か

授業シラバスとは何か。2008 年の中央教育審議会答申「学士課程教育の構築に向けて」の用語集の中で、授業シラバスについて、各授業科目の詳細な授業計画であると述べている。しかし、授業設計（デザイン）とは呼んでいない。

授業シラバスには、どのようなことが記載されるのか。一般には、授業名、担当教員名、講義目的、各回の授業内容、そして成績評価方法および基準、準備学習などの具体的な指示が含まれる。さらに、授業シラバスの中には、教科書や参考文献、履修条件等々、色々なことを書き込めるようになっている。しかし、重要なことは、各単元の「準備学習」を含むことである。これが、教室外学修時間の確保および単位制につながる。換言すれば、授業シラバスは、学生が授業に臨むにあたっての準備を促すものである。さらに、複数の授業が開講される場合、教員相互間の授業内容あるいは「学生による授業評価」の調整などにも使われる。

3）誰のための授業なのか

教員の中には、授業シラバスが「教員」のためのものだと誤解している者もいる。授業シラバスは、誰のためのものか。誰のための授業なのかを考え直してみる必要がある。授業シラバスを書くときに、留意すべきことは、当該教員の「授業に臨む姿勢（ティーチング・フィロソフィーあるいは授業哲学）」を明確にすることである。換言すれば、この授業は、当該教員にしか教えることができないとの付加価値を主張する必要がある。授業シラバスを見ると、フォーマットにしたがって、首尾よく記述されているが、誰のための授業シラバスなのかよく分からないことがある。すなわち、誰にでも通用する、授業シラバスになっている。これでは、他の教員と「たらいまわし」に使っていると疑われても仕方がない。それは、授業哲学にもとづかない、ありきたりの授業シラバスということになる。

授業シラバスは、授業の達成目標や成績評価方法あるいは教員と学生のコミュニケーションの役割もする。授業設計（デザイン）を、授業シラバスだと勘違いしている教員も多い。授業シラバスは、授業設計（デザイン）の一部に

過ぎない。たとえば、授業シラバスを「氷山」に譬えれば、水面に浮かんでいる一角で、水面下には、大きな氷塊が隠れている。この氷塊が、授業設計（デザイン）だと考えればわかりやすい。

　授業設計（デザイン）を考えるには、次のことについて、「自問自答」する必要がある。なぜ、この授業を教えるのか。この授業は、大学あるいは大学院において、どのように位置づけられるのか。学生に、何を学んで欲しいのか。それはなぜなのか、何のためなのかを自問自答しながら、授業デザインして、その骨子を授業シラバスとしてまとめるのである。

4) 授業シラバスとコースカタログの違い

　授業シラバスは、もともと、アメリカから導入されたものであるが、アメリカと日本では、必ずしも、同じように使われていない。なぜなら、新制大学がスタートした、1949年にはじめて単位制度が導入されたことも影響している。それ以前は、学年制であった。単位制度が、学習者視点に立つのに対して、学年制は教員視点に立っていることから、授業シラバスも、教員視点のものが主流となっている。

　授業シラバスによく似たものに、コースカタログがある。コースカタログとコースシラバス（授業シラバス）の役割は、基本的に違う。多くの教員と学生がこれを混同している。コースカタログは、学生がどのような授業を選択して、履修するか、事前に調べるためのガイダンスのようなものである。したがって、大学全体のコースが一覧できるもので、分厚く重たい「電話帳」のようなものだと、揶揄されたこともある。最近は、ペーパーレスなので、「電話帳」というイメージはわかないだろうが。

　一方、授業シラバスは、担当教員に属するものであることから、コースカタログとは異なる。これは、担当教員や科目あるいは実習や演習などによっても違いがあるので、具体的な枚数はわからないが、10ページ以上のものもある。日本の大学では、授業シラバスがA4サイズ1枚に収めるように指示されている。そのような短い授業シラバスでは、明らかに、教員中心の授業シラバスにならざるを得ない。学習者中心のものであれば、予習、授業、

演習など用途に応じて、多岐にわたることになる。授業シラバスの配布は、履修者に限定され、教員と学生の「契約書」としてのドキュメントとなるべきである。

　もともと、日本では、授業シラバスが「契約書」であるとの認識が乏しいことから、授業シラバスをネットで一斉公開することが、無造作に行われている。これは、「守秘義務」に違反している。戦後70年が経過し、インターネット時代が到来したいま、大学における授業シラバスやコースカタログのあり方を抜本的に見直す必要がある。最近は、ウェブシラバスになり、本来の授業シラバスがコースシラバスも兼ねるようになっている。カリキュラムマップで履修ガイダンスに従っていると表面上では繕っているが、科目間の関連がうまくつながっていない。筆者は、コースカタログの「復活」を望んでいる。紙媒体のときは、重たい「電話帳」と揶揄され、紙資源の無駄遣いなどと批判されたが、インターネット時代はペーパーレスなので、そのような心配はない。それにも関わらず、なぜ、コースカタログを勧めるのか。それには、理由がある。以下のMITのカタログを参照するとわかりやすい[38]。詳細については、以下の**図2-10**を参照にしてもらいたいが、講義・教室外学修時間などの重要事項が網羅されている。これを事前に読めば、どの授業を履修すべきか、授業履修のための前提条件などがわかるほか、成績評価についても記載されている。これが機能すれば、目的もなく授業を履修して、途中でウィズドローする心配もなくなる。そうなれば、教室内の履修学生のモチベーションも高まるはずである。授業シラバスは、学習者中心でなければならないが、コースガイダンスは、教員中心でなければならないので、互いの棲み分けが、明確になるという利点がある。

5）授業シラバスは機能しているか

　授業シラバスは、効果的に機能しているだろうか。最近、ウェブシラバスが普及しているので、従来の授業シラバスとは違っている。だからこそ、本来の授業シラバスとの違いを峻別できるのではないかと考えている。

　授業シラバスは、授業の進捗状況に応じて、修正が出てくるかも知れない。

科目一覧

本章における説明は変更される可能
性がある。1999年から2000年の開講
科目の最終的な一覧は、各学期の開
始前にクラススケジュール冊子と共
に発行されるものとする。

以下に示す科目の記載例は科目名、
科目情報、科目説明、および担当教
員名の４つの部分から成り立ってい
る。

> 5.77J 代謝生物化学について（NEW）
>
> 7.75Jと同一科目
> 履修条件　事前に7.05 或は5.07を履修
> （G）秋学期
> 4-0-8 H-LEVEL Grad Credit
>
> 特定細胞成分の生合成と酸化的代謝に
> おける主要な代謝経路についての講義
> を含む。酵素学と代謝と酵素の反応過
> 程を理解する方法論に重点を置く。
> G.M. Brown, J. Stubbe

≪科目名
最初の横線の上に科目名が記されてい
る。
≪科目情報
最初の横線の下に科目情報が記されて
いる。
≪科目説明
二本目の横線の下に科目説明が記され
ている。
≪担当教員

科目名

科目名は科目番号および名前から成
り立っている。

科目番号末のJは、この科目が複数の
学科の共通開講科目であることを示
す。他学部における科目番号は、科
目情報セクションで、以下（番号）
と同一科目と記される。

科目番号及び科目名の下に記された
（New）は、新しくカタログに加
わった科目であることを示す。

科目番号及び科目名の下に記された
（Revised Units＝ユニットの改訂）或は
（Revised Content内容改訂）は、前回
のカタログの時から変更されている
ことを示す。

科目情報

番号の変更があった科目の旧番号は
最初の横線の下の括弧内に記される。

括弧内に以下（番号）と同一科目と
記され、他の科目番号が続く場合は、
他学科との共通科目か、SWEである
ものとする。

以下と同席とある科目は、レベルの
異なる開講科目と共に講義を受ける
か、科目の一部が、他の開講科目と
の共同講義であることを示す。

履修条件として、事前の履修が必要
な科目があれば、それらを挙げる。
或は求められる条件を示す。イタ
リック体で示された科目番号は同時
履修条件である事を示しており、当
該科目と同時期の履修が認められて
いる。これらの履修条件がない場合
は、ダッシュ(--)で示される。特に傑
出した学生については、担当教員が
事前の履修要件を免除することが可
能である。

開講年度として、1999-2000年度、或
は2000-2001年度の開講がない場合、
記述がある。コメントのない科目は
1999-2000年度及び2000-2001年度に
開講されるものとする。

科目レベル及び年次として、その後に
Uが続く場合は、学部レベル、Gであ
れば主に大学院生対象の科目を示
す。IAPとは、MITにおける自
主活動期間を指す。

単位ユニットは科目の時間配分を示し、
ダッシュで区切られた３つの科目番号
で表される。最初の番号は（参加型
の）授業及び講義、二番目の番号が、
実験、デザイン、実習に、三番目が予
習、準備にそれぞれ割り振られてい
る。全てのユニットを合わせて、科目全体
の単位が取得できる。

各ユニットがそれぞれ約１４時間相当
の学習を表す。Unit arranged（アレン
ジユニット）とある場合は、担当教員
によって特別にアレンジされたユニッ
トであることを示す。

生物学、物理学、微積分、化学、REST
（科学技術分野限定選択科目＝旧SCI
DIST）、実験、HASS-D（人文、芸術、
社会科学分野）等、大学の定める必修要
件に当てはまる科目は、単位ユニット
の右側に、その旨を記載する。
HASSと記された科目は、HASS-D以
外の人文、芸術、社会科学の必要単位
を満たすのに履修可能であることを示
す。

HASS-D Language option（HASS-D言
語オプション）とあるものは、HASS-
Dの一科目に代えて履修が可能な語学
の科目であることを示す。

[P/D/F]が単位ユニットの右側に記され
ている場合は、この科目の評価がP、D、
Fで与えられることを示す。この場合、
Pとは、C或はそれ以上の成果を上げた
ことを表す。

H-LEVEL Grad Creditとある場合は、大
学院上級レベルとして認められた科目で
あることを示す。特定の学部において上
級レベル科目とされている場合には、続
けてその旨の記載がある。
Can be repeated for creditと単位ユニ
ットの下に記された科目は、複数回履修が
可能で、それらを卒業単位に数えるこ
とが認められる。

科目説明

特定の対象のみが履修可能な科目につい
ては、科目説明の末尾にその旨が記され
るものとする。科目説明が記載されてい
ない場合は、（複数の学部の科目番号が
付けられているので）説明記載のある番
号が示されている。

担当教員

（一覧の）発行時点で決定している担当
教員名についてはイタリック体で記され
ている。それ以外は学部の担当者名が通
常字体で記されている。

図2-10　MITカタログ

出典：拙稿『戦後日本の高等教育改革政策～「教養教育」の構築』（玉川大学出版部、2006年）図8　MIT
　カタログの日本語訳

なぜなら、教員が授業シラバスを作成するのは、当該学生が履修登録する前に、準備するからである。すなわち、学生の授業シラバスは、前学期の経験を踏まえて「仮の」授業シラバスを準備しているに過ぎない。

学生は、授業の履修登録にあたり、教員の「あたりはずれ」を口にするが、教員にも同じことがいえる。したがって、授業シラバス内容の軌道修正は、仕方のないことかも知れない。

授業シラバスにおいて、教員が留意すべきことは、学生にとって良い授業シラバスかそうでないかということである。それは、どのように見分けることができるのか。前述の「学生のフィードバックから学べ(Learning from Students)」に対する、教員の「意識」に左右されるところが大きい。なぜなら、良い授業であるかそうでないかは、学生からのフィードバックを抜きには考えられないからである。したがって、学生からのフィードバックは、授業改善のためのFD(教員の授業改善)という視点からも重要である。

これは、オンライン授業においても同じである。むしろ、オンライン授業でのフィードバックのあり方が、いま、ホットな議論になっている。したがって、対面授業のときとは違うかも知れないが、チャット機能をフルに活用したり、挙手させて、発言を促したりすることで、学生からのフィードバックを活性化することができ、教員はそこから授業改善について学ぶことができる。

6) アメリカの大学における授業シラバスとの違い

アメリカの大学における授業シラバスといっても、もともと、日本の授業シラバスは、アメリカの大学のものを模倣したもので、類似したところが多いのは当然である。しかし、アメリカの大学における授業シラバスは、1995年頃を起点に、教員の役割が大きく変貌している。それは、「教育パラダイム」から「学習パラダイム」への転換が、露になったからである。当然の結果、授業シラバスに対する考えも、より学習者視点が色濃くなった。

アメリカでは、「学習パラダイム転換」前から、学習者中心の授業シラバスが実践されたのではないかと誤解する向きもあるが、アメリカも日本と同

130

じように、教員中心の授業シラバスの歴史が長かった。たとえば、映画『モナリザスマイル』には、このあたりの事情が興味深く描かれている。これは、1958年頃のアメリカの名門ウェルズリー女子カレッジを舞台にした映画である。実は、この映画の中には、「シラバス」ということばが頻繁に出てくる。ジュリアロバーツ演じる主人公ワトソンの美術史の「シラバス」は、学科長が作成したものを使用するという徹底したものである。すなわち、個々の教員ではなく、学科長のシラバスを用いて、授業が徹底されていたことがわかる。

「学習パラダイムへの転換」を機に、どのように変化したのか。それまでの知識伝達としての教員の役割から、学習者をサポートするファシリテーターへと大きく変貌した。これまでのように、知識伝達だけでは、すぐに忘れてしまうところから、アクティブラーニングを導入したり、共同作業をしたりして、学習者が直接・間接的に授業に関与することで、長く記憶に留めさせるというものである。これには、ファシリテーターが必要である。

授業シラバスは、教員と学生のコミュニケーションツールの役割もする。授業シラバスがなければ、教員と学生はどのような媒体でコミュニケーションをとれば良いのか手段がない。たとえば、サンディエゴ州立大学では、授業シラバスを教員と学生間の「手紙」の役割を果たすものだと説明している。

授業シラバスは、学生の単位取得と密接に絡んでいる。学生は、基本的に、授業シラバスに記載されていることしか学習しない。それが、学生にとって、「契約書」を履行することを意味するからである。このような視点から、授業シラバスを作成するときは、バックワードデザイン（逆向きデザイン）で考えると効果的であるといわれる。すなわち、最初に、成績評価基準のところから、授業シラバスのデザインをはじめるというのがそれである。このことで、授業シラバス全体の整合性を明確にできる。

教員によっては、「授業シラバスに記載しなくても口頭で説明する」から大丈夫だと安易に考える者もいるが、これは、授業シラバスが「契約書」であることを看過しているからである。なぜなら、文書化したものでなければ、「契約書」にならないからである。もし、口頭で授業中に説明したとしても、当該学生が欠席しているかも知れない。あるいは忘れているかもしれない。

結局は、「水かけ論」になる。どのような些細なことであっても、授業シラバスに記述するように心がける。

　授業シラバスが、単位と直結していることは、いうまでもない。前述のように、単位数は、学生の「学習量」によって決まる。しかし、未だに、教員の口から「単位をあげる」という表現を聞くことがあるが、これは誤りである。教員があげるのは「成績評価」である。単位は、学生が自らの「学習量」によって獲得するもので、本来、別個のものであるが、成績評価が単位と付随して、授与されることから混乱している。このような考えに従えば、学生の単位数によって、成績評価も「連動」することになるので、単位数の多い科目ほど、成績評価が厳しくなるはずである。「学習量」とは、単位制の根幹は、学生の教室外学修時間で決まるという認識が欠落している。そのことを、授業シラバスにおいて明示する必要がある。

　この点で参考になるのが、前述の図2-10「MITカタログ」である。注目すべきでは、単位数によって、教室外学修時間の違いが鮮明になっているところである。このMITカタログを見れば、どれだけの教室外学修時間を、担当教員が課しているかが一目瞭然である。このように事細かく指示するのが、コースカタログの役割である。

　日本では、科目の単位数は、誰が決めるのか。多くの教員は、文科省だと思うかも知れないが、そうではない。それは、個々の大学の判断で決める。アメリカでは一歩進んで、担当科目の単位数は、担当教員自らが決める。したがって、MITカタログのように、教室外学修時間数を事細かく、学生に指示することができる。

7）授業シラバスの記載方法

　授業シラバスは、教員が学生に、何を期待するかの「メッセージボード」のような役割をする。授業シラバスにおける到達目標の書き方には、二通りある。一つは、「授業全体」(15回)を通して、何を到達して欲しいか、学んで欲しいかの視点に立った到達目標である。もう一つは、「単元ごと」の到達目標を明示するものである。たとえば、この単元での到達目標という具合

132

である。ほとんどの大学の授業シラバスは、ウェブシラバスにより簡易化されているので、「到達目標」のところの記載は、「授業全体」の到達目標だけにならざるを得ない。これは、教員視点に立った到達目標であって、学生には不親切である。筆者は、単元ごとの到達目標が望ましいと考えている。90分の授業においては、「単元ごと」の到達目標の方が、学生は何をどこまで到達するべきかが容易にわかる。単元ごとの到達目標を「まとめ」たものが、授業全体の到達目標ということになる。その場合、「単元ごとの到達目標」は、系統だっていなければならない。

　最初に、到達目標を設定すると、成績評価との「整合性」が難しくなる。最初に、成績評価基準を明確にしてから、バックワードデザインして、最後に、到達目標を設定することで、一貫性および整合性のある授業シラバスになる。

　授業シラバスは、コミュニケーションツールともいわれる。もし、そうだとすれば、文語体の記載よりも、口語体で記述する方が、効果的である。しかし、日本の大学では、授業シラバスが、文語体なので「堅苦しい」イメージで書かれていることが多い。これは、教員主導型を暗示する。アメリカでは、大半が口語体で書かれている。たとえば、教員が学生とコミュニケーションを取りたいとの熱意を伝えたいのであれば、「遠慮なく相談にいらっしゃい。そのために、給料をもらっているのだから！」という具合の「口調」の呼びかけになっている。これを学生が見たら、教員に親近感をもち、研究室を訪ねてみたいという行動につながるかも知れない。これは、サンディエゴ州大学の授業シラバスの事例である。

8）教員と学生の契約書

　授業シラバスは、教員と履修生の「契約書」だといわれる。少し堅苦しい言い方ではあるが、アメリカでは教員と履修生との「契約」に相当する。もし、訴訟に発展したら、授業シラバスが有力な証拠になる。したがって、当事者間の「契約書」であることを鑑みれば、授業シラバスを履修生以外に、公開する現在のウェブシラバスには、欠陥があるといわざるを得ない。すなわち、不特定多数の学生に、授業シラバスが公開されることになる。これは、ウェ

ブシラバスの構造的欠陥であり、再検討の必要がある。

　授業シラバスが、「契約書」に値するのは、成績評価基準のところである。成績評価基準は、「絶対」に変えることができない。なぜなら、成績評価基準が「契約書」に当たる重要な部分になるからである。したがって、成績評価基準を途中で変更するのは、「不履行」にあたり、トラブルの原因になる。なぜなら、多くの学生は、成績評価基準を見て、履修登録を決めるからである。それを、教員の都合によって、途中で変えることは許されない。どうしても、成績評価基準を変える必要が生じた場合は、慎重に、そして、学生の同意を得る必要がある。それでも、不公平さは払拭できない。なぜなら、途中で成績評価基準を変更できるのであれば、別の学生も履修できた可能性があるからである。教育パラダイム時代なら、教員の独断と偏見が許されたことでも、「学習パラダイム」では、「理不尽」となることを認識するべきである。

9）授業シラバスは学生の命綱

　授業シラバスは、教員にはもちろんであるが、学生にも「命綱」のような存在である。すなわち、学生にとっては、授業シラバスが「すべて」である。授業シラバスが、なぜ、学生にとって「すべて」なのかを興味深く描いたイラスト漫画（IT'S IN THE SYLLABUS）を、以下に紹介する。

　学生が、授業シラバスに、いかに「拘束」されているかが描かれている。

出典：https://www.learningscientists.org/blog/2017/6/18/...

図2-11　漫画（IT'S IN THE SYLLABUS）

たとえば、欠席した学生が教員に、「先週は何の授業でしたか」と尋ねると、「授業シラバスに書いてある」、「宿題は何ですか」「授業シラバスに書いてある」、「オフィスアワーはいつですか」「授業シラバスに書いてある」、「成績評価基準は何ですか」「授業シラバスに書いてある」という具合に、すべてが「授業シラバスに書いてある」とオウム返しの淡白な回答である。

10) 学習者中心シラバスとの違い

　学習者中心シラバスとは何か。これまでの授業シラバスが教員中心であったことについては前述した。むしろ、これしか考えられなかった。教員中心の授業シラバスとは、裏を返せば、授業のためのシラバスであった。授業シラバスは、教員が授業を進めるうえの「指針」の役割を果たした。換言すれば、教員の授業を円滑にするためのものが、授業シラバスであった。これは、「間違い」である。授業シラバスは、学生が学習するための「コースシラバス」(Course Syllabus) となるべきもので、これまで反対のことをやっていたことになる。その結果、学習者視点に立った、授業シラバスのあり方が注目されるようになった。

11) 教員中心の授業シラバスの弊害

　教員中心の授業シラバスの「弊害」は、どこにあるのか。これは、現在の授業シラバスだと考えればわかりやすい。たとえば、授業シラバスの最後に、成績評価基準が記載されるが、学生が最も関心をもつのは、成績評価基準である。これは、アメリカの大学でも同じでことがいえる。これでは、学生に関心をもってもらえない。そこで、最近の授業デザインでは、成績評価基準から考える、バックワードデザインが注目されるようになった。その方が、授業シラバス全体の整合性も良くなる。現在のものは、成績評価基準を最後に置いているという、「構造的欠陥」がある。したがって、筆者は、授業シラバス作成時は、バックワードデザインで考え、オリエンテーションのときは、成績評価基準から説明している。

　これまでの授業シラバスは、最初から、順序立てて記載するように指導さ

れ、そのようなテンプレートになっている。これは、教員中心の授業シラバスの「後遺症」である。したがって、新しい学習者中心の授業シラバスでは、成績評価基準を起点に考えるように改める必要がある。

12) 京都情報大学院大学の授業シラバス

　筆者の所属する京都情報大学院大学 (The Kyoto College of Graduate Studies for Informatics, KCGI) の授業シラバスは、全体的に良く整備され、他大学に類を見ない「卓越」したものである。逆に、「卓越」したところが「弱点」なのかも知れない。なぜならば、教員は授業デザインについて考える必要がないからである。たとえば、KCGI が提供するテンプレートに従って、必要事項を記入すれば、「卓越」した授業シラバスが完成する「フォーマット」になっている。なぜ、この授業を担当する必要があるのか、教員の授業哲学は何かなどを十分に考えさせていないかも知れない。

　大学教育においては、単位制の基本となる、「教室外学修時間の確保」が明記されているかどうかが重要である。これが、「準備学習」の項目である。KCGI の授業シラバスには、「前提科目」あるいは「前提知識」を記載する項目となっている。アメリカの大学では、これは「必須項目」となっているが、日本の大学では、まだ十分浸透していない。それは、KCGI がアメリカの大学をモデルにしている成果の一端である。

13) 授業デザインとは

　授業デザインとは、どのようなものか。授業デザインは、授業シラバスを考えるうえで必須といえる。すなわち、授業シラバスは、授業デザインの一部であるとの認識が必要である。ところが、授業デザインがどういうものか、多くの教員はわかっていない。多くの教員は、授業をデザインしたものが、授業シラバスだと勘違いしている。フィンク博士によれば、アメリカの大学でも、すべての教員が正しく理解しているとは限らないと述べている。そのことを理解するために、建築家が作成した設計図に譬えながら、両者の類似性について、以下に説明する。

　建築家の建築デザインと教員の授業デザインは、似ている。以下の**図2-12**を参考にすれば、互いの類似性が明らかである。

　建築家の建築デザインの場合、建物の種類、高さ、資材、照明、空間、窓をどうするか、予算をどうするか、地面強度は十分かなど、色々なことを勘案しながら、設計図の作成に取りかかる。これが、設計図あるいはブループリントと呼ばれるものである。建築のときには、詳細な図面が設計図に凝縮されているから、建築士は、設計図に表れていないところでも質問されれば、的確に答えることができるのである。

　教員の場合も、これに似ている。学習行動、教授戦略、学習者と教員の関係、評価、学習環境など諸々のことを考慮しながら、最終的に、授業シラバスができあがる。学生には、授業シラバスしか見えないが、多くの時間とエネルギーを駆使した、授業デザインから作成されている。アメリカでは、授業シラバスを準備するのに、数か月を要するといわれるほどである。

　多くの大学では、授業シラバス用のテンプレートが準備され、前年度の授業シラバスを引用できる、「過剰サービス」を行っている。これは、学生を「愚弄」したものである。授業シラバスは、当該履修学生のものであって、前年度の学生のものではないはずである。このように、現在の授業シラバスには、

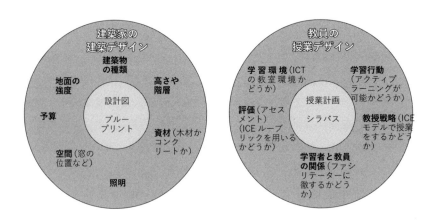

図 2-12　建築家の建築デザインと教員の授業デザインの類似性

「構造的欠陥」があるといわざるを得ない。これからは、「授業シラバス」を作成するのではなく、「授業デザイン」を考えるという姿勢が望ましい。そうすれば、どのような授業にも、柔軟に対応できるはずである。

14）コロナ禍の授業デザイン

コロナ禍の授業デザインをどうするか。これまでは、「授業デザイン」という考えなしに、最初から、「授業シラバス」を作成していた。その結果、対面授業の授業シラバスが、オンライン授業で通用しなくなり、多くの教員は、右往左往する羽目になった。新型コロナウイルス感染拡大の影響で、「授業デザイン」の考えが、重視されるようになったことは、不幸中の幸いである。授業デザインの考えが確固たるものであれば、対面でもオンラインでも、同じように、授業に臨めるはずである。それが「授業デザイン」というものである。

対面授業とオンライン授業をハイブリッドした、「ハイブリッド型のシラバス」が **図2-13** である。「授業デザイン」という点では、対面授業と同じであるが、すべての項目のはじめに、「オンライン」をつけて、自問自答をしながら授業設計しているところに特徴がある。たとえば、学習行動について

図2-13　With コロナの授業デザイン

138

は、「オンラインでのアクティブラーニングは可能かどうか」、教授戦略では、「オンラインでの反転授業が可能かどうか」、さらに、「オンラインでのファシリテーターの役割は何をするのか」、「オンラインでのコンセプトマップとポートフォリオによるアセスメントが可能かどうか」などを自問自答することである。一貫しているのは、すべての項目に対して、疑問形で問いかけているところである。

5　単位制と成績評価

1)　はじめに

　学習者の視点に立てば、単位制と成績評価には、密接なつながりがある。なぜなら、両方とも学生に直結する事項であるからである。ところが、単位制も成績評価も、必ずしも、うまく連動していない。なぜ、うまく連動しないのだろうか。それは、未だに、「教育パラダイム」の視点に立っているからである。その証拠に、繰り返しになるが、時々、教員から「単位をあげる」ということばを耳にする。厳密にいえば、これは間違いである。教員は、「単位をあげる」のではなく、「成績をあげる」というのが、正しい表現である。単位は、学生の「学習量（学習時間）」で決められ、学生が「獲得」するものであるとの認識が乏しい。

2)　単位制とは何か

　単位制度は、戦後アメリカから新制大学のスタートに合わせ、1949年に導入されたもので、現在も、「単位制度」で運用されている。しかし、伝統的には、「学年制」であった。「単位制」という考えはあったが、それは「模倣」の域を出なかった。そのため、単位制度が正しく理解されていないところがある。

　1単位とは、講義（教室内の授業）1時間に対して、学習量（予習・復習の教室外学修）2時間からなる。これを看過した単位制の横行が甚だしく、1学期10コマ以上の授業履修を可能にする、「単位の乱発」が頻発している。

3）単位制度の実質化

　単位の乱発は、アメリカにおける「学位の乱発（ディグリー・ミル）」を連想させる。アメリカでは、連邦政府による設置認可制がないため、商法を目的とした、怪しげな大学が後を絶たず、それを監督するのが難しい。最近は、インターネットを使った、「大学紛い」も増えており、取締りをさらに困難にしている。

　単位制度の実質化は、中央教育審議会『我が国の高等教育の将来像（答申）』（2005年1月28日）「第3章　新時代における高等教育機関の在り方」の学士課程「カリキュラム、単位、年限」項において、「単位の考え方について、国は、基準上と実態上の違い、単位制度の実質化（単位制度の趣旨の沿った十分な学習量の確保）や学習時間の考え方と修業年限の問題等を改めて整理した上で、課程中心の制度設計をする必要がある」として、「単位制度の実質化」を促したことに、端を発したものである。

　同答申では、教室外学修時間をどのように確保するかに、焦点が当てられた。CAP制導入も、その試みの一つである。それは、履修科目の登録上限を決める「紳士協定」のようなものである。これによって、学修時間の確保が検討されたが、現状を鑑みればわかるように、CAP制と学修時間の確保は、学生にはあまり効果がなかった。筆者から見れば、これは「制度いじり」に過ぎず、何の解決にもつながっていない。CAP制に限らず、学習効果を上げるケースは、ほかにもあるはずである。筆者は、それは教員の授業方法を改善することに尽きると考えている。批判を恐れずにいえば、教員は、「講義を止める」べきで、そのうえで、「学習させる策」を講じることが先決である。たとえば、「反転授業」のように、教室外学修時間の確保に重点を置くような、カリキュラム設計あるいは授業デザインが、強く求められる。

　中央教育審議会答申の時点では、「オンライン授業」は、「想定」されていなかった。「オンライン授業」がはじまって、にわかに、「教室外学修時間」の確保がうるさくいわれるようになった。これは、「滑稽」である。これでは、対面授業のときは、「教室外学修時間」がうまくいったかのような、「誤解」を与える。そうではない。対面授業のときも形骸化していたものが、「オ

ンライン授業」になり、さらに顕在化したに過ぎないと考えるべきである。「オンライン授業」だけが原因ではない。学生から「オンライン授業は楽しい。しかし、課題が多すぎる」との批判が、そのことを如実に物語っている。

4) 新制大学と単位制度

新制大学において、単位制が議論されたとき、1単位は15時間ではなく、45時間と決められた。これは、15週という考えにもとづくものである。「15時間」ではなく、「15週」である。2単位の授業の場合、90時間になる。

単位に関連して、「ガクシュウ」の漢字表記が、二通り使われるようになった。一般に学ぶ場合は、「学習」を使い、単位に関わるときは「学修」という文字を使うように峻別されている。ところが、文科省が「学修」の表記を使いはじめた途端、深く考えることもなく、一斉に、「学修」に変更してしまった。繰り返すが、「学修」とは、単位制に直結した、教室外学修時間との関連に限定されるべきである。

5) 単位制度の課題

単位制度の課題は、どの大学でも共通するものである。以下に紹介する**図2-14**は、国立大学弘前大学のケースである。したがって、標準的な時間割モデルといえる。

この学生は、26単位履修している。これは、アメリカの学生に比べると、約2倍も履修していることになる。2倍も履修していることは、教室外学修時間も2倍になる。CAP制については前述したが、上限を設けないと、学生が「無制限」に履修するからである。「滑稽」である。日本の大学は、アメリカ型の単位制を踏襲しているといいながら、実態は、「学年制」で縛られている。したがって、どんなに多くの単位を修得したとしても、4年未満では、卒業できないという縛りがある。それなのに、なぜ、単位の取得を急ぐ必要があるのか、首をかしげたくなる。アメリカの大学の場合とどこが違うのか。それは、授業料の支払い方法が違うということである。アメリカでは、単位ごとに授業料を支払うので、卒業単位に関係のない、不必要な単位は取らな

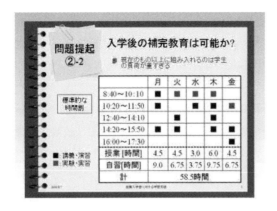

図 2-14　標準的な時間割 (弘前大学)

い。ところが、日本の場合は、授業料を年間で払うので、何単位履修しても
授業料は同じである。そのため、学習意欲もない学生が、多くの単位を履修
するという悪循環に陥っている。なぜそうするのか、それは、4年次を就職
活動に回すからである。それも大学教育の最も重要な4年次である。アメリ
カでは、Capstone プロジェクトと称して、大学の総仕上げをする4年次であ
る。それに対して、日本では「就活」に明け暮れるというのは、「何のために
大学に行くのか」と首をかしげたくなる。さらに、卒業単位数より多くの単
位を履修しておくことで、単位不足で卒業できなくなるリスクを回避する狙
いもある。

　筆者は、アメリカの大学や大学院で学んだことがあるが、留学生のため1
学期9単位が限度であった。9単位というのは、1科目が3単位なので3科
目ということになる。したがって、前述の弘前大学の26単位という数字は
驚異的で、アメリカの学生が聞いたら卒倒する数である。なぜなら、十分な
教室外学修時間の確保ができないので、結果として、悪い成績を取ることに
なり、GPA を下げ、奨学金を取り消されるなどの、負のスパイラルに陥る
からである。

　アメリカの学生は、日本と違って「アルバイト」するという習慣があまり
ない。大半は、銀行ローンで授業料を工面する。そのような学生のために4

142

年制大学の卒業期限が 8 年間猶予されている。日本の大学でも適用されているが、あまり必要としない。アメリカの学生は、アルバイトはできないが、休学してフルタイムの仕事ならできるので、8 年間かけて卒業できる、猶予期間が設けられている。

なぜ、アメリカの大学では、単位制の上限がうまく機能しているのか。それは、成績評価のウエイトが「講義」ではなく、「教室外学修」に置かれているからである。1 科目についての、「指定図書」課題が多いので、高い GPA を維持するためには、履修科目数を抑えることがマストである。

日本の高校でも、単位制を導入しているところがあるが、大学の単位制とは、峻別して考えるべきである。すなわち、高校では、講義時間のみで単位が算定されている。現状の大学を鑑みれば、高校の単位制とあまり変わらない。

前述のように、大学には「集中講義」という便利な「サービス」がある。これも単位制の理念に照らせば、「矛盾」だらけである。どこで、教室外学修時間を確保できるというのか、素朴な疑問が生じる。これは、「講義」だけに偏った授業形態の典型的なものである。

6) 新制大学発足時と変わらぬ現在

新制大学発足時、単位制に関連して、CI&E 教育課高等教育担当官イールズの 1948 年ころの文書には、次のような記述がある。「日本では学生は教室でじっと座っている。先生は土びんから水を注ぐように上から知識を注ぎ込む。後から後から注ぎ込む。一杯になるまで注ぎ込む。場合によっては受け入れるものが一杯になってもまだ注ぎ込む。日本の学生は『湯呑み』のように扱われている」[39] と述べている。70 年後のいまとどこが違うだろうか。

7) 単位制度の実質化と MIT 方式の導入

アメリカにおける単位制が、どのようなものかを理解してもらうには、前述の図 2-10「MIT カタログ」がわかりやすい。これは、カタログであって、授業シラバスではない。すなわち、履修を決める学生に、的確な情報を提供するのがカタログの目的である。図によれば、たとえば「4-0-8」(大学院上級レベ

ル）という表記がある。最初の「4」が授業時間数、次の「0」が実験やフィール
ド調査、最後の「8」が、教室外学修時間数の表示である。したがって、この
授業は、4 時間の講義と 8 時間の準備学修から構成されることが一目瞭然で
ある。このカタログを見れば、学生はどのぐらいの教室外学修時間が課せら
れた「科目」であるかがすぐにわかる。それを、事前に確認したうえで、履
修登録をする。このようなカタログがあるということは、科目あるいは教員
によって、単位数や学修時間数が違うことを示唆する。日本のように、均一
2 単位の場合には、必要ないかも知れない。

8）前向き評価と後ろ向き評価

　成績評価方法には、二つの考え方がある。「前向きの評価」と「後ろ向きの
評価」である。フィンク博士は、前者を「将来を考えたアセスメント方法」、
後者を「時代遅れのアセスメント方法」と呼んでいる。これにも、「パラダイ
ム転換」が影響している。教員中心の授業を実践している教員は、「後ろ向
きの評価」に依存することが多い。逆に、「学習者中心の授業」を実践する教
員の場合は、「前向きの評価」をする傾向がある。フィンクは、アセスメン
トのことを「教育的評価」とも呼んでいる。
　『学習経験をつくる大学授業法』（玉川大学出版部、2011 年）から事例を紹介
する。「後ろ向きの評価」では、15 回の授業の後、教員は、次のような試験
問題を出す。「15 回の授業で A・B・C について学びました。どれだけ正しく
記憶していますか」というように、学んだことをどれだけ正しく記憶してい
るかを問うて評価する。
　「前向きの評価」の場合、「15 回の授業で A・B・C について学びました。こ
れらの学んだことをどのように活かせますか」というように、学んだことを
どれだけ将来に活かせるかを問うて評価する。
　「後ろ向きの評価」が、多くの教員に好まれるのは、すでに解答があるか
らである。なぜなら、教員が教えたことを、試験で繰り返すからである。し
たがって、採点もしやすく、どこが間違いかもわかりやすい。しかし、「前
向きの評価」の場合、そう簡単ではない。なぜなら、学生からの解答が多岐

にわたり、「評価」が難しくなるからである。したがって、評価もアセスメント評価（教育的評価）しかできない。フィンク博士の指摘は、伝統的な授業での提言であるので、近年のAI（人工知能）の普及によって、「記憶や暗唱」が役に立たないことを勘案すれば、将来的には、「前向きの評価」が重視されることは明らかである。

　「評価」は、教員に難しい判断を迫る。避けられるものなら避けて通りたいと誰もが考えているに違いない。学生にとっても、「評価」は嫌なものである。人間、誰しも「評価」は好まない。そのような風潮を鑑みると、これからの「評価」のあり方は、アセスメント（教育的評価）、すなわち「改善を促す評価」になることが予想される。

　余談になるが、トヨタが、世界にその性能の良さを誇れるのは、経営方針に「改善」という独自の方針があるからだといわれる。いまでは、「カイゼン」は、英語になっている。この考えを大学教育にも活用すべきである。「改善なくして前進なし」とは、言い過ぎだろうか。この「カイゼン」が、評価におけるアセスメントに相当する。

9）評価とアセスメントの語源

　Evaluation のことを、「評価」と訳すことが多い。これは、語源的には、外に向かって「評価」する、e-val-ate（外に向かって評価する）というのが語源である。Assessment は、assess のラテン語もしくはギリシャ語の「座る」の語源から派生している。フィンク博士は、教員と学生が「膝を交えて話し合う」ことが、アセスメントだとわかりやすく解説している。アセスメントとは、教育的評価だけではなくて、メンタリングにも使われる。その積み重ねが、評価になるとの考えである。換言すれば、評価の前に、必ず、アセスメントがくる。アセスメントを踏まえて、評価に至ることなる。したがって、フィードバックという考え方が、より重要になる。

10）ルーブリックによる評価〜ダネル・スティーブンス

　ルーブリック（Rubric）は、ラテン語「rubrica＝朱書き」の意で、重要箇所や

規則を強調する、宗教用語が語源といわれる。これを起点として、ルーブリック評価表が生まれたと考えればわかりやすい。すなわち、重要箇所を朱書きではなく、マトリックスにしたものである。教員の朱書きのところが、マトリックスとなって評価される。しかも、同じマトリックス表を教員も学生も共有するところにルーブリックの特徴がある。

　ルーブリックは、1998 年に Walvoord, B. and Anderson, V. *Effective Grading: A Tool for Learning and Assessment* (Jossey-Bass) の著書が刊行され、学習成果をアセスメントする明確な基準が必要であるとして注目された。

　中央教育審議会も『学士課程教育の構築に向けて (答申)』(2008 年 12 月 24 日) において、各専攻分野を通じて培う「学士力」の考えを示し、4 分野 13 項目の習得を求めた。4 分野とは、知識・理解、汎用的技能、態度・志向性、そして「統合的な学習経験と創造的思考力」である。各大学に対し、授業ごとの到達目標や成績評価の基準を明確にし、学士力がどれだけ定着したかを把握するように要請した。

　このような学士力を測るには、ルーブリックが不可欠となる。ルーブリックによる評価は、学生が何を学習するかを示す、評価「規準」と、学生がどのレベルで学習到達しているかを示す、評価「基準」をマトリクス形式で示した定性的な評価指標である。

　2012 年 3 月 14 日、私学高等教育研究所において、米国ポートランド州立大学ダネル・スティーブンス教授を招聘して、ルーブリックとティーチング・ポートフォリオと題して、公開研究会を開催した。スティーブンス教授は、ルーブリック研究第一人者で、2005 年の共著 *Introduction to Rubrics : An Assessment Tool to Save Grading Time, Convey Effective Feedback and Promote Student Learning* (Stylus Publishing) は、全米の高等教育関連図書のベストセラーとなり、日本語でも『大学教員のためのルーブリック評価入門 (高等教育シリーズ)』(玉川大学出版部、2014 年) と題して、翻訳されている。

　著書によれば、ルーブリックは黒板の発明以来、教育者にとって、最も便利なアセスメント・ツールの一つであると紹介され、教員の成績評価のための時間を節約し、効果的なフィードバックを導き、学生の学習を促進する評

価方法であると書かれている。最も基本的なことは、課題に明確な期待をもたせる、採点ツールとして、さまざまな課題やタスクの評価に使用できる。たとえば、研究論文、本の批評、議論参加、実験報告、ポートフォリオ、グループ活動、口頭プレゼンテーションなどを紹介している。

同講演会では、出席者から質問が出され、それに対するスティーブンス教授の回答のいくつかを、読者と共有することで、ルーブリックがどのようなものか、どのような課題があるかを知ってもらうことができる。以下に、実際の質問と回答を紹介する。

質問① 学生の課題を評価するとき、いつもルーブリックを使用できますか。
回答① ルーブリックは、どのような状況でも使用できます。プロジェクト、実践レポート、期末レポート、口頭プレゼンテーションなどの複雑な課題にルーブリックが使用できます。多項選択の短いワークシートにはあまり適さないでしょう。
質問② 学生にルーブリックを注意深く読ませる戦略がありますか。
回答② ルーブリックを採点基準としていることを、学生に周知させることが重要です。たとえば、レポートの提出時に、必ずルーブリックをつけさせること、あるいは記述の中に、ルーブリックを読んだかどうかを尋ねる、項目を入れることも良いかも知れません。学期はじめに、ルーブリックを学生に手渡すので、どのような課題にも応えられるようになります。
質問③ 厳格な学習成果をルーブリックで、どのように評価できますか。たとえば、GPA で成績評価を出さなければならないとき、学生の学習過程と学習向上を、ルーブリックを用いてどのように評価できますか。
回答③ これは、ルーブリックで厳格な学習成果を評価するかどうかによります。まず、ルーブリックを点数化して、それからパーセントや成績に変えるのが最も良い方法でしょう。
質問④ 絶対評価と相対評価について、もう少し説明してください。
回答④ 大学は相対評価ですが、教員の授業は絶対評価です。相対的評

価の場合、個々の教員の成績評価に、ルーブリックを用いることは難しいです。点数に変えて、相対的評価に調整しなければならないでしょう。自分の評価に責任をもつことが重要です。ルーブリックは、証拠に基づく評価であるということです。

これまでは、成績評価は「密室」で教員が一人で行ってきた。どのような評価基準で評価されるのか、成績評価を見るまで分からない「不安」があった。そのような不透明さを克服し、あらかじめ成績評価基準をマトリックスにして、学生に提示して評価する客観的かつ成績評価の透明性が問われるようになった。

これまでは、評価基準は、事前に学生に知らされなかった。しかし、「ルーブリック」評価では、あらかじめ、どのように評価するか具体的な評価基準が、学生に提示されるようになった。したがって、「ルーブリック」評価方法を使えば、全体的に成績評価が上がる傾向がある。それは当然である。なぜなら、学生がルーブリック評価基準を見ながら、課題を準備するからである。

余談になるが、某学会でルーブリックについて話したところ、参加教員から学生が高い成績を取り過ぎるのではないかとの「懸念」の質問があった。筆者にとっては、学生が良い成績を取るのが、なぜ悪いのか一瞬驚いたが、日本の大学では、学生は苦労しながら学ぶことを「よし」とする風潮がある。これは、「教育」と「エデュケーション」の根本的な認識の違いによるものである。アメリカでは、苦労して学ぶのであれば、誰も学ぼうとしない。だから、逆に、AIのようなものが開発されるのかも知れない。

日本も含めアジアには、伝統的に科挙による試験制度があったので、どうしても学びを点数化する社会構造ができあがっている。したがって、ルーブリックでも点数化したがる傾向がある。もともと、ルーブリックは、質的評価のためのツールであり、現在の学校で実施される、「相対的評価」とは相いれないところがある。筆者は、ルーブリックは、絶対的評価に適したツールだと考えている。

ルーブリックでは、評価の側面だけが重視されがちであるが、教員の学生

148

への期待度を伝え、採点基準を事前に伝えることで、評価の客観性を保つという、重要な側面があることを看過してはいけない。

11) オンライン授業で役立つ ICE ルーブリック

オンライン授業でも質的評価ができるとして、ICE ルーブリックが注目されている。With コロナやポストコロナ時代においては、オンライン授業が主流になる。オンライン授業において何が「ネック」になるかといえば、教員と学生の共通となるツールがないことである。そこで注目されたのが、カナダ・クイーンズ大学スー・ヤング博士が共同で開発した ICE モデル /ICE ルーブリックと呼ばれるもので、2014 年に、筆者によって日本に導入された。詳細については、「主体的学び研究所」HP を参照してほしい。

ICE モデルの中には、ICE ルーブリックという、アセスメント（教育的評価）ツールが内在されている。したがって、ICE モデルで指導しながら、ICE ルーブリックでアセスメントするという、「一石二鳥」のツールである。

12) ICE モデルの仕組み

ICE モデルの仕組みについては、以下の**図 2-15** を参照。

ICE の「I」は、「Ideas」の基礎知識である。ICE の「C」は、「Connections」の関連づけやつながりである。そして、ICE の「E」は、「Extensions」の応用や展開のことである。三つの歯車が、うまくかみ合うことが重要である。「I」だけ、「C」だけ、「E」だけの「空回り」では、効果がない。「I」「C」「E」が連動して回ることが重要である。すなわち、三つの歯車の「つながり」が重要になる。

筆者のオンライン授業シラバスでは、15 回の授業を「Ideas」「Connections」「Extensions」の三つに分けて表示している。これは、教員にとっても、学生にとっても、授業がどのように進められているか可視化できるので便利である。

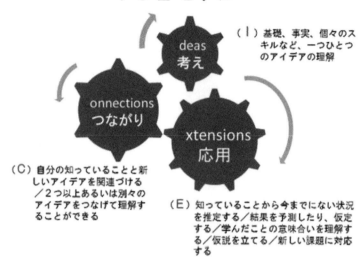

図 2-15　ICE モデル

出典：Sue Fostaty Young, "The ICE Approach to Teaching, Learning and Assessment"（Sue Young 博士　ICE 出版記念講演会、2013 年 5 月 16 日、第一ホテル東京）より

13）ICE 動詞のはたらき

　ICE モデルの特徴は、「Ideas」「Connections」「Extensions」に使える、ICE 動詞と呼ばれるものが備わっていることである。たとえば、「Ideas」に適した動詞には、定義する、引用する、列挙する、分類する、模倣する、特定する、暗唱する、計算する、報告する、反復する、模写するなどがある。これらの動詞を使えば、「Ideas」を的確に表現できる。しかし、これはあくまでも「参考」に過ぎない。教科や専門分野において変わることもある。初等・中等そして大学レベルにおいても、使われる動詞が違うかも知れない。その場合、その都度、追加すれば良い。

　「Connections」に適した動詞には、適用する、適合する、比較する、変換する、区別する、関係づける、分化する、統合する、解釈する、体系づける、格付けるなどを使えば、より「Connections」らしい表現になる。

　「Extensions」の動詞には、分析する、予測する、批評する、防御する、新

しい状況を推定する、仮定する、推論するなどを用いれば、「Extensions」的な表現になる。

これは、学生の学びを活性化し、深い学びにつなげる「秘訣」といえるもので、「学習パラダイム」にも対応できると考えている。これについては、前述の図2-3 エドガー・デール「経験の円錐」を参照。なぜなら、「教育パラダイム」では、教員が教壇から、専門用語と知識を伝授し、学生がそれを記憶・暗記するという受動的な学習であった。これでは、学生は、教員の教えたことを「オウム返し」で、憶えているに過ぎない。しかし、動詞を使えば、学生が自らの考えを取捨選択することになるので、学習者の「主体性」が反映され、結果として、学生の自律的学習を促すことにつながる。したがって、学生にレポートを書かせるとき、プレゼンテーションさせるとき、動詞の活用を奨励することで、学びを深化そして進化させることができる。

14) ブルーム・タクソノミーから ICE モデルへの転換

日本における学校の「学び」の構造は、ブルームによるタクソノミーに多くの影響を受けている。これは、階層的な学びのことである。たとえば、下位から記憶、理解、応用、分析、評価、創造と順に高くなる。このような階層的な「学び」は、系統的に学ぶことができることから、学習者の学びに適していると考えられている。

これを ICE モデルに移行すると、以下の**図2-16**「ブルーム・タクソノミーと ICE モデルの違い」のように、「記憶・理解」が「I(アイデア)」の「知識」になる。「応用・分析」が「C(つながり)」の「理解」になる。「評価・創造」が「E(応用)」の「応用」に変化する。両者を比較すると、その違いが歴然である。ブルーム・タクソノミーでは、下から上に上昇していくが、ICE モデルの場合は、左からでも右からでも「往還」できるところに違いがある。つまりは、「E」からでも「I」からでも、中央の「C」からでもスタートできる。換言すれば、ブルームが、階層的であるのに対して、ICE モデルは、「非階層的」かつ「直線的」であるといえる。これが ICE モデルの特徴である。

したがって、ICE モデルは、オンライン授業においても、学生と教員のツー

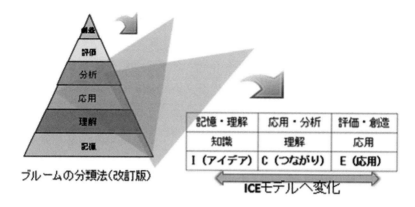

図 2-16　ブルーム・タクソノミーと ICE モデルの違い

出典：拙稿『社会で通用する持続可能なアクティブラーニング〜 ICE モデルが大学と社会をつなぐ〜』(東信堂、2017 年) 77 頁

ルとして、指導にもアセスメントにも使える、「二刀流」の便利なツールである。

V　問題基盤型学習 (PBL) とチーム基盤型学習 (TBL) の比較

1　はじめに

　両者は、どのように違うのだろうか。どちらも、医学教育を中心に発達してきた。前者は、カナダを発祥として、アメリカ、オランダ、日本などの医学部における教授法に多大な影響を与えた。後者は、アメリカのノースカロライナ州デューク大学大学院医学部を起点として広まり、シンガポールのデューク・シンガポール国立大学大学院医学部で開花した。両者の教授法および学習方法については後述する。ここでは、アクティブラーニングのツールとした有効性を中心に述べる。

2　ディ・フィンクによる PBL と TBL の比較考察

　授業デザインの権威者フィンクは、彼の著書『学習経験をつくる大学授業法』(玉川大学出版部、2011 年) において、図表にもとづいて、アクティブラーニングを起点として、両者を興味深く比較している。

　両者は、頭文字のPとTの違いだけで、BとLは同じである。すなわち、教授法のウエイトの置き方の違いによるものである。換言すれば、どのような授業形態のアクティブラーニングを、学生に求めるかの違いである。

3　TBL

　チーム基盤型学習 (Team-based Learning, TBL) は、教授戦略レベルで機能する小グループ学習の洗練されたものということができる[40]。この教授戦略は、小グループを広範囲に用いるが、特定の活動シーケンス (Sequence) を設定する。これは、グループをチームへと変質させ、内容および応用の学習を最大限に成し遂げるために、チームのとてつもない潜在能力を用いる[41]。以下の図 2-17 を参照。

　この教授戦略において、学生たちは、自身で関連資料を読む、そして、授業に臨む、個人としてもグループとしても、資料についてのテストを受ける。

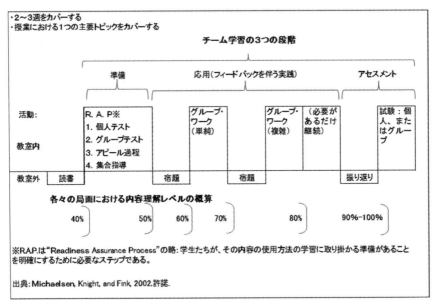

図 2-17　チーム基盤型学習の活動シーケンス

出典：L. ディ・フィンク『学習経験をつくる大学授業法』(玉川大学出版部、2011 年) 154 頁

これは、「事前課題確認テスト（Readiness Assurance Process, RAP）」と呼ばれる。

　このシーケンスは、全員の学生を内容理解に関して通常程度まで、迅速かつ効率的に達成させる。そして、学生たちは、小グループにおいて、授業の活動と一連の実践応用課題を通して、内容の応用方法の学習に相当の時間を費やす。最終的に、学生たちは、彼らの内容理解と内容の運用能力を測定するテストを受けることになる[42]。

　このことを、以下の**図2-18**「チーム基盤型学習の事象シーケンス」を能動的学習のホリスティックモデルを置き換えると、チーム基盤型学習のサイクルは、前述のReadiness Assurance Processにおける、学生の情報や考えの獲得からはじまることになる。そして、そのプロセスが、通常はケース課題やシミュレーションの形式で、何らかの「行動する」の経験を得る、絶好の機会を学生たちに与える[43]。

　TBLにおける活動シーケンスのことを、フィンクは「キャッスルトップ・ダイアグラム」と呼んでいる。キャッスルトップとは、「城郭」をかたどるところから、そのように名づけたと説明している。これは、最近注目されている、反転授業（Flipped Classroom）の原型である[44]。

　フィンクの説明によれば、いわゆる「講義」といわれるものはしない。基

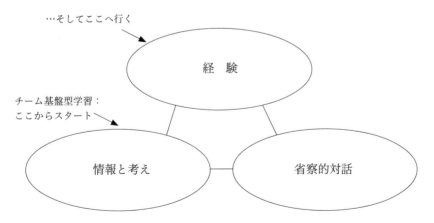

図2-18　チーム基盤型学習の事象シーケンス

出典：L. ディ・フィンク『学習経験をつくる大学授業法』（玉川大学出版部、2011年）155頁

本は、教室外学修で調べ、わからないところは、学生同士で学び合うスタイルで、「学び方を学ぶ」自律的学習の基礎ができていなければ、成しえない授業スタイルである[45]。

4 PBL

　問題基盤型学習(Problem-based Learning, PBL)も教授戦略として流行した。1970年代、ニューメキシコ州のメディカルスクールやカナダのマックマスター大学の教授たちが、PBL の基本的な考えを発展させた。1980年代には、ハーバード大学やミシガン州立大学、そしてマーストリヒト大学(オランダ)など、数々の有名大学を含む他のメディカルスクールで、このアプローチを採用した。

　PBL とは何かの問いに対する端的な答えは、PBL は「問題」が最初にあるということである。実践上では、学生たちに与えられる最初の課題は、主題に関する情報ではなく、ケーススタディ形式の現実的な問題であるという意味においてである。理念的には、学生たちが、後々に、個人的あるいは職業的に実際に直面する問題である。カリキュラムの最初2年間、すべての学生に内容の情報のみを学習させ、彼らが臨床実践において、直面するような類の問題について取り組みはじめる3年目まで待たせるという、メディカルスクールの長い伝統を PBL が覆したことになる。

　学生たちが問題を受け取ると、次に示すようないくつかの鍵となる問いに答えるため、通常、グループで作業を開始する[46]。たとえば、

　(1) ここに含まれるシステムあるいはトピックは何か

　(2) これらのシステムあるいはトピックについて、すでに私たちが知っている事柄は何か

　(3) 何を知らないか(これは、とても重要である。彼らが作業する必要のある学習の課題を明確化することができるからである)

　(4) システムあるいはサブ・システム(たとえば、心臓あるいは肝臓など)をどのように学習しうるか

　(5) 問題を分析し診断するために、一般的システムや特殊な状況の理解を

どのように使用しうるか

(6) どんな解決あるいは治療が適切だと思われるか

　学生が、これらの問いにどのように取り組むか、学習を援助するために、「チューター」が雇われる[47]。

　フィンクは、キャッスルトップ・ダイアグラムを使って、PBLにおける活動シーケンスを図式化している[48]。PBLの基本的な考えは、学生たちに、現実的なケースの状況や問題を示すことで、そのシーケンスを開始することである。

　能動的学習のホリスティックの観点から見て、PBLにおいて何が起こっているか。以下の**図2-19**「問題基盤型学習のはじまり」で示しているように、本質的には、シミュレートされた「行動する」経験の現実的なケースからシーケンスがはじまる。

5　おわりに

　フィンクは、授業デザイン専門家らしく、授業デザインの観点から両者の違いを的確に説明している。たとえば、前述の二つの図表を用いて、TBLが「情報と考え」からはじめるのに対して、PBLは「経験」からはじめるとわかりやすく説明している。

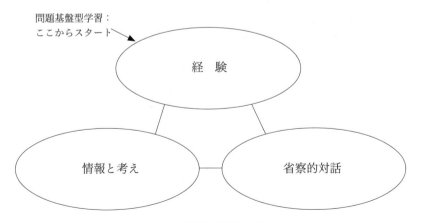

図2-19　問題基盤型学習のはじまり

出典：ディ・フィンク『学習経験をつくる大学授業法』(玉川大学出版部、2011年) 158頁

　TBL も PBL も実際の授業現場を見なければわからないところがある。そこで、筆者は、オランダのマーストリヒト大学における PBL の特徴である、チュートリアル授業を観察し、当事者へのインタビュー証言を収録することができた。また、シンガポールのデューク・シンガポール国立大学大学院医学部における TBL 授業を参観、教員への聞き取り調査および学生との昼食会を通して、その実態を学ぶことができた。これらの調査について、以下に紹介する。

VI　オランダのマーストリヒト大学における調査

1　マーストリヒトについて

　アムステルダムから南へ直線距離で 200km、列車で約 2 時間半のところにあり、ドイツとベルギーに接するマーストリヒト（Maastricht）（**写真 2-3**）は、他のオランダの町とは、どこか異なる。古くは、フランスやスペインもこの地にやってきたという歴史もあり、独特な文化を育んできた。なだらかな土地ながら起伏もあり、中世の城壁が残るオランダ最古の町である。

写真 2-3　オランダ、ベルギー、ドイツ 3 カ国の国境ドリーランデンプント
オランダ、ベルギー、ドイツ 3 カ国の国境ドリーランデンプント（https://4travel.jp/travelogue/10207047）

2　PBL の起源

　PBL は、カナダのマクマスター大学を起源とする。1966 年、小規模の教育イノベーターグループが、新しいカリキュラムをまとめた。グループ主要メンバーには、ジム・アンダーソン、ハワード・バロウズ、および創設者のディーン・エバンスが含まれた。解剖学と人類学教授ジム・アンダーソンは、小グループの学生で学習する、PBL の作成者と見なされている。実際に、患者の問題を提示し、シミュレートされた患者を使用するアイデアは、神経内科医ハワード・バロウズ発案によるものであるという。ディーン・エバンスは、学部内教育の中央組織を担当した。

　PBL に基づく新しい医療カリキュラムは、1969 年に開始された。このプログラムは、はじめたばかりの大学から国際的に注目を集めた。マクマスター大学のほかに、ニューカッスル大学(オーストラリア)、ミシガン州立大学(米国)、マーストリヒト大学(オランダ)でも先駆的な研究が行われた。

3　マーストリヒト大学における PBL の歴史

　1969 年 9 月、オランダ政府は、リンブルフ州マーストリヒト市に新しい大学を設立することを決定した。この大学は、オランダで 8 番目の医学部で、「医学」という一つの学部からはじまった。マーストリヒト大学における PBL は成功を収め、世界中から視察者が訪れた。成功の秘訣は、どこにあったのだろうか。それは、マーストリヒト大学が、新しい教育組織をもち、新しい教員たちであったことが功を奏したという。新しい学部での PBL の実現は、教育プログラムを完全に見直す必要があった、既存の学部で実現するよりも簡単であった。

4　マーストリヒト大学における PBL に関するインタビュー

　筆者は、2013 年 2 月～ 3 月にかけて、マーストリヒト大学を訪問して、PBL による授業実践の参観および重要な役割を担う「チューター」について調査した。

1) PBL 担当者へのインタビュー

2013 年 2 月 28 日、午前 11 時から Mrs. Jeanette Hommes から FD と PBL プログラムの説明を受けた。この大学は、1974 年に開設されたオランダでも新しい大学で、他の大学との特徴を際立たせるため、カナダの大学の PBL に目をつけ、大学の「看板」とした。海外からの留学生が多く、隣国ドイツからは、全体の約 70 ％にも及ぶ。すべての授業は、英語で行われる。そのため、新任教員のための PBL トレーニングは重要である。PBL は、少人数クラスという印象が強いが、ラージクラスでも可能である。PBL では、学生に問題提起をするだけで、理論的な講義は一切しない。教員の講義は、学生の自由な発想ややる気を削ぐことにつながるからである。以下が、インタビュー記録の要点である。

(1) FD を担当するには、授業も教える必要がある。授業をしないと FD サポートはできないとの考えである。

(2) 新任教員の PBL トレーニング担当者である。トレーニングは、2 日間にわたって行われ、義務化されている。この間、新任教員は、チューターについて学ぶ。チュートリアルは、15 名で構成され、チューター構成メンバーには教授、助教授、講師、院生が含まれる。

(3) マーストリヒト大学には、ドイツ人が最も多く、次がオランダ人、残りが外国人で、PBL 教授法について知らない教員もいるため、すべての新任教員は、2 日間の PBL トレーニングを受講する義務が課せられている。

(4) マーストリヒト大学の PBL は、医学部からはじまった。

(5) マーストリヒト大学の PBL は、TBL のように、事前課題があるのではなく、基本は、フリーディスカッションで構成され、それまでの経験をもち寄って話し合うことからはじめる。

(6) 学生の「好奇心」を、引き出すことが中心になるので、講義による知識はあまり関係ない。

(7) マーストリヒト大学は、インターナショナルの学生が多いので、講義が最適とは限らない。

(8) PBLにおけるチューターの役割は、重要である。学生が積極的に討論に参加できるように、環境を整える必要がある。

　彼女とのインタビューを通して、PBLについて間違った印象をもっていた。筆者は、PBLでは、最初に課題が与えられ、グループでディスカッションするものと理解していたが、彼女の説明ではそうとは限らないようである。また、PBLは、学生に好奇心をもたせることで、アクティブラーニングの活性化につなげる教授法であることを知った。

　学生は、まずフリーディスカッションから徐々に理論を深めさせる。日本の大学のように、「講義ありき」ではなく、経験からつなげるとの印象を受けた。

2) 動画『マーストリヒト大学 PBL』の紹介

　詳細は、https://www.youtube.com/watch?v=cMtLXXf9Sko を参照してほしい。以下はその要点である。

(1) PBLは、少人数のチュートリアルグループで構成される。

(2) マーストリヒト大学は、PBLで有名である。

(3) 複雑な問題を自ら解決できるようになる。

(4) 各グループは、12〜15名で構成される。

(5) 全員が、アクティブにディスカッションに参加する。

(6) 一人の学生が、ディスカッションをリードする。

(7) 書記が、ノートに記録する。

(8) すべての学生が、同じ問題を共有する。

(9) チューターは、学生がグループ内の議論に参加しているかを、監視するための訓練を受けている。

(10) ほとんどの場合、学生たちでうまくやるので、チューターは背後に座って、監視することが多い。

(11) セッションでは、課題が提示される。複雑な課題もあるので、注意深く読む必要がある。

(12) チームワークで戦略を立て、問題解決に臨む。

(13) チューターの仕事は、学生が安心して、コミュニケーションが取れる

　環境を整えることである。

(14) 課題調査をはじめるにあたって、効果的な議論ができ、他者と協力して学べるように配慮する。

(15) ブレインストーミングを通して、パズルの空白部分を埋める。

(16) 既知の知識情報をつなぎ合わせる。

(17) ここでチュートリアルは終了、後は、各自で情報収集や課題のために図書館などで調査をはじめる。

(18) 数日後、セッションに戻り、自ら発見したことについて互いに発表する。

(19) さらに、議論の輪を広げて、結論へ導く。

(20) 時々、意見が噛み合わないことがあるが、その場合は、チューターが中に入り、意見の調整をする。そこでは、チューターの知識と経験が役立つ。

(21) チューターは、実践的・技術的な訓練を受けている。

(22) チュートリアルでは、データ分析から患者の診断などを行う。

(23) PBL は、チームで作業する。

(24) PBL での経験は、将来のキャリアに活かせる。

(25) PBL においては、他者の意見に対する理解や尊敬についても学ぶ。

(26) マーストリヒト大学には、多くの外国からの留学生がいるので、優れた環境が整っているので、PBL には最適である。

5　マーストリヒト大学 PBL チューターとの対話

1) はじめに

2013 年 3 月 1 日、午前 9 時から帝京ヨーロッパ会議室で、マーストリヒト大学日本人教員 Sanae Okamoto-Barth（岡本早苗バース）博士に、PBL について詳しい説明を受けることができた[49]。彼女は、PBL を担当しているので、チューターはもとより、マーストリヒト大学の教育全般にわたって幅広く聞くことができた。

　PBL は、学習者主体で授業が行われるため、教員に対する学生からの評価は厳しい。評価の低い教員は、たとえ研究業績があり、知名度が高い教授で

も、契約を打ち切られることがある。彼女によれば、学生の講義への参加は
自由で、欠席しても問われない。しかし、チュートリアル授業には、出席が
「義務化」され、1回しか欠席が許されない。PBLは、マーストリヒト大学の
「看板」なので、多くの学生がPBLの授業を受けに世界中から留学してくる。

　以下は、マーストリヒト大学PBLチュートリアルについて彼女へのイン
タビューの要点である。

2）チューターの役割について

　チューターと聞くと、アシスタントのようなもので、アメリカのTAでは
ないかと考えるかも知れないが、マーストリヒト大学の場合、教員とチュー
ターが交互に役割分担するという仕組みになっている。すなわち、チューター
を教員が担当する。PBLは、少人数教育で構成されるので、学生数が増えれ
ば、チューターの数も増える。

　Problem Based Learning（PBL）と呼ばれているように、最初に問題（課題）が
与えられ、学生が調べてもち寄り、互いに教室内で共有する授業スタイルで
ある。ここでのProblemは、学生によるProblemではなくて、教員から与え
られるProblemである。このProblemは、教員側で準備する。教員から提示
されたProblemについて、学生同士でディスカッションさせる。そのプロセ
スで疑問が生まれたら質問させ、問い質すのがチューターの役割である。

　チューターは、ブロックごとに分かれ、そこでどのように授業を運営する
かは、ブロックコーディネーター（科目主任のような役割）を中心に議論する。
そこでは、教員間で「格差」が生じないように配慮される。チューターの役
割は、学生たちが、与えられたProblemについての議論が円滑にできている
かサポートすることである。

　PBLは、基本的に、オープンエンドの議論になるので、学んでほしい最小
限のことをチューター間で決めている。学生の議論は尊重するが、一定のゴー
ルを決めて指導する。議論の過程で、即答できない問題が生じたときは、次
週までに調べてくると約束するなどして対処する。要は、学生の意見を尊重
しつつも、明確なゴールに向かって、指導することである。これは、なかな

か技量を要することである。

3) マーストリヒト大学における授業の特徴

マーストリヒト大学における授業の特徴の一つは、多様な学生層からなり、多くの留学生が、同じ教室にいることから「文化差」が生じ、多様な対応が求められるということである。PBL は、学習者中心のところがあるので、教員は学生の立場に立って、対応することが求められ、学生の意見を否定するのではなく、それを起点として「指導」するという、柔軟な対応が必要である。

チューターの養成についてであるが、どこでどのような養成をするかは、個人差があり、実践や体験するしかない。マーストリヒト大学の場合は、教員がチューターを相互に担当するので、両方の技量が求められる。講義では大人数の学生を教えるが、チューターは、少人数の学生を対応する[50]。

4) PBL における講義の位置づけ

PBL における講義の位置づけは、重要である。基本的には、講義に出席しなくても良いことになっている[51]。しかし、講義用資料は、アップロードされるので、学生はいつでもダウンロードできる。一方、チューターのクラスでは、欠席は 1 回しか許されないという厳しいものである。すなわち、講義は自由に参加できるが、チューターによる少人数クラスは、「義務化」されている。1 ～ 2 年の間に PBL の基本を学び、3 ～ 4 年からは自分で調べてきたことを発表する。学生のプレゼンテーションの評価は、教員ではなく、学生同士がするところに特徴がある。評価対象は、プレゼンテーション内容と技法になるが、3 ～ 4 年レベルになると、プレゼンテーション技法にウエイトが置かれる。むしろ、内容よりも、どのようにうまく発表するかに焦点が当てられる。当然、PPT を使ったプレゼンテーションも評価の対象になる。さらに、授業における建設的な意見などの貢献度も評価に加味される。

5) オランダ政府による PBL 評価基準

PBL 評価基準には、10 段階ある。オランダ政府によって決められたもの

で、5.5 以上が「合格」になる。評価には、学生への対応も含まれる。たとえば、試験結果が発表されて 1 週間は、「猶予期間」が認められ、学生は教員に結果を質すことができる[52]。

　チューターのための、評価基準ガイドラインというものがあり、ここまで到達したら、この成績を与えるなどの大枠が決められている。たとえば、メモを見ながらの発表は、減点の対象になる。このガイドラインがあるので、学生からの成績評価の問い合わせに、具体的に対応できる[53]。このガイドラインは、ルーブリックのような機能を有している。チューターは、一般の学生にはできない。基本的には、教壇に立って教えることのできる、博士課程後期の院生とか、学位取得者に限定される。チューターの採用試験は、プレゼンテーションだけではない。授業科目の知識を問う問題も含まれる[54]。

6）なぜ、PBL はマーストリヒト大学だけなのか

　オランダの大学では、マーストリヒト大学だけが、PBL を採用している。多くの関係者が理由を説明してくれたが、日本の教育事情にも詳しい、岡本博士はどのように考えているかを尋ねた。

　地理的に置かれている環境もその理由の一つで、多くの留学生を迎え、リベラルな考えや場所から、マーストリヒト大学で PBL が導入されたのかも知れないと個人的な意見として話した。たとえば、アムステルダム大学などの場合、ほとんどがオランダ人である。マーストリヒト大学は、PBL を「看板」にしている大学ということを知って入学してくる学生、たとえば、ドイツ人などがそうである。そうでない学生もいる。大学では、講義がメインだと考えて入学した学生は、1 年の 1 学期が終わった後に、退学するものも出てくる。

　岡本博士は、日本の大学を卒業した典型的な日本人学生だったので、講義形式の授業で育ったはずである。オランダのマーストリヒト大学では、PBLによる学習者中心に変わったが、違和感のようなものはなかったかの質問に対して、18 歳のころから教員に褒められることよりも、学生仲間に褒められるのがうれしかったと経験談を共有してくれた。その点で、PBL は、彼女に合っていたのかも知れない。なぜなら、多様な留学生に接し、多様な意見

で交流できるからである。

7）PBL を成功に導く方法

PBL を成功に導くには、多様な学生層であることが望ましい。なぜなら、多様な意見がでるほど、コミュニケーションが活性化して、議論につながるからである。一方、オランダ人だけの学生では、意見が「膠着」しがちである。

PBL では、1 年次の学生は発言が少ないが、3 年 4 年になると活発に発言するようになる。これは、成長の証である。逆に、良く発言する 3 年 4 年の学生でも、他人に発言を譲るような配慮ができるようになると、これまた成長の証といえる。これは、社会に出ても同じことで、自分だけが発言するのではなく、相手の意見も受け入れて、発言するようになると成長が認められる。それは、人間成長プロセスであり、チューターが容易に気づくことは少ない。これは、成績評価とは、別のものである。

8）医学部以外でも PBL 導入

PBL は、医学部に特化された教授法ではない。マーストリヒト大学では、すべての学部で導入され、1 〜 2 年次において重視される。

PBL には、役割分担がある。たとえば、ディスカッション・リーダーがクラスを牽引する。これは、ローテーションですべてのグループ内の学生が、分担することになる。グループ構成は、クラスごとで違うので、同じ学生に偏ることはない。

9）学生から厳しい評価を受ける PBL

PBL では、教員は学生からの厳しい評価を受けることになる。査定（アセスメント）で評価が連続して低い場合は、たとえ、教授でも契約を更新されないことがある。他国で優れた教員と称賛されたとしても、学習者中心の PBL では、別の評価になる。マーストリヒト大学の教員には、二つのトラックがある。一つは教育だけのもの、もう一つは教育と研究の両方である。オーストラリアのクイーンズ大学のように、研究だけのトラックというものはな

い。必ず、教育を担当することになっている。

　教員評価でも、授業評価がカウントされるシステムになっている。たとえば、学生からのフィードバックが優れている教員は、「褒賞」の対象になり、昇進に反映される。PBLを「看板」にしている大学であれば当然といえる。研究評価は、教育と違って客観的であるのでわかりやすいが、教育評価は、主観的なところがあるので、難しい側面がある。たとえば、同じ教員が同じような授業を別のクラスで担当しても、異なる評価が出ることもあるので、査定は難しくなる。したがって、学生からの低い評価を「連続」して受けるようであれば、何か問題があるのではと詳しくチェックされる。マーストリヒト大学の教員評価は、学生による授業評価だけで、別に、ティーチング・ポートフォリオのような自己評価は、採用していない。ここでも、PBLの学習者中心の特徴が顕著である。

　学生の授業評価アンケートに向き合う態度も真剣である。なぜなら、学生のフィードバックが、教員の昇進や解雇につながることを承知しているからである。アンケート項目とは別に、自由記述もあり、結果が担当者のところに戻ってくるシステムになっている。無記名であるが、教員は学生にどのように評価をされているかを直に知ることができる[55]。

　学生による授業評価の結果は、当該教員だけが見られるという制約があるが、学科長やブロックコーディネーターは、すべての教員のものを見ることができる。後述のマーストリヒト大学の University College Maastricht（UCM）のリベラルアーツ・カレッジでは、独自のアンケートを使用して、全教員の評価が全教員に見られるシステムになっている。

10）おわりに

　学生の授業評価アンケートは、試験前に実施されるので、より客観的な評価になる。アンケート項目は、詳細で授業や学習の両方が含まれる。授業アンケートといっても、日本のように、板書や講義方法のあり方などが問われるのではなく、どのような効果的な課題を与えたか、学生のアクティブラーニングにつながる質問項目が含まれていたかなどが含まれる。また、チュー

ターの役割についての評価項目もあるが、これは、統一的なアンケートというよりも、専門などの視点からのものが中心になる。

VII　デューク・シンガポール国立大学大学院医学部における TBL 調査

1　はじめに

　大人数の学生の前で教員が教え、学生がノートを取る方法では、効果的な医学教育を実現することはできないと考えられた。教える量も半端でない。さらに、知識だけでは、医師になれない。学生は、学んだ知識をもとに、診断を治療に「活かす」能力を身につける必要がある。他人と協働することも学ぶ必要がある。百人百様からの診断の洞察力を身につけ、効果的な治療を提供できるようになるには、他人の意見を取り入れることも欠かせない[56]。そのような考えから、カナダのマックマスター大学医学部に問題基盤型学習（PBL）が、1970 代から導入された。教壇から一方的な Didactic Teaching（講義形式の授業）による医師養成よりも、少人数グループによる問題基盤型学習が、医療専門職の新しい教授法として開発され、ハーバード大学医学部でも採用された。しかし、少人数グループの学習者をまとめる「チューター」を集めるのに苦労した。さらに、拍車をかけたのが、医師や看護師不足から、入学生の定員増を余儀なくされる中で、少人数グループ制の学習を理想通りに行うことが困難になったことである。

2　PBL の課題

　マックマスター大学医学部でPBLが成功しなかった理由は、多くの「チューター」を要したということよりも、講義形式による授業の方を、学生も教員も好んだことが大きかった。講義形式なら、教員はあまり時間を割く必要がなく、学生もまじめに予習しなくて良いと考えたからである[57]。

　医学部を中心に、PBL が早くから導入されたが、学生の主体性を促す教授法であるかどうか疑問視する研究者も現れた。たしかに、グループ活動による問題基盤型学習ではあるが、そこでの問題は教員から与えられたものに過

ぎないとの批判もある。しかし、大学は、社会に出る前の「実験の場」であることを考えれば、事例や課題を与えて議論させることは、決して無駄なことではないと筆者は考える。それよりも、最初から問題を与えれば、思考停止に陥って主体的に考えない、「受動的」な人間になることの方がより深刻である。そのようなこともあって、最近、同じPBLでも「プロジェクト基盤型学習」が注目されるようになった。しかし、これも与えられた課題を解決するという意味では、大同小異である。与えられた課題を解決するのではなく、新たな課題を「発見」することがより重要になる。

3　チーム基盤型学習とTeamLEAD学習法

　デューク・シンガポール国立大学大学院医学部TeamLEADの動画から、その実態を覗くことにする。以下は、動画の要約である。詳細は、（https://www.duke-nus.edu.sg/core/education-journey/teaching-pedagogy/team-based-learning）を参照。

1) 国家試験合格だけが目的ではない。

2) 医学部と聞けば、専門知識を習得するとのイメージが強いが、創造的・批判的に思考し、行動できる教育を目的とする。

3) これをTeamLEADと呼んでいる。まず、最初に、基本的なことを学ぶのが、LEADのL（ラーニング）である。教授が、授業に臨むに当たって必要となる事前課題を与える。

4) 教室に入ると、最初に事前課題についての個別確認試験（正しく理解しているかどうかの確認）を実施する。25問を30分で答える。

5) 次に、同じ問題をチームで議論し、チーム内で正解を決める。ここでの議論が、アクティブラーニングの活性化につながる。ここでは、自分の解答について、なぜ、これが正解であるかを主張する。正解は一つしかないので、自分の考えを主張する論法が必要になる。

6) 議論のプロセスを通して、自らの考えをクリスタライズ（Crystallize）（具体化）することで、アイデアをより鮮明にして、記憶に留めることができる。

7) ディスカッションに参加（エンゲージ）することで、学生は何がわかるか、

168

わからないか、自分で自覚することで、そのギャップを知ることができる。これは、LEAD の E (エンゲージ) に相当する。

8) 学生は、ホワイトボード前に立ち、チームでディスカッションしたことについて、クラス全体で説明する。

9) 教員は、教室内で授業をすることもあるが、学生が中心になる[58]。

10) 昼食後、学生たちは教室に戻り、LEAD の A (アプリケーション) に取り組む。医学部における Problem-solve Clinical Case Clinical (臨床における問題解決クリニック) の応用になる。ここでは、これまで学んだことを基礎に議論するセッションとなる。

11) 一方、教員側は、別室で、チームのシナリオが正しいかどうかを数名の教員で議論する。

12) TBL の特徴は、教員は学生と議論しない。問題作成に専念することである。議論は、学生同士でやることが重要である。

13) 教員と学生の関係は、フレンドリーであるが、解答を導き出すためではなく、学生同士で議論を競わせて、一定の合意に達せるようにするためである。

14) 卒業後は、臨床現場に出るので、TBL で培った経験を活かすことになる。すなわち、LEAD の D (デベロップ) に相当する。

15) (動画の最後で) TBL は、医学教育における「ニュー・パラダイム」であると主張し、これから 15 ～ 20 年、TBL 教授法が主流となるであろうと締めくくっている。

4 チーム基盤型学習と TeamLEAD 学習法の仕組み

これについては、前述の図 2-17「チーム基盤型学習の活動シーケンス」を参照。

チーム基盤型学習 (TBL) のことを、筆者は「課題発見型学習」と位置づけている。PBL の問題解決型学習とどこが違うか、それは、「チーム」で課題を探して、解決するところにある。TBL が、課題発見型学習であることから、医師だけでなく、薬剤師、看護師、その他の医療専門職のために、優れた効

率の良い教育技法として、米国オクラホマ大学 Larry K. Michaelsen 教授らのグループにより、1980 年代に開発された。彼は、学生に対して、「私は講義をしない。君たち自身が自力かチームでコースの学習目標を学んでほしい。授業は毎回君たち自身が学んだ内容を応用するセッションになる」と告げた[59]。

　TBL 教授法の特徴は、その実践方法にある。授業前に、一人一人の学生が責任をもって、事前準備学習を行う、「反転授業」手法を取り入れ、準備確認試験 (Readiness Assurance Test, RAT) を実践するところにある。Michaelsen 教授の著書の「緒言」を執筆した、フィンク博士が数年前に、日本でこれを「スクラッチクイズ」として紹介したものと同じである。したがって、TBL 教授法は、「理論」を教室外学修で、「実践」を教室内授業で行うという、「反転した授業」の特徴があり、双方の利点を備えた教授法であることから、オンライン授業でも活用できる。

　日本の医学部は、早くから PBL が中心である。筆者が、TBL について詳しく知ったのは、2012 年夏、帝京大学高等教育開発センター HP 掲載「沖永帝京大学長×フィンク博士　FD 対談」(動画) に立ち会ったときである。対談のテーマは、「中教審答申に先駆けての FD 対談～どのように授業改善につなげられるか～」と題し、中教審答申を予測したかのような豊富な内容である。TBL については、「3. パラダイム転換について」の中で、ノースカロライナ州名門デューク大学大学院医学部 TBL の取組みが紹介されている。教授法の効果を実証するため、新たに設立された「デューク・シンガポール国立大学大学院医学部 (Duke-NUS)」において、すべての授業を TBL 方式に切り替えたところ、数年後には、アメリカ本校デューク大学大学院医学部を凌ぐ成績をあげたというエピソードが紹介された。詳細は、同 HP を参照。

　これを裏づけるために、「主体的学び研究所」では、デューク・シンガポール国立大学大学院医学部を視察して、医学部の TBL 授業に参加し (**写真 2-4**)、医学部学生と一緒に昼食をして、学びの実態調査を行った[60]。以下の**写真 2-5** を参照。

TeamLEAD at Duke-NUS

写真 2-4　TBL の授業風景

出典：https://www.youtube.com/watch?v=BlVPLYGdBLg

写真 2-5　医学生と一緒に昼食

5　おわりに　ICE との比較

　TBL 教授法を Duke-NUS 医学部化したのが、「Team LEAD」と呼ばれるものである。LEAD とは、前述したように、Learn、Engage、Apply、Development の頭文字を取ったものである。すなわち、「学び」が、学びだけで留まらず、関与・応用・展開と一連のチームとしてつながるところに特徴がある。医学部では、学んだ内容を関連づけ、応用して展開させることに重点を置いている。LEAD は、ICE と重なるところもある。たとえば、ICE の I は Learn（基礎知識）、C は Engage（関連づけ）、E は Apply（応用）と Development（展開）という具合である。違うところは、E が「応用と展開」の二つのはたらきをするところである。これは、LEAD が、医学部に特化したもので、「応用と展開」に重点が置かれている証である。LEAD の活動が、「チーム」として強調されることからも、「医療人を育てる」のに、TBL 教授法が最適であるとされている。医療・看護系においては、TeamLEAD の方が、ICE よりも専門的であるといえるかも知れない。何よりも、「チーム」として実践するところが、医療・看護系に適している。ICE は、もともと、初等・中等学校のために考えられたものである。TeamLEAD は、大学、とくに医療系など臨床を扱う専門職あるいは企業において有効であると考える。

Ⅶ　オンライン授業の功罪

1　はじめに

　現時点（2021 年 11 月）で、オンライン授業の功罪を論ずるのは、時期尚早かも知れない。なぜなら、この原稿を執筆している最中、世界保健機関（WHO）は、11 月 26 日、南アフリカなどで確認された、新型コロナウイルスの新たな変異株「B・1.1・529」を、現在世界で流行の主流のデルタ株などと並ぶ「懸念される変異株（VOC）」に指定し、「オミクロン株」と命名した。VOC 指定により世界的に警戒対象となり、監視態勢が強化されると報じた。さらに、WHO は、26 日の専門家による協議で、オミクロン株について「数多くの変

異が生じており、いくつかの変異は大変懸念されるものだ」と指摘した。現時点で判明している科学的根拠から、「他の VOC と比較して、再感染の危険性が増していることを示している」と警鐘を鳴らした。

　一方、日本でも、新型コロナウイルス特別措置法に基づく、緊急事態宣言を9月30日までで解除してから間もなく2カ月経過したところで、南アフリカなどではインド由来のデルタ株を上回る感染力をもつとの見方がある変異株「オミクロン株」が確認されたと報道された。韓国では、新規感染者数と重症者数が過去最多を更新、医療体制はひっぱくし、欧州でも感染が再拡大している状況を鑑み、日本政府や専門家は「第6波」の到来に警戒を強めている。

2　コロナウイルス感染拡大の終息はあるのか

　新型コロナウイルス感染拡大は、「津波」のようであった。最近の感染状況を鑑みると、また、いつ襲われるかわからない。一時的な「収束」はあっても、完全な「終息」があるのか、まったく先が読めない。筆者は、昨年、『非常事態下の学校教育のあり方を考える〜学習方法の新たな模索』（東信堂、2021 年）を刊行した。著書の意図するところは、新型コロナウイルス感染拡大で学校教育のあり方が、抜本的に見直される契機となっているが、これは「一過性」に終わりそうにない。そのためには、学校教育における学習方法を抜本的に見直し、新たな模索が必要であることを主張したかったからである。

3　ニューノーマルがノーマルに

　新型コロナウイルス感染拡大の影響は、地球規模の大惨事である。誰もが、このように深刻な事態になるとは想像もしなかった。たしかに、日本では、感染者数が低下して、一時期は収まったかに見えたが、新型コロナウイルスの感染源はどこに潜んでいるかわからない。

　新型コロナウイルス感染の影響は、破滅的である。それは、人間の想像を絶する凄まじいもので、生活のすべてが一転させられた。「ニューノーマル」という新語も生まれ、後に戻れない状況を作り出した。マリリン・モンロー

主演『帰らざる河』(1954 年) の映画を思い浮かべた。この映画の英文タイトルは、"River of No Return" である。映画『帰らざる河』の筏下りの激流シーンは迫力があり、二度と戻れないことを印象づけた。カナダ・ロッキー山脈バンフの撮影ロケ地 (ボウ滝) まで足を運んだことを懐かしく思い出した。この映画を DVD でもう一度見返した。このようなとき、人間はどうするのだろうか。映画では、流れ着いた新天地で、以前とは違う、新しい生活をはじめるというストーリーである。「ニューノーマル」で重要なことは、元に戻れないことを憂いるのではなく、そこで、何ができるかポジティブな考えへの転換が必要だとの教訓を与えてくれた。

4　コロナ禍における学習環境の整備

　オンライン授業の功罪を問うのは、時期尚早と述べた。このような状況下で、何ができるかという不安があることも事実である。いうまでもなく、それは、オンラインでの学習環境を、どう整備するかということに尽きる。もともと、学校現場においては、学習者の学習環境を整えるのが、教育行政の務めであることが、『教育基本法』に規定されている。そして、文科省には、行政省庁としての責務がある。

　オンライン授業は、Zoom を媒体として行われることが多い。したがって、Zoom の功罪と置き換えることもできる。最近、興味ある記事を読んだ。大阪大学・浦田悠「コロナ禍の学習環境～その現状と課題、および可能性 (上)」『教育学術新聞』(2021 年 11 月 17 日付) である。オンライン授業がはじまって 1 年半の間に、「Zoom 疲れ (Zoom Fatigue)」の現象が見られるというのである。面白い表現である。2009 年 FD が義務化され、すべての教員が FD 研修に駆り出され、疲労困憊した教員のことを、FD を Faculty Development (教員研修) ではなく、Fatigue Development (疲れる研修) と揶揄したことと同じようなものである。

　たしかに、Zoom 疲れは、身に迫るものがある。ズームとは、カメラをズームインさせることで、長い時間、カメラ前で被写体になっているので、疲れるし、ストレスも溜まる。したがって、対面授業とは違う疲労感がある。疲

労感は、話す側と聞く側ではウエイトが違う。

　Zoom 疲れが、なぜ起こるのかについて、浦田は、「主な要因としては、映像と音声のわずかな遅延があること、非言語的な手がかりが欠損していること、視線がずれていること、参加者の顔を見続けることによる生理的覚醒が生じること等が挙げられており、これらがオンラインでのコミュニケーションを行う上で、対面とは異なる認知的負荷をかけているのではないか」と推測している。また、オンライン環境における自己管理・自己調整の困難さは、学生の学びの大きな障壁となっていて、学習効果にも悪い影響を与える。たとえば、学習意欲が低い学生ほど、オンライン学習中に SNS 等に気を取られることがあると分析している。

5　オンライン授業の円滑な「つながり」

　さらに、浦田は、大学空間がバーチャル化したことは、単に、対面授業がオンラインに置き換わっただけでなく、学習や学問やそれ以外の様々な活動のあり方にも影響を与えている。その背景として考えられるのは、オンラインと対面のつながり方に違いがあると分析して、コロナ前とコロナ後の図表を提示して説明している。たとえば、Web 会議システムでは、「つながる」前に「つなげる」必要があるという。学生は、バーチャルな空間に接続して授業を受け、授業が終われば、デジタルは切断される。これは、五感を伴った身体性や遠近感がなく、偶然の出会いや予期せぬ微細なコミュニケーションが生じにくい。コロナ禍になって、大学はそのような偶有的な出会いやコミュニケーションの場としての意味をもっていると述べている。換言すれば、そのようなつながりの実感を得るために、キャンパスという物理的な空間に日常的に集合している。

　実際、Zoom でオンライン授業を実施すると、慣れないせいで疲れているのかと考えていたが、「つなげる」➡「つながる」➡「切断する」の繰り返しが要因であることを知った。オンライン授業で「つなげる」は、スイッチ・オンで簡単につながると考えていたがそうではなさそうである。予期せぬことが起こるのがインターネットである。そのため、毎回、授業をはじめる前

は、「悪戦苦闘」の連続である。まさしく、オンライン授業の功罪を問うには、円滑な「つながり」が鍵になりそうである。

6　オンライン授業を振り返る

　新型コロナウイルス感染拡大の影響で、対面授業からオンライン授業に大きく変化を余儀なくされてから、約2年が経過した。オンライン授業が、対面授業に比べてどうであったか、個々の教員が判断を下すには、十分な時間が経過したと思われる。日本におけるオンライン授業は、成功したといえるのだろうか。

　本書では、「2章　混迷する現在」「Ⅲ　オンラインパラダイムへの変遷」「3　パネルディスカッション『学生に聞くオンライン授業のホンネ』」のところで、日本の現役の学生の「ホンネ」を紹介した。同じような大学制度で学ぶアメリカの学生の「ホンネ」はどうだったのか、興味のあるところである。楓セビル「世界を変える米国大学生たち」「第7回コロナ・パンデミックは米国大学や大学生をどう変えたか」『IKUEI NEWS（電通育成会）』（VOL.98, 2022年4月）に興味ある記事がある。たとえば、「全てがZoomなので、授業に本気で参加することが難しかった。授業を受けている自分と同じような学生や教授と相互交流ができず、一人で勉強している孤独感が常にあった」とか「オンラインクラスでは人とのつながりがつくれないので、将来どうなるのかという不安があった」と記載している。これは、日本の学生のフィードバックとも重なるところがあり、オンライン授業の「欠陥」を露にしている。

　また、「2022年に入って、インパーソンの授業が復活した。オンラインクラスは、やる気のある学生でもどうしても成績が悪くなってしまう。インパーソンクラスでは、オンラインクラスにはない活発な質疑応答が展開される」と紹介している。これは、オンライン授業の「構造的欠陥」かも知れない。

　ネガティブな側面だけではない。オンライン授業を楽しんでいる学生もいる。たとえば、「確かに授業はインパーソンのような刺激はないが、授業の合間にランチをつくったり、犬の散歩をしたり、時には昼寝をすることもある。フレキシビリティ（柔軟性）という点では、オンラインクラスがインパー

ソンより優れている」と回答している学生もいる。これなど、さすがにアメリカの大学生であることが伺われる。

　最後に、楓氏は、両者を比較して、今後の展望について述べている。「米国社会全体がワクチンのおかげでポスト・パンデミックの世界に戻りつつある中、パンデミックで浸透し、2年にわたって行われてきたオンラインクラスはおそらく消えることなく、そのまま残るだろうと多くの識者は予想している。そこで疑問に思うのが、コロナ・パンデミックで始まった米国大学のオンラインクラスは、果たして学生たちにインパーソンコースと同じ結果、効果をもたらすのかということだ」と問題提起している。そして、「大学のバーチャルクラスとインパーソンクラスにおける違い」というテーマ調査の結果の一部を紹介している。それは、「オンラインクラスをとった学生の成績はインパーソンコースの学生より劣っている」ということである。この結果を日本の大学関係者はどのように受けとめるのか興味あるところである。

　オンライン授業の先駆者である、アメリカのミネルバ大学の取組みと比較しながら検討し、これからの日本のオンライン授業がどうであるべきかを考えることにする。詳細については、主体的学び研究所「主体的学びコラム」「日本はミネルバ大学から何を学べるか」28 と 29 を参照。

　筆者が注目しているのは、ミネルバ大学が 2014 年に開校され、すべての授業をオンラインにすることを最初から決めて実践していることである。この時点では、新型コロナウイルス感染拡大の影響で、対面授業からオンライン授業に変わることは予想されていなかった。そのような状況下であったにもかかわらず、ミネルバ大学の取組みが注目されたのはなぜだろうか。今後のオンライン授業のあり方を考えるうえで、示唆に富むものであると考える。詳細については、終章「まとめ」「Ⅰ　近未来のリベラルアーツ教育」「1　ミネルバ大学の学士向けカリキュラム」「3) 日本のモデルになり得るか」を参照。

3章　つかみ取る未来

I　大学における DX

1　ニューノーマル時代の DX

　未来を予測するのは難しい。しかし、不可能ではない。そのためには、「過去」を振り返り、「現状」を直視することが不可欠である。「過去」や「現在」は、未来の鏡となる。新型コロナウイルス感染拡大の危機に直面して、高等教育の抜本的な見直しが焦眉の急である。幸か不幸か、明治以来の伝統的な学校教育における「対面授業」の功罪が問い直されている。IT を駆使した「オンライン授業」の到来は、あたかも黒船襲来のような衝撃である。教員の誰もが予想しなかったことが、「津波」のように猛威を振るった。この危機的状況の中では、他者を「まねる」にもモデルとなるものがなく、「路頭」に迷っているのが現状である。現状を非常事態下と考えれば、新型コロナウイルス感染拡大は「一過性」の脅威だけに終わりそうにない。「収束」したとしても、完全な「終息」はない。現に、変種株「オミクロン株」が脅威となりはじめた。これからも、ウイルスとの「戦争」が続く兆しがする。「ニューノーマル」のことばに象徴されるように、過去に逆戻りすることはできない。

　対面授業とは次元の違う、オンラインという新たな授業形態が生まれた。デジタル庁の開設を機に「マイナンバー」など、日常生活にまで変革化が迫っている。文科省も高等教育におけるデジタルトランスフォーメーション（DX）によって、デジタルを活用した未来の大学構図を描いている。

　DX は、デジタルトランスフォーメーションの略であるが、デジタルだけの変換を意図したものではない。トランスフォーメーションとは、現状を踏

178

まえて、新たな「変革」の「足がかり」を模索している。そこに「未来」がある。

はたして、日本の高等教育は、次世代型 DX に対応できるだろうか。そのためには、戦後日本の高等教育改革の原点に戻り、何がどこで間違ったのか、正面から批判的に向き合う必要がある。

2　日本における DX の動向

1）DX のバズワード化

DX のバズワード化とは、DX の一人歩き状況を表す[1]。現状の DX は、ある種のブームのようなもので、ことばが独り歩きしている。DX は、IT 化あるいはデジタル化と同じではない。**図 3-1**「デジタライゼーションとデジタル・トランスフォーメーション」からも、いかに間違って使用しているかがわかる。

デジタライゼーションとデジタル・トランスフォーメーション

図 3-1　デジタライゼーションとデジタル・トランスフォーメーション

出典：https://www.itmedia.co.jp/enterprise/articles/1901/08/news007.html

2)　経済産業省の DX

　経済産業省は、DX をどのように捉えているのか。すなわち、「企業においては IT を活用したビジネスモデルの変革や、それに伴う業務、組織、企業文化などの変革も指す」として、ステレオタイプを打破した変革を促している。さらに、「企業の目指すべき方向性」とは、「変化に迅速に適応し続けることで、その中では IT システムのみならず企業文化（固定概念）を変革することが DX の本質であり、企業の目指すべき方向性」と述べている[2]。

　これは、経済産業省による DX の方向性を示したものであるが、これを「大学」に置き換え、パラフレーズして考えることができる。たとえば、企業文化のところを「大学文化」に変換し、「企業の目指す」ところを「大学の目指す」と置き換えればわかりやすい。こちらが、より現実的といえる。なぜなら、これからの大学は「大社連携」になり、大学と社会（企業）のつながりが密接になるからである。

3)　文部科学省の DX

　大学教育における DX には、三つの領域がある。すなわち、「教育の DX」「研究の DX」「教育・研究を支える業務全体の DX」がそうである。本章では、「教育の DX」を中心に考える。

　文科省は、以下の**図 3-2**「デジタルを活用した大学・高専教育高度化プラン」を 2021 年に公表した。

　そこでは、「大学・高等専門学校におけるデジタル技術を積極的に取り入れ、学修者本位の教育の実現、学びの質の向上に資するための取組における環境を整備。ポストコロナ時代の高等教育における教育手法の具体化を図り、その成果の普及を図る」と述べている。この短い文書の中に、文科省の取組みが凝縮されている。

　まず、「学修者本位」という表現に注目したい。これまでは、「学習者主体」という表現を用いていた。表現を変えることで、注意を喚起する狙いがある。注目すべきは、「学習」ではなく、「学修」としているところである。「学習」とは、

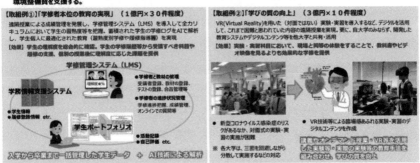

図 3-2　文科省「デジタルを活用した大学・高専教育高度化プラン」

広い意味で学びの全般を指すが、「学修」とは文字通り、学び修めるという意味で、授業や単位制に直結したものである。その背後に、低下している大学教育の質の確保・向上につなげたい狙いがある。

　「学修者本位の教育の実現」とは、「遠隔授業による成績管理を発展し、学修管理システム（LMS）を導入して全カリキュラムにおいて学生の習熟度等を把握。蓄積された学生の学修ログを AI で解析し、学生個人に最適化された教育（習熟度別学修や履修指導等）を実現」すると説明している。AI を活用した個別指導を可能にするという点は、これまでにない「変革」である。

3　ニューノーマルにおける高等教育の DX ～ミネルバ大学の「挑戦」

1）はじめに

　政府の教育再生実行会議は、2021 年 6 月 3 日に第 12 次提言「ポストコロ

ナ期における新たな学びの在り方について」をまとめ、ニューノーマルにおける高等教育の新たな在り方を実現するため、教育のデジタルトランスフォーメーション（DX）推進を主軸とした方策を提言した。高等教育レベルにおいては、従来の定員管理を中心とした質保証の仕組みから、学生の学修成果によって質を保証する仕組みに転換することを提言した。これは、量的評価から質的評価への「パラダイム転換」を示唆する[3]。

　文科省も、前述のように、「デジタルを活用した大学・高専教育高度化プラン」で教育環境にデジタルを大胆に取り入れることで、質の高い成績管理の仕組みや教育手法の開発を加速し、大学等におけるデジタルトランスフォーメーション（DX）を迅速かつ強力に推進することで、ポストコロナ時代の学びにおいて質の向上の普及・定着を早急に図る必要があると述べている。すなわち、「学修者本位の学びの向上」を促進するために教育方法の具体化を促し、質の確保のための教授法の改善を促したことになる。

　大学教育学会も第44回大会（2022年6月）の統一テーマに「大学教育のDX〜テクノロジーがもたらす大学教育のイノベーション」を掲げている。ここでは、大学教育のDXがデジタル技術の破壊的変革、すなわち、既存の価値観や枠組みを根底から覆すようなイノベーションをもたらすものであると、同大会の趣旨で述べている。まさしく、大学におけるDXが注目されはじめている。

2）高等教育におけるデジタルトランスフォーメーション（DX）

　拙稿「戦後私立大学政策の検証と新たな単位制の展開」（日本私立大学協会附置私学高等教育研究所創立20周年記念『私立大学研究の到達点』2021年3月）で、DXを活用した新たな単位制について言及し、DXは三段階で起こると述べた。たとえば、大学教育においては、オンライン講義やデジタル教科書は、DXの第一段階である。これに、コラボレーションのためのチャット機能やファイルの共同編集機能、成績の自動付与機能などが加わると、DXの第二段階になる。さらに、科目という単位が、大学から切り離され、学生が複数の大学から科目を自由に選択し、自分にオンリーワンの学位を取得できるよ

うな仕組み(高等教育のアンバンドリング)ができたら、「DXの第三段階」ということができる。DXを活用した新たな単位制を導入することで、「マンネリ化」した大学の起死回生につながればと期待される。

3) DXとは何か

DXという概念が未だ確立されず、一人歩きしているところがある。総務省は、「現在」と「将来」を比較するのに、以下の図表で説明している。

図3-3からもわかるように、デジタル化によってシームレスに「つながる」世界が明らかである。さらに、「個」が中心に描かれている。これは、文科省の「学修者本位」と軌を一にするところである。このように「個」を起点に動くことで、質の保証につながるとの考えである。

4) 何が大学教育を「ダメ」にしたか

筆者は、単位制の形骸化が大学教育の質を低下させ、大学を「ダメ」にしたとして、拙稿「新制大学の終焉〜大学はどこへ行こうとしているのか〜」

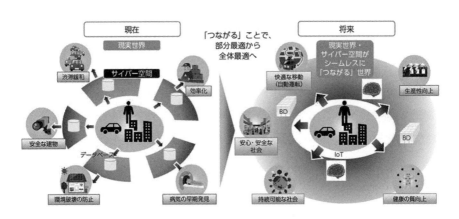

図3-3 総務省「デジタルフォーメーション DX」

総務省「平成30年度版 情報通信白書」デジタルトランスフォーメーション
出典)「我が国のICTの現状に関する調査研究」
https://www.soumu.go.jp/johotsusintokei/whitepaper/ja/h30/html/nd102200.html

（『教育学術新聞』令和3年1月13日号）で述べた。単位制の危惧は、1949年の新制大学発足時の「ボタンのかけ違い」に端を発し、その後、約70年の間改善されることなく、悪化の一途をたどっている。

　対面授業でも、単位制の基本となる、教室外学修時間の確保が不十分なのに、オンライン授業で大丈夫なのか、「先行き不透明」な状況にある。何が問題なのか。それは、単位制についての理解が欠如していることである。単位制は、新制大学の花形として登場したもので、旧制大学にはなかった。たしかに、単位制「擬き」ものは散見されたが、それは旧来の学年制に「付け足し」たに過ぎず、結果として、単位制の「混乱」を助長することにつながった。

　いうまでもなく、単位制は、「講義」と「教室外学修（予習・復習）」の両輪から構成される。重要なことは、後者が前者の2倍の時間（ウエイト）になっているところである。すなわち、単位は、学生の「学習量」によって測定される。旧制大学では、「講義」が中心であったことから、教室外学修が手薄であったことは否めない。この点が、アメリカと日本の大学教育の質の違いを決定づけていると言っても過言ではない。すなわち、教室外学修時間をどのように確保するか、教員の頭痛の種である。特効薬はない。原因は、単位制と学年制を混同しているところにある。両者は、まったく別ものであり、切り離して考えるべきである。

5）単位制の基本とは

　単位制のメリットは、互換性にある。単位制は、学生が移動しながら単位を履修することで、学問の流動性を生み出す。したがって、単位制の基本は「選択科目」にある。必要な選択科目を教室から教室へ、大学から大学へ、そして国から国へと渡り歩いて、取得できるのが単位制の考えの「根底」にある。古今東西の学問の歴史を紐とけば、学者が知を求めて世界を放浪したことが明らかなように、新たな発見や学びは、外にあるとの考えが、学問を普遍的なものにしている。

　また、単位制は、汎用的能力を培うリベラルアーツ教育と密接なつながりがある。新制大学における単位制の「ボタンのかけ違い」は、アメリカのリ

ベラルアーツ教育についての欠落から生じたものでもある。それは、旧制高校の教養教育を新制大学に「統合」させたとき、単位制の理念が十分理解されていなかったことに起因する。汎用的能力は、大学の前期課程で培うべきである。なぜなら、そこでは、学問を「横断的」に学ぶからである。専門課程では、専門を「縦割り」で学ぶため、汎用的能力は育ちにくい。これは、FD の分野においても然りで、初年次教育を担当する教員は、「汎用的能力」を育成させる責任がある。

　単位制は、教室外学修を促すだけでなく、単位が認定されることで、編入・転学を容易にし、アメリカの学問の発展に寄与したという歴史がある。

6）ミネルバ大学の挑戦

　ミネルバ大学（Minerva Schools at KGI）は、アメリカ合衆国カリフォルニア州サンフランシスコに本部を置く、総合私立大学である。実験的高等教育機関であるミネルバ・プロジェクト（英語版）が、Keck Graduate Institute（KGI）（英語版）をパートナーとして開校された 4 年制総合大学として、オンラインで授業を開講する。創設者ベン・ネルソンは、伝統的なアメリカの大学に「反旗を翻し」、新たな世紀に通用する大学を模索した。既存の大学、とくにエリート大学への「挑戦」であった。したがって、その設立には「賛否両論」がある。

　2014 年 9 月、一つの少人数型教育のオンライン化を徹底させることに挑戦したのがミネルバ大学で、校舎をもたない次世代型・全寮制大学として知られる。世界各地の七つの都市を集団で渡り歩きながら、学びを深めていく、フィールドワーク型カリキュラムを採用している。たとえば、1 年次にサンフランシスコの学寮に滞在し、この都市の様々なプロジェクトに参加する。2 年次前期は、ソウルに移る。後期はハイデラバード、3 年次前期はベルリン、後期はブエノスアイレス、4 年次前期はロンドン、後期は台北という具合である。ミネルバ大学の授業スタイルが、コロナ危機前から実践されていたことは注目に値する。世界に通用する大学とは何かを追求して誕生したのが、ミネルバ大学である。そこでは、アメリカの大学で置き去りにされたゼネラルエデュケーショナル・カリキュラム（汎用的能力）の「復活」を試み

ていることである。七つの都市を集団で渡り歩くことを通して、物事を観察
し、批判的に考える能力を身につけることを目的としている。まさしく、「汎
用的能力」の育成がミネルバ大学の核心といえる。

7）汎用的能力を育むミネルバ大学

　2021 年 5 月 23 日、京都大学松下佳代教授科研プロジェクト・シンポジウ
ム「汎用的能力を捉え直す―ミネルヴァ生との対話を通して―」が、Zoom 開
催された。研究代表者松下教授は、企画趣旨の冒頭で、「大学における汎用
的能力の概念とその育成について再考する機会にしたい」と述べた。また、「ミ
ネルヴァにおける高等教育のイノベーション」について紹介した。その主な
ものは、以下のようなものである。(1) オンライン AL 授業：徹底した反転
授業、(2) 都市をキャンパスに：世界 7 都市を移動しながら学ぶ、(3) リベラ
ルアーツ：実践知を育むカリキュラムの体系化などである。
　「汎用的能力」について、松下教授は分野や場面を問わず、広い適用性を
もつ能力と位置づけ、代表的なものとして 4Cs（Critical thinking, Creativity, Com-
munication, Collaboration）をあげている。
　ミネルバ大学の特徴の中で、筆者がとくに注目しているのは、「1 年次に
は成績を確定しない」ということである。その理由は、実践的な知恵は、は
じめて経験する状況でも有効に使えることが実感できないと「流暢に使いこ
なせる」レベルに達したとは考えられないからである。そのため、2 年生以
降も学生が 1 年次に学んだ思考・コミュニケーション技法について、評価を
継続するという考えである。このシステムは、質の高い成績管理の仕組みと
いえる。なぜなら、「アセスメント (形成的評価)」から「エバリュエーション
(総括的評価)」を導きだす、卓越した方法であるからである。さらに、Time
Travel Grade というユニークな制度があり、教室外学修時間を重視した、単
位制のデザインとなっている。詳しくは、終章「まとめ」「1　ミネルバ大学
の学士向けカリキュラム」を参照。

8）おわりに

DX を一過性のものに終わらせてはいけない。そのために何ができるか、考える必要がある。DX は、デジタル化だけでなく、そのアイデアを汎用的に広めることである。たとえば、教授法や単位制など、マンネリ化した大学教育の活性化に、DX のアイデアが応用できるのではないかと考えている。

たとえば、国立国会図書館デジタルコレクション公開がそうである。これは、占領軍民間情報局教育課長マーク・T・オア博士から、彼の生前に筆者に寄贈された、米軍「降伏勧告ビラの貼り込み帳」をデジタル化して、2021年5月27日から公開されている[4]。これは、10数年も長い間、日の目を見なかった「貼り込み帳」が、デジタル化によって蘇った。このままだと劣化して見えなくなる貴重な史料が、デジタル化によって多くの人に見る機会を与えた。まさしく、デジタル化の「恩恵」である。これは、デジタル化して、別の形にトランスフォーメーションしたという意味で、国立国会図書館利用者サービス部政治史料課占領期資料係に寄贈した資料の DX 変革ということができる。

4　DX を可能にする ICE アプローチ

1）はじめに

新型コロナウイルス感染拡大を受けて、大学ではオンライン授業が実施されている。コロナが収束したとしても、すぐには、従来型に戻れないところまできている。これを「ニューノーマル時代」と呼んで、新たな対策が講じられている。筆者は、この新たな時代で活躍するのが、DX ではないかと考える。これはデジタルによって、すべてを「変革」することを意図したもので、これまでにない大改革である。デジタルということから、IT 関連に注目が集まっているが、それだけではない。教育分野においても教育 DX が必要であることは論を俟たない。文科省も教育 DX を提唱している。他の分野まで浸透してこそ意義がある。たとえば、身近なところでは、生活クラブ生協が出版している、『生活と自治』（2021年11月631号）には、特集「デジタル化の波に慌てない。ネット社会とこれからの暮らし」と題して取り上げられてい

る。デジタル庁が新設され、「DX の時代」だと言われる。マイナンバーカードの促進も広い意味での DX と捉えることができる。なぜなら、デジタルの恩恵を受けて、生活がより良く変革すると思われるからである。

2) DX を可能にする ICE アプローチ

DX とは、「進化し続けるテクノロジーが人々の生活を豊かにする」ものである。これを「教育」や「学習」に置き換えればわかりやすい。そのようなことが実現可能だろうか。ICE アプローチを活用すれば、可能であるというのが「結論」である。DX とは、デジタル化だけではない。これまでとは違った方法で、より良い教育・学習の変革につなげることを意味する。

たとえば、有名なテーマパークが主催するアイスショーがある。氷の上を「変幻自在」に踊るさまは、DX をイメージさせる。ICE を開発した、クイーンズ大学スー・ヤング博士は、その特徴を「ポータブル（動き回れる）」の便利さがあると述べている。したがって、ICE モデルという名称ではなく、原書のタイトルのように、「ICE アプローチ」が望ましい。アイスショーのように、「DX on ICE」というキャッチフレーズをつけることで、どのようなシチュエーションでも対応でき、教育や学習の新たな可能性を引き出すことができる。

3) SDGs を可能にする ICE アプローチ

SDGs は、「Sustainable Development Goals（持続可能な開発目標）」の略称（**写真 3-1**）である。面白い企画を目にした。タイトルは、Yahoo! JAPAN SDGs の「SDGs は、未来の分かれ道」と題し、2100 年の日本を考えるというテーマである。そこでは、次のようなことが紹介されている。「これから地球で暮らしていくために、2030 年までに達成したい 17 個の目標があります。それが SDGs です。SDGs を達成すると、どんな未来が待っているのでしょうか。達成できなかったら、どうなってしまうのでしょうか。わかるようでわからない SDGs の世界です。今から、すこしだけ、のぞいてみませんか？」と前置きして、それぞれを紹介している。詳細は、以下の動画を参照。

2100 JAPAN 〜 SDGs が達成された未来と達成されなかった未来〜

Yahoo! JAPAN 特別企画（https://richad.yahoo.co.jp/2100japan/lp/index.html）

SDGs につながる ICE アプローチは、アクティブラーニングの活性化に最適である。アクティブラーニング「を」教えるのはなく、アクティブラーニング「で」考え、行動を促すことができるのが ICE アプローチである。したがって、持続可能なアクティブラーニングということができる。これを契機に、「アクティブラーニングとは何か」を考え直す必要がある[5]。

「大学とは何か」についても、問い直す必要がある。大学は「社会」への「架け橋」であり、そのための「実験の場」でなければならない。大学では、自立・自律的学習者を育てるために、「学び方を学ぶ」必要がある。そのためには、「疑問形」で教え、「疑問形」で考えさせる、授業方法が求められる。

DX の考えは、企業の方が先駆的である。DX は、2004 年にスウェーデンのウメオ大学のエリック・ストルターマン教授によって提唱された概念である。その内容は、「進化し続けるテクノロジーが人々の生活を豊かにしていく」

写真 3-1　SDGs の 17 の達成目標

ものである。言い換えれば、「進化したデジタル技術を浸透させることで、人々の生活をより良いものへと変革する」ということになる。

　「Digital Transformation」を直訳すると、「デジタル変換」ということばになるが、「変換」よりも「変革」が適訳である。デジタル技術を浸透させることで、人々の生活をより良いものへと変革することで、既存の価値観や枠組みを根底から覆す、革新的なイノベーションをもたらすことが期待されている。デジタルトランスフォーメーションの英語表記は「Digital Transformation」で、略称は「DT」ではなく、「DX」である。それは、デジタルトランスフォーメーション =DX の「Trans」を「X」と略す、英語圏の表記に準じたためである。

　ICE アプローチは、授業に必要な学習方法と評価方法が「内在」して、一体化したところに特徴がある。これは、カナダ・クイーンズ大学スー・ヤング博士とロバート・ウイルソン博士による共著 Assessment & Learning : The ICE Approach（Portage & Main Press, 2000）が原書で（**写真 3–2**）、ICE の「方法論（アプローチ）」についてまとめた著書である。したがって、どのようなシチュエー

写真 3–2　ICE モデル原書の表紙

ションでも柔軟に対応（アプローチ）できるのである。これが ICE アプローチを用いることで、DX が可能になると考える理由である。

なぜ、「主体的学び研究所」が、ICE に関わるようになったのか。それは ICE アプローチには、「主体的学び」につながる、数々の「ツール」が内在しているからである。同研究所は、『「主体的学び」につなげる評価と学習方法〜カナダで実践される ICE モデル』（東信堂、2013 年）と題して、上記の英文著書を翻訳・刊行している。

ICE アプローチを説明するとき、便宜上、「ブルーム・タクソノミー」を用いるが、タクソノミー（階層的）と呼ばれるように、ICE アプローチとは違う。ICE アプローチは、理論上、何に近い方法論なのかと、スー・ヤング博士に尋ねたことがある。ブルーム・タクソノミーとは一線を画しながらも、最も近いものとして、SOLO Taxonomy（ソロタクソノミー）を紹介してくれた。これついては、「5 SOLO タクソノミーと ICE アプローチ」のところで詳述する。

4) 量的評価から質的評価〜スパイダーチャートでの表示

技能や態度のように、点数化（評価）しくい科目もある。このような場合、評価が難しい。パフォーマンス評価を行う際、評価が「ぶれる」のではないかとの心配から、ルーブリック評価という考えが生まれた。

どのようにすれば、量的評価から質的評価を可能にできるのか。たしかに、パフォーマンス・ルーブリックも、これまでの学校における点数評価に比べれば、質的かつ客観的な評価ができると期待された。しかし、パフォーマンス・ルーブリックを「相対評価」の中で使用するところに限界がある。「相対評価」は、序列的（横断的）に点数化するための評価方法であるので、質的評価を測るのには適しない。

ICE ルーブリックは、学習者の視点に立つことから、絶対評価を促すことができる。なぜなら、学習者の学びの違いや深さを、「縦断」的に掘り下げるからである。たとえば、**図 3-4**「スパイダーチャート」が参考になる。これを I・C・E に置き換えると、領域ごとの「深さ」を、「Before」と「After」で比べながら測定することができる。

　ICE ルーブリックもパフォーマンス・ルーブリックも、どちらもルーブリックと呼ばれるので、両者の違いを「峻別」することは難しい。そこで、「パラダイム転換」を軸に、考えてみてはどうだろうか。すなわち、パフォーマンス・ルーブリックが「教員中心パラダイム」に立脚した評価方法であるのに対して、ICE ルーブリックは、「学習者中心パラダイム」の視点に立った評価方法であるということができる。学習者中心であることから、「評価」というよりも「アセスメント」という表現が適切である。

　パフォーマンス・ルーブリックは、教員中心の教授法にもとづく評価方法であるので、何を学んだか「正解」が明瞭である。すなわち、教員が教えたことが正解なので、記憶することに、重点が置かれる。ICE ルーブリックは、学習者中心の学習法にもとづくもので、何を学んだかよりも、どのように学んだかが問われる。そのことは、当該学生にしかわからない。したがって、「主体的学び」に直結する。そこでの違いを明らかにするには、学生がどのように学んだか、自ら選ぶ「動詞」で表現させるしか方法がない。両者は、学生の学びをどのように位置づけるかで決まる。

　パフォーマンス・ルーブリックは、「相対評価」（序列化）に適している。したがって、文科省の評価方法と合致している。ICE ルーブリックの場合、「絶

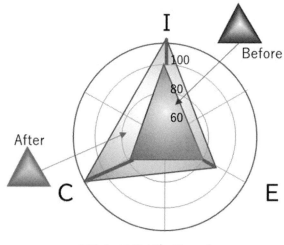

図3-4　スパイダーチャート

対評価」が望ましい。すなわち、どの領域において、どのように優れている
かを明らかにするのに最適なツールであり、より具体的なアセスメントがで
き、学生の能力を引き出したり、伸ばしたりするのに最適である。最近、医
療看護系大学においては、領域ごとの「差別化」や具体的な指導方法に役立
つとして、ICE ルーブリックが注目されている。

　ICE ルーブリックは、パフォーマンス・ルーブリックと違って、質的評価
に適したツールであるので、「点数化」には馴染まないのではないかと、尻
込みする向きもあるが、ICE ルーブリックも点数化できる。ただし、「序列化」
のためではなく、「学びの深さ」を測るためである。ICE ルーブリックを点数
化する場合、アセスメントであるので、「指導」としても役立つ [6]。

5) DX を可能にする反転授業の役割

　DX を可能にするには、反転授業が不可欠である。反転授業とは何かにつ
いては、2 章「混迷する現在」の「Ⅳ　コロナ禍における教職員研修」の「3
オンライン授業と反転授業」で紹介している。対面授業はもとより、オンラ
イン授業でも、反転授業のニーズが高まっている。京都情報大学院大学では、
オンライン授業における反転授業を「義務化」している。なぜなら、単位制
の要である教室外学修時間の確保を重視しているからである。

　反転授業は、すぐれたツールであるが、課題がないわけではない。「フリー
ライダー（ただ乗り）」の学生が出没するという問題がある。これは、教員にとっ
て頭痛の種である。これを解決するには、教室外学修をどのように成績評価
に「紐づけるか」が鍵になる。学生は、教室外学修が成績に反映しないと「見
透かす」とまじめにやらない。

　筆者は、教室外学修時間を確保するために、学生にコンセプトマップを描
かせている。したがって、学生は 15 回の授業で、12 枚のコンセプトマップ（3
回はプレゼンテーションなので除く）を授業後に描かせて、提出させる。それを
もとに、ラーニング・ポートフォリオを書かせて、最後に提出させる。これ
らのすべてが、成績評価に直結するので、教室外学修時間の「ごまかし」や「フ
リーライダー」がでにくい「仕掛け」になっている。次の**図 3-5**「学生の反転

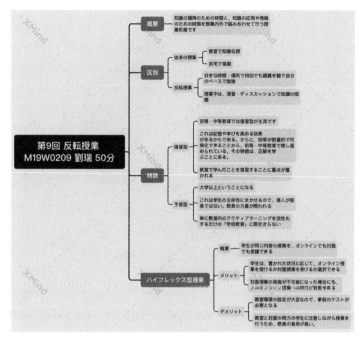

図 3-5　学生の「反転授業」のコンセプトマップ

（作成者　雷璐嘉）

授業のコンセプトマップ」は、学生が提出したものである。

　DX を可能にするために、どのような授業デザインが望ましいか。**図 3-6**「DX パラダイムに対応した授業デザイン」を紹介する。

5　SOLO タクソノミーと ICE アプローチ

1）はじめに

　「2040 年に向けた高等教育のグランドデザイン（答申）」（平成 30 年 11 月中央教育審議会）における学修成果の可視化と情報公表の促進が注目される。学修成果の可視化は、大学教育の質保証にとって重要なバロメーターとなっている。大学入試が「加熱」するあまり、本来の大学教育を蔑ろにしてきたとの批判は免れない。文科省は、三つのポリシーをかかげ、卒業時の学修成果「ディプロマポリシー」を強調している。

図3-6　DX パラダイムに対応した授業デザイン

「学び」には、インプットとアウトプットの側面がある[7]。前者は「基礎知識」、後者は「学修成果」を指す。学修成果は、英語の Learning Outcomes で、「アウトプット」のことである。筆者も単位制との関連から、「学修成果の可視化」について述べている[8]。

「学修成果の可視化」では「可視化」に重点を置くあまり、「数量的」な成果だけがクローズアップされる。「学修成果」には、数字に表れにくい、「質的」成果も含まれることを看過してはいけない。大学教育の質保証では、むしろ、質的評価が重要である。筆者は、「学修成果の仕組み」がどのようなものか、十分な「観察」もせずに可視化を急ぐあまり内実の伴わない、表面的な結果を「鵜呑み」しているのではないかと、危惧している。ここでは、SOLO タクソノミー（観察された学修成果の仕組み）が、どのようなものかについて紹介する[9]。

2)　ICE の学びの仕組み

「学びの仕組み」を理解するには、「ICE アプローチ」がわかりやすい。これは、三つの領域（ICE）からなるアプローチである。すなわち、I のアイデアは「基礎知識」、C のコネクションは「関連づけ」、そして E のエクステンショ

ンは「応用」という具合である。多くの学校では、学びの「インプット」の側面に重点が置かれるが、これは、ICEのIの領域に相当する。これだけでは、表面的な「浅い学び」に留まり、単元を修了して、試験が終わると記憶に残らない。

　「学び」を定着させるには、ICEのCの領域のコネクション（関連づけ）が重要にある。なぜなら、この部分が記憶を「フック」させるところであるからである。いささかこじつけになるが、筆者は「フック」のことを「釣り針」に譬える。これを逆さにすれば、「？」マークに似ている。したがって、Cのコネクションを活性化するには、「質問する（？）」が重要であることがわかる。このことに関連して、拙稿「アクティブラーニングの現状と課題」（『教育学術新聞』2788号、アルカディア学報658、2019年11月13日）で述べた。たとえば、クイーンズ大学ジェームス・フレイザー教授の物理学専攻の学生は成績優秀で、I（基礎知識）の領域の問題がないが、学びを次につなげる、C（コネクション）のところでつまずき、先に進めないと苦労話を共有した。彼によれば、「深い学び」につなげるには、Cが重要であるが、「仕掛け」に苦労しているとのことであった。学生にとってのCは、コネクションというよりも、同じCでもコンフュージョン（Confusion 混乱）のCに近いと苦笑した。

3）ICEアプローチ

　ICEアプローチは、IからでもEからでも、どこからでもはじめることができる。筆者は、Cからスタートする。なぜなら、Cのコネクション（つながり）が、表面的な学びを深い学びへ転換する起点になると考えるからである。ここで、はじめて、アクティブラーニングが起こる。I（基礎知識）は、教員から知識を「伝授」したもので、自分のものになっていない。したがって、浅い学びになる。深い学びに「転換」するには、学習者が主体的に学ぶ必要がある。その「分岐点」となるのが、学習者が自らの学びを「動詞」で表現できるかどうかである。ICEアプローチ共同開発者ヤングもICE動詞の重要性を認識し、動詞の一覧表を作成した。

　たしかに、ICE動詞を活用すれば、学習者の主体的な学びにつなげること

ができる。しかし、動詞の活用だけでは、不十分である。重要なことは深い学びの「仕組み」がどのようなものであるかを知る必要がある。「仕組み」もわからず、むやみに動詞を使っても、効果はあがらない。

4) SOLO タクソノミー〜学修成果の仕組み

　注目すべきは、SOLO タクソノミーである。ICE アプローチ提唱者ヤングも『「主体的学び」につなげる評価と学習方法〜カナダで実践される ICE モデル』（東信堂、2013 年）の中で SOLO について、現代の学習理論と教室での評価の方法を関連づけた最初の本として、Biggs, J.B., and K. Collis, *Evaluating the Quality of Learning: SOLO Taxonomy.* New York: Academic Press, 1982 を引用し、参考文献にもあげている。SOLO とは、Structure of Observed Learning Outcomes の略で「観察された学修成果の仕組み」のことである。これは、**図 3-7** のように、五つに分類できるもので、「理解度を表す動詞の事例」と副題がついているところが注目に値する。換言すれば、学習者の「理解度」は、動詞の活用に左右されることを裏づけている。

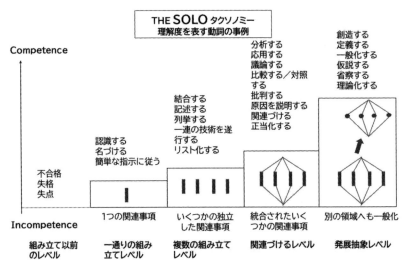

図 3-7　The SOLO タクソノミー〜理解度を表す動詞の事例

出典：https://www.johnbiggs.com.au/academic/solo-taxonomy/

(1) 組み立て以前のレベル：最も低い段階で、学習者は質問にどのように
アプローチしていいかさえわからず、その結果として、質問に関係のな
い答えをするか、または答えない。

(2) 一通りの組み立てレベル：この段階では、学習者はある一つの情報に
焦点をあて、それに集中するあまり、ほかのことは無視する。

(3) 複数の組み立てレベル：学習者は、複数の情報を提供されるが、それ
らを関連づけようとはせず、羅列する。

(4) 関連づけるレベル：さらに、進んだこの段階では、学習者は見出しや
カテゴリーを使って情報をまとめることができる。

(5) 発展抽象レベル：最後に、学習者は学びを先へ進めて、新たな対話の
形へと発展させることができる。

　図3-7の事例から、学んだことを関連づけることで、「深い学び」へと変
化していくプロセスがわかる。これは、ICEのCの部分を理解するのに役
立つ。たとえば、一人で学ぶよりも二人、三人と関わる方が学びを深める
ことにつながり、アクティブラーニングに学習効果があるかを裏づけるこ
とになる。

5) まとめ

　SOLOタクソノミーを紹介した。5段階の5レベルのところにどうしても
目が行きやすいが、筆者は、最初「組み立て以前のレベル」に注目している。
このレベルは、理解ができていないか、間違って理解しているところである。
これを無視して、次のレベルに進むと学びの崩壊につながる。教員は、「学び」
から逸脱した学習者を、軌道修正させる必要がある。なぜなら、スタートが
肝心だからである。最後の「発展抽象レベル」の「新たな対話の形へと発展さ
せる」の「対話」が重要である。なぜなら、文科省も「主体的・対話的で深い学び」
を強調しているからである。

　ICEアプローチは、タクソノミーではない。そのことは、両者の原書のタ
イトルからも読み取ることができる。すなわち、ICEはAssessmentを使用し、
SOLOはEvaluatingとなっている。

6 SOLO タクソノミー〜学習させる仕掛け

1）はじめに

　SOLO タクソノミーについて取り上げた。次に、どうすれば学習者を「学習させる」ことができるかについて考える[10]。このような魅力的なタイトルの本があれば、ベストセラー間違いなしである。誰もが知りたい。数年前、アンジェラ・ダックワース『Grit やり抜く力』（ダイヤモンド社、2016 年）日本語版が刊行され、20 万部突破の売れ行きであった。これは、IQ（能力）だけでは成功できないことを、裏づける衝撃的なもので、「やり抜く力」が一躍注目された。

　なぜ、学生は学習しないのか、多くの教員が嘆いている。2012 年度帝京大学高等教育開発センター主催第 1 回 FD フォーラムでは、フィンク博士を招聘して、「能動的学習〜学生を学習させるには」と題した、興味深い講演が行われた。これは、学生を学習させる「仕掛け」が、アクティブラーニングにあるという内容のものであった。換言すれば、学生は「仕掛け」があれば、学習するというポジティブな考えに立った示唆に富む内容であった。

　なぜ、学生は学習しないのか。それは、教室内における授業が、アクティブラーニングでなく、パッシブラーニング（受動的学習）になっているからである。これは、学生だけに「責任転嫁」できない。教員は、「教育パラダイム」に立ち、学生は「学習パラダイム」に立って、「別次元」で授業が行われていることに問題がある。すなわち、両者が隔離して、整合性のない状態に陥っているからである。「整合性」のことを英語で、アラインメント（Alignment）と呼ぶ。ここでは、「整合性」と呼ぶことにする。具体的には、教員の「教えたい意図」と学生の「学びたい意図」との間に隔たりがあり、「整合性」がないまま、授業が行われている。

2）整合性のないコースと整合性のあるコース

　たとえば、教員は、授業シラバスを準備するにあたり、15 回の授業内容を準備して学生に提示する。そこでは、到達目標や各単元の授業内容などが

詳述される。そして、最後に、成績評価の採点基準が記載されるのが、一般的である。教員の苦労とは「裏腹に」、学生の関心は、最後の成績評価のところにしかない。このように、教員と学生の間には齟齬があり、「整合性」がないことが明らかである。

　具体的な事例を、動画から抜粋して以下に紹介する。これは、SOLO タクソノミー開発者ジョン・ビグスの発案によるものである。詳細は、"Teaching Teaching & Understanding Understanding（3/3）"の動画「4. The Solution: Constructive Alignment を参照（https://www.youtube.com/watch?v=w6rx-GBBwVg&t=20s）。

　左側が整合性のないコースである。「教員の意図」と「学習者の行動」に整合性のない事例である。そこでの学習者の行動は、「試験に対処する」ための形式的なもので、学習者の関心は「試験の評価」に向けられ、「記憶する」「記述する」にウエイトが置かれていることがわかる。その結果、表面的な「浅い学び」になる。右側が整合性のあるコースである。教員の意図と学習者の行動との間に整合性があり、両者は一致している。したがって、「深い学び」

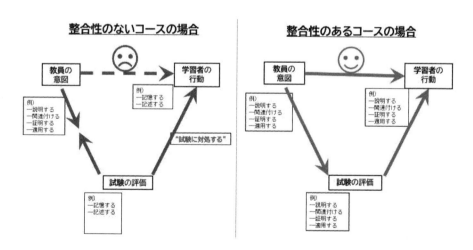

図3-8　整合性のないコースと整合性のあるコース

出典：https://www.youtube.com/watch?v=w6rx-GBBwVg&t=20s

につながり、結果として、「成績の評価」も「教員の期待通り」になる。

3) バックワードデザインで整合性を高める

　「整合性」について、補足説明する。授業においては、「アセスメントと学習方法が同じ方向にそろう」ことが望ましいと考えるとわかりやすい。この「整合性」を確認するには、ICE アプローチが有効である。なぜなら、著書『「主体的学び」につなげる評価と学習方法～カナダで実践される ICE』のタイトルからもわかるように、評価（アセスメント）と学習方法が一体化しているからである。

　「整合性」があるかどうかを、確認することは容易ではないが、「バックワードデザイン（逆向き）」で考えることで可視化できる。

　これに関連して、帝京大学高等教育開発センターは、世界を代表する、FD 関連団体の代表者をアメリカ、カナダ、オーストラリアから招聘して、3回にわたり国際シンポジウムを開催した。三つの共通テーマは「学習者中心のコースデザイン」であった。そこで注目されたのが、新たな教授法「バックワードデザイン（逆向きデザイン）」であった。これは、その名の通り、授業デザインを考えるときに、学習者の視点に立って、成績評価基準からはじめるという、「逆向きの発想」である。

　なぜ、成績評価基準からスタートするのが良いのか。それは、バックワードデザインすることになり、教員の意図する授業と学習者の意図する学習との間に「整合性」をもたせることができるからである。

4) まとめ

　ここでは、教員の意図と学習者の意図との間に、整合性をもたせることで、学生に「学習させる」効果があることがわかった。図3-8 では、「教員の意図」を起点としているが、これを「学習者の行動」から、バックワードデザインして考えることで、より整合性をもたせることができるものと思われる。この図表で注目に値することは、教員の意図を「動詞」で表現し、同じ「動詞」を使って、学習させることで一体化を促し、結果として、「試験の評価」を

上げていることである。ここでも、「動詞」の活用が鍵になる。これまで、「教育パラダイム」に立脚し、「知識を伝授する」ことにしか重点が置かれてこなかったが、「学習パラダイム」では、「学習を生み出す」に「転換」している。「学習を生み出す」には、学習者が主体でなければならない。そのためには、学習者が何をどのように学んだかを「動詞」で表現するしかない。

7　教育 DX はどこに行くのか

1) はじめに

DX は、無限の広がりを見せている。その可能性は、計り知れないものがある。なぜなら、デジタルを媒体としているからである。デジタル分野は、企業が牽引している。教育分野は、いつも「後手」に回っている。教育が本質的に「保守的」な考えで、慎重であることはわかるが、それは「義務教育」レベルのことである。筆者は、大学は社会に出る前の「実験の場」でなければならないと考えている。したがって、「革新的」でなければならない。拙著『非常事態下の学校教育のあり方を考える〜学習方法の新たな模索』(東信堂、2021 年) でも、繰り返し述べているように、新型コロナウイルス感染拡大に対する文科省の対応は、「後手」に回り、「風見鶏」のように揺れ動いた。これでは、末端の教員は、「羅針盤」のないコロナ禍の「大海原」を、彷徨っているようなものである。

　文科省の功罪を問うならば、初等・中等学校に関しては優れた教育行政を発揮しているが、こと高等教育については「罪」が「功」を上回っている。これは、DX についても然りである。「デジタルを活用した大学・高専教育高度化プラン」に見られるように、国家予算を大学に年度末に「配分」しているに過ぎず、「政策」の真意が見えない。これでいいのだろうか。批判を恐れずに言えば、文科省を初等・中等教育と高等教育を「分省」すべきである。

　戦後日本の教育の歴史を振りかえれば、旧文部省は、国家予算の大半を義務教育レベルに使い、高等教育においては、主要な国立大学を重点的に配分するなどの偏りがあった。現在の日本の高等教育を根底で支えるのは、私立大学である。旧文部省は、それまで厳しく規制した、大学設置認可を大幅に

緩和して、私立大学を「乱立」させて「帳尻」を合わせた。これなど政府の「安上り」政策以外の何ものでもなかった。

たとえば、戦後日本の大学モデルとなった、アメリカと比較すれば、その違いは、一目瞭然である。アメリカの高等教育の拡張は、日本と対照的である。アメリカの高等教育の大衆化の受け皿は、私立大学ではなく、州立大学である。したがって、大衆のための高等教育機関に、多くの予算が投じられた。

話を元に戻そう、「教育DXはどこに行くのか」は、「不透明」であるといわざるを得ない。大学を社会（企業）と直結させる、「大社連携」が功を奏せば、企業による影響力も強くなり、大学も動かざるを得ない。すなわち、「社会（企業）が変われば、大学も変わる」というパターンになる。

筆者は、教育DXの「未来」は、「大学と企業によるDX連携」にほかならないと考えている。

2) 学修者本位の学びにつなげる教育DX

「学修者本位の学び」は、文科省が推進する新たなプロジェクトである。2021年12月11日、東京医療保健大学総合研究所主催オンラインシンポジウムが開催された。100名を超える参加者の数からも関心の深さが読み取れる。高大接続との関連から、新渡戸文化中学校・高等学校山藤旅聞「クロスカリキュラムによって生徒の生きる力を育む」の特別講演があった[11]。「クロスカリキュラム」とは、大学でいえば、学部横断型カリキュラムということで、まさしくリベラルアーツ教育ということになる。偏差値教育が、重視されるなか、クロスカリキュラムの発想は、時間・空間を越えたデジタル化だけではない、DXのアイデアにもつながるもので、価値観の変化を促した。

最後のパネルディスカッションは、看護系大学であることから、学生へのケア、患者へのケアの重要性が伝わった。授業デザインのフィンク博士の「フィンク・タクソノミー」がある[12]。筆者は、彼のタクソノミー「意義ある学習の分類」の中で、最後の「学び方を学ぶ」ところが最も重要であると考えて、それを強調してきた。ところが、学習パラダイム提唱者ジョン・タグ教授は、フィンク・タクソノミーの「ケア（Care）」（他人に関心を向ける）の部分が、

最も重要だとの印象を述べた。その時は、さほど気に留めなかったが、この
シンポジウムに参加して、ケア（他人に関心を向ける）ことの重要性を再認識
した。

3）ICE ルーブリックを活用した教育 DX の可能性

　図 3-2 文科省「デジタルを活用した大学・高専教育高度化プラン」で見たよ
うに、この図表には、すべてのことが凝縮されている。その具体的な事例と
して、二つが紹介されているが、とくに図表の左側「学修者本位の教育の実現」
に注目したい。そこでは、「遠隔授業による成績管理を発展し、学修管理シ
ステム（LMS）を導入して全カリキュラムにおいて学生の習熟度等を把握。蓄
積された学生の学修ログを AI で解析し、学生個人に最適化された教育（習熟
度別学修や履修指導等）を実現」と説明しているように、「遠隔授業（オンライン）」
に焦点が当てられている。

　これまで、多くのところで、「学修管理システム（LMS）」を使った、学修管
理や成績管理が行われている。この「管理」ということばには、違和感がある。
なぜなら、学修者主体とは相反する意味合いがあるからである。さらに、同
図表の左下に、「学生ポートフォリオ」が描かれているように、個々の学生
にターゲットが当てられている。その意味で、LMS に e ポートフォリオの
機能をもたせることは、DX への一歩前進だと考える。

　したがって、これまでの LMS は、そのことばの通り、学修管理の「管理」
にウエイトが置かれ、個々の学生あるいは学習者のニーズが反映されにくい
システムであった。そのような反省から、LMS に e ポートフォリオの機能
をもたせる企業も見えはじめた。

　しかし、「LMS+e ポートフォリオ」は、たしかに、LMS の欠陥を補ったも
のであるが、未だ、DX の第二段階に過ぎない。DX（第三段階）を目ざすので
あれば、e ポートフォリオの評価機能につながる、「ICE ルーブリック」の機
能を加えることで、新たな変革となる。なぜなら、ICE ルーブリックには、「動
詞」を活用する機能が含まれ、「動詞」を活用することで、さらなる、学修者
本位の「学び」が実現できると考えるからである。

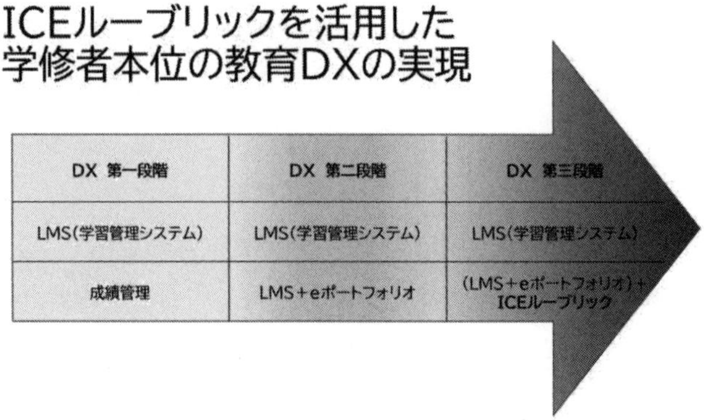

ICEルーブリックを活用した 学修者本位の教育DXの実現

DX 第一段階	DX 第二段階	DX 第三段階
LMS（学習管理システム）	LMS（学習管理システム）	LMS（学習管理システム）
成績管理	LMS＋eポートフォリオ	（LMS＋eポートフォリオ）＋ICEルーブリック

図 3-9　ICE ルーブリックを活用した学修者本位の教育 DX の実現

　具体的には、学生が e ポートフォリオをまとめるとき、ICE ルーブリックの動詞を活用させることで、効果的なリフレクションにつながり、教育と学習の一体化を実現するからである。このようなことが、実現できれば、ICE を活用した教育 DX が可能になると考える。これらの考えをまとめると**図 3-9** のようになる。

II　デジタル社会の促進

1　日本におけるデジタル改革

　第 42 回全国地域情報産業団体連合会（ANIA）京都大会オンライン講演会（2021 年 11 月 4 日）が開催され、初代デジタル大臣（衆議院議員）平井卓也が特別講演を行った。その趣旨を以下にまとめる。

　「デジタル化を推進する動機づけについて、いまの日本には閉塞感が漂っている。自信をなくしている社会を何とか打破したいとの思いがあった。経済的地位は確保しているが、高齢化が進んでいる。世界のデジタル化の躍進を鑑みると、日本は大丈夫かと考えるようになった。岸田内閣の『成長と分配』は、成長なくしては実現できない。この成長の鍵をにぎるのがデジタル化である。『誰一人取り残さない』デジタル化の実現に向けて動き出している。

時間と空間の概念がデジタル化によって変わる。すなわち、地方においても
ハンディキャップが軽減される。日本でマイナンバーカードが普及しない背
景は、そのような必要がなかったからで、これからデジタル化が普及するこ
とで、そのニーズが高まりデジタル社会が構築される。デジタルによって都
市と地方の格差がなくなり、『フラット』になる。これからは、デジタルワー
キングスタイルが構築されていく。どういう問題を解決するかは人間にしか
できない。人間中心のデジタル社会を目指すことになる」と締めくくった。

2　デジタル社会における汎用的能力～リベラルアーツの技法

1）リベラルアーツの誤訳

　ことばは、社会とともに変容する。したがって、明確な定義づけが必要で
ある。すなわち、ことばは、状況に応じて刻々と変化する。たとえば、明治
政府は、近代化の原動力として、教育を手段とした。諸外国からの専門用語
も、ことごとく、日本語に翻訳され、言語を統一して、意思疎通を徹底し
た。たとえば、本書でも度々登場する、エデュケーション（Education）を「教
育」と訳したことは、その最たるものであった。英語の語源に照らせば、「誤
訳」も甚だしい。まったく、逆の意味になる。正しくは、「主体的な学び」を
引き出す「啓育」に近い。それにもかかわらず、『広辞苑』でも、「教育」とい
う訳を採用している。まさしく、明治政府の近代化の「恣意的」な訳が、浸
透しているといわざるを得ない。

　序章の「Ⅱ　リベラルアーツ教育とは何か」で述べたように、「リベラル
アーツ」の日本語訳が多岐にわたる。これが、最初に、日本へ導入されたと
き、関係者は、まず、それに近いことばがないか、適切な「漢字」を探した。
そして、「教養教育」という身近なことばがあるとして、熟慮もしないまま、
これをあてた。これが「ボタンのかけ違い」のはじまりである。そして、そ
れが、戦後教育改革の中核を担う、新制大学の「一般教育」と混同して、混
迷をきわめた。こともあろうに、当時の関係者は、旧制高校の教養教育と
同じだと「早合点」した。まったく、次元の違うものであることに気づかな
かった。1章「外圧の過去～プロローグ」の「5　1946年の『報告書』は何を勧

告したか」で述べたように、教育使節団は、ステレオタイプの考えを打破して、柔軟で批判的な「リベラルアーツ教育」を提言した。具体的には、リベラルな「アーツ（技法）」を意図した。その理念を見失い、新制大学の「一般教育」を教養教育と混同した。したがって、1991年大学設置基準の改訂（いわゆる「大綱化」）で、「一般教育」が解体される「運命」が潜在していた。

2）デジタル社会におけるリベラルアーツ

　羽生田栄一の「デジタル社会におけるリベラルアーツについて」のオンライン講演を視聴した。そのタイトルに触発され、彼の別のセミナーについても調べた[13]。PPT資料から関係のあるところを抜粋して紹介する。それは、「DX時代のリベラルアーツ」と題するものである。新しいリーダーシップのことを「学習する組織」とパラフレーズして、指導者であるよりもメタ教育者であることを勧めている。これは、重要な指摘である。「目的を共有し、一緒に考え、一緒に実践し、進んでいこう」「たくさん失敗し一緒に方向を見直せる、そんな環境づくり」を提言している。

　羽生田が指摘するデジタル社会におけるリベラルアーツは、本書のリベラルアーツ教育における柔軟な批判的発想と重なるところがある。

3　デジタル社会が求めるリーダーシップとは

1）はじめに

　拙著『非常事態下の学校のあり方を考える～学習方法の新たな模索』の論考28「最新のアメリカの大学事情～入学試験、リーダーシップ、就職」（初出『教育学術新聞』2441号、2011年5月11日付）で、「リーダーシップ」の中で、過去のアメリカの事例を紹介した。リーダーシップの基本理論はいまも変わっていないが、DX時代にどのように対応するかは、今後の課題である。そのことを念頭に置きながら、当時の拙論を見直す。

2）リーダーシップの日本的な考え

　東日本大震災による壊滅的な状況が連日報道されるなか、菅首相（当時）が

メディア取材の表舞台に姿を見せないことに、関係者から不満の声があがった。政府によると、東京電力福島第一原子力発電所の事故に専念するというのが理由とされたが、首相のリーダーシップが見えないことに、関係者から苛立ちの声が聞かれた。『読売新聞』(2011年3月24日、朝刊) は「首相「地震後」姿見えず　関係者から不満の声」の中で、枝野官房長官 (当時) が23日の記者会見で、「(首相は) 慌ただしく過ごしている。表に見える形で動くことがリーダーシップとして効果的な場合もあるが、多くの場合は、必ずしも目に見えるものではない」と首相の仕事ぶりを釈明したと報道された。この報道は、「リーダーシップとは何か」を考えさせるものとなった。「リーダー」と「リーダーシップ」の違いは、「リーダー」が指導者としての、特定の地位を指すのに対して、「リーダーシップ」は、主に指導者として集団の状況に、影響を与える力量を指す。したがって、必ずしも表舞台で指揮を取るだけに限定されない。集団の状況に影響を与えるのであれば、どのような形態であっても、リーダーシップを発揮することができるというものである。

3) リーダーシップのアメリカ的な考え

　アメリカの大学では、「リーダーシップ」を育てることに重点が置かれる。学生が「リーダー」になるためだけでなく、「リーダーシップ」としての資質を育てるところに目的がある。「リーダー」は、誰でもなることができないが、「リーダーシップ」は、地位に関係なく、誰でも発揮することができる。なぜなら、「リーダーシップ」の資質には、責任をもって仕事を遂行する、物事を継続する力がある、様々な経験を生かす、知識に優れている、仕事が機敏である、独自性をもっているなど、大学教育の中でも、育てられるからである。すなわち、「リーダーシップ」の資質には、あるときは「リーダー」として表舞台で指揮が取れ、別の場面では、裏舞台で影響力を与えることのできる柔軟性があること意味する。

4) リーダーシップ・トレーニング

　ユタ・バレー大学 (UVU) リーダーシップ・アドバンスメント・センター (The

Center for the Advancement of Leadership）では、大学での学業だけでなく、卒業後の就職も視野に入れた、リーダーシップ・トレーニングが行われている。最近の市場状況によれば、十分な知識や優れた成績の卒業証明書だけでは、不十分との認識がある。さらに、全米調査でも専門的かつ技術的に優れた能力を有しているとして、採用されても、コミュニケーションやリーダーシップ・スキルの不足から解雇に至るケースも報告されている。そのため、アカデミック・トレーニングだけでなく、リーダーシップを発揮できるスキルや経験を学ばせることが不可欠だと考えている。同センターには、10のステップを経て、リーダーシップとしての認定書が授けられるプログラムがある。その中は、リーダーシップに関するコースワークだけでなく、コミュニティ・リーダーとのメンターリングや学生の専門分野に関する企業リーダーへのインタビューも含まれる。また、学生は全プログラムを通して、ポートフォリオの作成が義務づけられる。認定書の授与は、成績表や卒業証明書に記載され、同センターから推薦状をもらうことができ、就職先や大学院進学に有利にはたらく。それらのすべてがポートフォリオのドキュメントとしてファイルされる。同センターのカーク・ヤング（Kirk Young, Interim Director）氏に、専門的な立場からの意見を聞くことができた。以下が、その要旨である。

5）大社連携の鍵をにぎるリーダーシップの役割

　すべての学生は、リーダーシップとしての資質があり、大学や社会に貢献できる潜在的な能力を有していると考えられている。それらの可能性を引き出すのが同センターの任務であり、そのために、学生のニーズに合った多様なプログラムを提供している。プログラムには、リーダーシップに関する原理や理論など基本的なコースのほか、学外における実践的なリーダーシップ・トレーニングも含まれる。GPAは、2.75以上と高くはないが、多方面からの活動を総合的に評価して、認定書が授与される。現在、約170名の学生が登録し、約70名に認定書が授与されている。学生数は、約3万2000名なので、もう少し増やしたいと述べている。すべての認定授与者が、組織のリーダーになるわけではないが、状況に応じて、リーダーとしての役割も発揮できる

ように、「リーダーシップとは何か」について学ばせ、ヤング氏も原理や理論に加えて、対人関係コミュニケーション論を教えている。

6) リーダーとしての資質を備えたリーダーシップ

「リーダーシップ」には、独自の才能と技量があり、状況に応じて発揮することが求められる。同センターでは、学生の独自性と最善のスタイルに気づかせ、効果的に影響力が発揮できるように、トレーニングしている。しかし、多くの場合、自分にどのような資質があるのか、どのような場面で発揮すれば良いかわからないことが多い。そのため、他のリーダーを真似たりするが、不自然でうまくいかない。リーダーシップ・トレーニングの授業では、「フォロワーシップ（リーダーに従う能力や資質）」の概念も学ばせている。たとえば、大学や企業において成功しているチームを見ればわかるように、フォロワーはリーダーと同じように重要な役割を果たしている。そこでは、単にリーダーの指示に従うだけでないことに気づくはずである。リーダーが、どんなに優れていても、フォロワーが機能しなければ、効果的なリーダーシップは発揮できない。このように、リーダーとフォロワーは、不可分の関係にあり、互いに同じ目標や方向に向かっていなければ、十分な効果は得られない。

7) リーダーとフォロワーの関係

リーダーとフォロワーの資質を状況の変化に応じて、使い分けることが重要である。たとえば、リーダーシップを一面からしか見ない傾向があるが、別の側面からも見る必要がある。彼の授業では、アメリカンインディアン酋長として有名なシッティング・ブル（Sitting Bull）をとりあげて説明している。シッティング・ブルは、小さな部落の若い男性で、酋長の命令に従って行動していたが、ひとたび戦争がはじまり、誰かが戦士を率いる状況が生じたとき、率先してリーダーシップを発揮して、先陣を切り、リーダーとしての役割をはたして戦勝した。そして、再びフォロワーに戻ったという物語りである。これは、シッティング・ブルが、自分の資質を熟知し、状況の変化に応じて、リーダーシップとフォロワーシップを上手に使い分けたという事例で

ある。

　大震災による未曽有の社会混乱の中で、真のリーダーシップのあり方が、いま問われている。日本の大学でも、「リーダーシップ」を育てることに重点を置くべきである。

8）デジタル社会で求められるリーダーシップの条件

　以上は、東日本大震災（2011年3月11日）を起点にした、リーダーシップのあり方の拙論である。

　2020年新型コロナウイルス感染拡大が「津波」のように押し寄せた。我々は、過去の教訓を新型コロナウイルス感染拡大の対策に活かせているだろうか。両者は、次元の違うものである。前者は、日本国内に限定的に発生したものであるのに対して、後者は、世界中を巻き込んだもので、デジタル社会に通じるグローバルで普遍的なものである。

　デジタル社会におけるリーダーシップには、リベラルアーツ教育の考えが不可欠である。批判的思考力、洞察力、鳥瞰図的な視点が、より一層求められる。リーダーシップの資質は、本来、内在しているものであるが、それを育むためのリーダーシップ・トレーニングが必要である。

　筆者は、アメリカの大学を訪問することが多いが、UVUに限らず、多くの大学の高等教育関連科目に「リーダーシップ」に関する科目を提供しているのに驚かされる。中には、センターを設置している大学もある。なぜだろうか。それは、社会と直結した学びが必要との認識が強いからである。どの企業も大学の卒業資格とは別に、リーダーシップを発揮できる有能な人材を探している。したがって、学生も「就活」に役立つと積極的に履修している。そのニーズは、益々、顕在化している。なぜなら、デジタル社会では、これまでと違った、リーダーシップが求められているからである。

　筆者の京都情報大学院大学のカリキュラムには、必修科目「リーダーシップセオリー」がある。これは、大学院創設時に、アメリカの高等教育カリキュラムから導入したものである。IT専門職大学院大学であるからこそ、デジタル社会におけるリーダーシップ育成をアピールする必要がある。

4　デジタル社会で求められる大社連携〜インプット型からアウトプット型へ〜

1）はじめに

学びには、インプットとアウトプットがある[14]。日本の学校は、インプットに偏った教育しかしてこなかった。その結果、偏差値至上主義を生み、受験競争が過熱するなどの社会問題と化した。しかし、IT普及・発展により、2045年にはAI（人工知能）が、人間を凌駕する時代が到来するとの危機感から、このままでよいのか疑問を抱くようになり、学びとは何かを真剣に考えるようになった。

筆者は、日本の大学は「入口」である、「高大接続」の不毛な議論に終止符を打つべきであると考える。大学が議論すべきは、「出口」のアウトプットである、大学と社会の連携（大社連携）でなければならない。

大学に問われるべきは、偏差値の高い学生を入学させ、研究の「合間」に授業をするようなものではない。4年間の学生の「のびしろ」に対する、「説明責任」が問われるべきである。それが、AO入試を導入した所以であったはずである。

このような狭い考えでは、大学は社会や世界では通用しない。社会では、インプットよりもアウトプットの方が評価される。なぜなら、アウトプットが、生産性につながるからである。

筆者が、「高大接続」を殊更に疑問視するのは、それが入試改革だけに特化しているからである。たとえば、高校教育と大学教育の中身に関する接続、大学における初年次教育やアクティブラーニングにつながる議論であれば、大いに歓迎するところである。

2）小出監督の選手の育て方

アウトプットを重視するのは、スポーツ界も同じである。なぜなら、結果がすべてだからである。陸上女子長距離の指導者として、2000年シドニー五輪マラソン金メダル高橋尚子選手ら、数々の名選手を育てた小出義雄監督が、2019年4月24日に死去した。80歳だった。シドニー五輪マラソンで高

橋選手が金メダルを獲得し、監督と抱擁する姿が脳裏に焼き付いている。彼の指導法は、破天荒であったという。どのような指導法だったのか、訃報報道の紙面から紹介する。Yahoo ニュースは、4 月 25 日付 THE PAGE 記事「豪快で繊細。命がけで選手を守った故・小出義雄氏の指導哲学」と題した記事を配信した。同紙によれば、「選手を褒めて、おだてて、やる気にさせて、自信をつけさせるのが、小出流の人心掌握術だったが、そのことばを上滑りさせないのは、小出さんが、いつも選手を命がけで守る人だったからだ」と記された。「人心掌握術」とは、的を射た表現である。さらに、「『押し付けたって人は伸びないのよ。面白いな、楽しいなと、指導者も一緒になって楽しむこと。マラソンのトレーニングなんて命を削るようなものなんだから。駆けっこは、面白いな、楽しいなって思わないと、やらす方だってやってられない。根性は大事だけど、日本の教育って、そういうところが、ちょっと抜け落ちているよな』」と述べ、「今の社会に必要な教育哲学」を語っている。

　彼の指導哲学は、相手を観察し、その人の良さを「引き出す」指導方法であったことがわかる。すなわち、アウトプットを重視した。この指導方法だと、無限の可能性を引き出すことができる。筆者は、大学院授業で社会人大学院生に教えている。多くの留学生もいる。成熟した社会人学生が相手である。彼らにとっては、インプットよりもアウトプット、さらには商品化につながる「学び」が最優先されることはいうまでもない。

3) 産学連携による人材開発の重要性

　2019 年 3 月 5 日、公益社団法人私立大学情報教育協会主催「第 10 回産学連携人材ニーズ交流会」が開催された。これまで文系の大学で教鞭を執った筆者には貴重な機会で、しかも、4 月からは、IT の大学院で教えるには重要な情報だと思って参加した。開催趣旨によれば、「近未来には、IoT、ビッグデータ、人工知能 (AI)、ロボットなどによる第 4 次産業革命が進展し、分野が融合して新たな社会的価値や経済的価値を生み出す様々な分野でのイノベーションが求められています。このような社会の変革に向けて大学教育はどのように対応していくべきでしょうか。そこで、今回は産業界から価値の

創造に繋げられる人材育成の在り方について、指摘や提案をいただくとともに、オープンイノベーションによる価値の創造に向けた教育モデルの実現について意見を交換した」と記されていた。

発表者の一人、野村典文（伊藤忠テクノソリューションズ株式会社ビジネス開発事業部長）は、「超スマート社会に求められる人材育成（産学連携による教育イノベーションの提案）」と題して、以下のように提言した。

「超スマート社会（Socety 5.0）と言われる社会では、リアルな『もの』や『サービス』を『デジタル化』することで新しい事業価値が生み出され、文化、産業、人間のライフスタイルを一変させていくことが予測されている。そのような社会で求められるコンピテンシーの要素は、『データに基づく意思決定』、『ビジネスへの先端技術の適用』、『社内外の有識者とのコラボレーション』、『顧客体験のデザイン』である。その人材育成には、産学連携によるプラットフォームを設け、『企業の実データによる実践的授業』、『デザイン思考・アート思考を取り入れた大学・企業によるプログラムの開発』をバーチャルの場で実践する仕組みが必要となる」。なお、会場からは、産学連携の教育に資金をどう捻出するかが課題として指摘された。（出典：http://www.juce.jp/sangakurenkei/event/houkoku10.html）

4）シンガポールマネジメント大学（SMU）の取組み

日本における産学連携人材ニーズに関する発表を聞いて、これで良いのだろうかという素朴な疑問がわいた。多くが国に依存した産学連携事業である。優れた人材を育成するには、大学のカリキュラムが改革されるべきである。大学には三つのポリシーがある。多くの大学が、ディプロマポリシーにしのぎを削っているが、土台となるカリキュラムが不安定では、「砂上の楼閣」になる恐れがある。優れたディプロマポリシーには、優れたカリキュラムポリシーが不可欠である。しかし、卓見の限り、どの大学のディプロマポリシーも大同小異で特徴がない。

SMU は、世界中から注目される画期的な大学である。詳細は、『教育学術新聞』（平成 28 年 1 月 11 日付）および拙著『社会で通用する持続可能なアクティ

ブラーニング～ICE モデルが大学と社会をつなぐ～』(東信堂、2017年)で紹介している。何がすごいか、それは、産学連携がカリキュラムにつながっていることである。すなわち、カリキュラムが、教授・企業担当者・学生の三位一体で議論されている。

5) おわりに

カリキュラムデザインには、バックワードデザイン(逆向きデザイン)と呼ばれる手法がある。これは、パラダイム転換を起点に、学習者中心の授業デザインの考えから生まれたものである。これからは、インプットからアウトプットという一方通行ではなく、アウトプットからインプットの「逆向き」に考えるという視点も重要になる。授業デザインも、バックワードデザインで考えてみると、これまで見えなかった側面が見えてくる。たとえば、社会でどのような人材が必要なのかを議論し、そのためには、どうすれば良いかとの視点から、授業デザインを考えることである。これが、バックワードデザインと呼ばれるもので、別名、「トンネル技法」と呼ばれる。すなわち、アウトプットが明確になれば、インプットもより具体的になる。何よりも整合性が高まる。これからのデジタル社会では、アウトプットという考えが、より重要になる。

5 デジタル社会に求められるグローバル市民～「Society 5.0」に向けて

最近、「『世界市民』として SDGs 時代を生きる」と題した興味ある講演およびシンポジウムが Zoom で開催された[15]。

基調講演者寺島実郎(多摩大学学長、日本総合研究所会長)は、世界市民と SDGs に真摯に取り組む姿勢を強調した。たとえば、SDGs が社会ブームになり、このことばを聞かない日はないと述べる一方、SDGs バッジは、ステータスシンボルに過ぎないものもいると批判した。SDGs は、Sustainable Development Goals で、Development が含まれることを忘れている人が多く、「薄っぺらい」ものになっている現状に警鐘を鳴らした。以下は、寺島の講演の趣旨である。

　「世界市民」として生きることは、簡単ではない。「忍耐力」が必要である。生きるためには、どうしたらいいかの「知」が必要である。これを「全体知」だと説明した。しかし、現状は、専門ごとに、分断化されている感がある。専門を進化させれば、良いと誤解しているところが多い。「世界市民」を生きるには、課題解決力が問われる。今回のコロナの問題がそうである。そこでは、コロナ専門家、ウイルス専門家を越えた、「全体知」が求められる。そのためには、「優先順位」を決める英断が必要になる。世界市民になることは、きれいごとでは済まされない。どのように「全体知」を身につけるかが問われる。自らが直面している課題を解決する力（課題解決力）が問われる。問題を解決するには、一人ではできない。そこにはリーダーが必要になるが、日本にはそのようなリーダーがいない。

　世界市民になるには、「世界を知る力」が必要である。そのための、四つの要件をあげている。1) 地球儀で考える、2) グローバル・ヒストリーで考える、3) 生命科学と情報科学の進化の中で人間を考える、4) 脱・経済主義で考える。それらは、取りも直さず、「全体知」の探索（脱・専門知による分断）で、自らを客観視する目を養うことであると提言した。

　寺島は、「全体知」の重要性を指摘した。筆者は、これをリベラルアーツ教育であると理解した。山脇直司編著『教養教育と統合知』（東京大学出版会、2018 年）では、教養教育のことを「統合知」としている。さらに、文科省は、「Society 5.0」の実現には「総合知（自然科学と人文・社会科学の融合）による社会変革」が必要であると述べている。このように、全体知、統合知、総合知と表現は異なるが、いずれもリベラルアーツ教育の多様性の表れである。これらが備われば、物事を鳥瞰図的・批判的・客観的に見ることができる。これは、リベラルアーツ教育の神髄である。優先順位（プライオリティ）を決め、瞬時の判断力も「全体知」「統合知」「総合知」による、鳥瞰図的な目配りができているからできることである。

　文科省は、Society 5.0 の定義を、現在の Society 4.0 が抱えるさまざまな課題に対して、最新技術を利用して克服し、社会の変革を通じて、日本が目指すべき未来社会の姿と述べている。

本講演テーマ「『世界市民』として SDGs 時代を生きる」は、「全体知」なくしては、「薄っぺらい」ものになるとの警鐘と受け止めた。これが「リベラルアーツ教育」につながると考えている。2章「混迷する現在」の「Ⅱ　未完の『報告書』と戦後教育改革の混迷」の「5　一般教育混迷の原因」で述べたように、1947 年当時、CI&E 教育課は「一般教育」のことを「民主的な市民」の教養、あるいは「能動的な公民」の育成という表現で、「世界市民」を提言した。まさしく、原点に戻るべき所以がここにある。

終章　まとめ

I　近未来のリベラルアーツ教育

　最後に、近未来の「リベラルアーツ教育」について述べる。机上の理論を述べても説得力に欠けるので、最近、アメリカで注目されている、ミネルバ大学のリベラルアーツ教育カリキュラムについて言及する。

　さらに、近年、社会で注目をされる、STEAM (Science, Technology, Engineering, Art and Mathematics) 教育に焦点を当てる。いうまでもなく、STEAMとは STEM から変革したもので、変革の「鍵」となるのが、「A」のアート、すなわち、リベラルアーツ教育である。

　二つの事例を紹介することで、近未来の「リベラルアーツ教育」が、どのようなものかについて、筆者の考えをまとめる。

1　ミネルバ大学の学士向けカリキュラム

1) リベラルアーツ教育カリキュラムの実践

　以下の**図終-1**を「足場型カリキュラム」と位置づける。注目すべきは、1年目のカリキュラムである。ここでは「学び方を学ぶ」ために、「汎用的能力」を培わすことを目標にする。ミネルバ大学の汎用的能力とは、①批判的思考力、②創造的思考力、③情報発信力、④関係構築力の四つの能力である。これらの四つの汎用的能力が、「一般教養課程」に相当する。これまでの大学と違うのは、③情報発信力と④関係構築力が加わったことで、斬新な視点が見られることである。

　ミネルバ大学については、3章「つかみ取る未来」「3　ニューノーマルにお

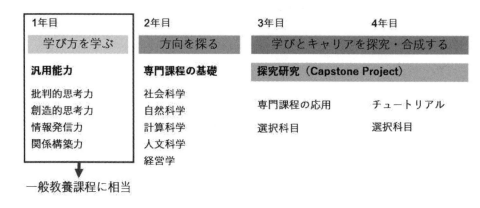

① 足場型カリキュラム

ミネルバ大学の学士向けカリキュラム

1年目	2年目	3年目	4年目
学び方を学ぶ	方向を探る	学びとキャリアを探究・合成する	
汎用能力	専門課程の基礎	探究研究（Capstone Project）	
批判的思考力	社会科学	専門課程の応用	チュートリアル
創造的思考力	自然科学	選択科目	選択科目
情報発信力	計算科学		
関係構築力	人文科学		
	経営学		

一般教養課程に相当

出典：Minerva School Webサイトより山本作成
注：1年目の科目は、Formal Analysis、Empirical Analysis、Multimodal Communication、Complex Systemであるが、ここではそれぞれの科目の学習目的に注目して表記している

図終-1　ミネルバ大学の学士向けカリキュラム
https://www.youtube.com/watch?v=tFgiBYE68ZY

ける高等教育の DX 〜ミネルバ大学の『挑戦』」でも記述しているので、合わせて読んでもらいたい。また、『主体的学びコラム』28 と 29 も参考になる。

1章「外圧の過去」で見たように、戦後日本の大学は、アメリカの General Education を「一般教育」と訳して導入したが、うまく機能せず、解体される運命となった。最近、「一般教育」という訳語は、適切でなく、アメリカ教育使節団の意図したのは「汎用的能力」（General Education）に近いものであったのではないかと考えるに至った。そこで、ミネルバ大学 1 年目のカリキュラムの汎用的能力が、一般教養課程に相当するとのことを知って、我が意を得た心境であった。

2 年目になって、「方向を探る」のところで、はじめて学部と専攻科目を選択する。学部は、社会科学部（Social Sciences）、自然科学部（Natural Sciences）、計算科学部（Computational Sciences）、人文科学部（Arts and Humanities）、経営学部（Business）といった、伝統的なリベラルアーツ・カレッジと同じ学部形式を採用している。初年次に「学び方を学ぶ」ことを徹底した後に、専攻科目を選

択するのは理に適っている。

　3年目と4年目は、「学びとキャリアを探究・合成する」というもので、専攻科目の知識を批判的に思考できる力を習得した後、3・4年次にキャップストーン（Capstone、探究研究）と呼ばれる、専攻分野で得た知識や知恵を実社会で応用する長期研究テーマを自らで企画し、指導教授、そして、必要に応じて、学外の専門家のメンタリングやサポートを受けながら遂行するのである。この活動は、学生が実社会に出て、活躍するための基礎づくりとなる。

　ミネルバ大学の卒業生が、実社会で活躍できるのには「秘訣」がある。それは、カリキュラム構成によるところが大きい。初年次の「学び方を学ぶ」で、批判的思考力を身につけた後、専攻科目を選択、3～4年のキャップストーンで社会とのつながりを学ぶ系統だった学びができているからである。

2) 清泉女子大学における取組み

　これに関連して、興味あるFD研修会が、2022年3月3日に開催された。これは、清泉女子大学2021年度後期公開FD研修会で、Zoomウェビナーとして開催された。基調講演者山本秀樹（ミネルバ大学日本連絡事務所元代表）が、「高等教育の再創造～情報技術は高等教育をどのように変えるのか：世界の潮流と地球市民学科での取り組み～」と題して講演した。

　とくに、筆者の目に留まったのは、以下の**図終-2**「ミネルバ大学の汎用的能力と清泉女子大学地球市民学科における基礎概念コンセプトの分類」である。

　これは、ミネルバ大学の汎用的能力と清泉女子大学地球市民学科の「学び方を学ぶ」1年次のカリキュラムの汎用的能力／基礎概念について、両校を比較したものである。その結果、ミネルバ大学の汎用的能力における「批判的思考力」のコンセプトの比重が高いのに対して、清泉女子大学の地球市民学科では、「情報発信力」や「関係構築力」のコミュニケーション系のコンセプトの比重が高いことが明らかになった。これは、汎用的能力（ミネルバ大学）と地球市民学科（清泉女子大学）におけるカリキュラムのウエイトの置き方の違いによるところが大きいと思われるが、日米間の学生の「学び方を学ぶ」

コンセプトの再編集

地球市民学科ではコミュニケーション系のコンセプトの比重が高く構成されている。

ミネルバ大学の汎用能力と清泉女子大学 地球市民学科における基礎概念
コンセプトの分類（単位：構成数／比率）

汎用能力／基礎概念	ミネルバ大学	清泉女子大学地球市民学科
Thinking Critically 批判的思考力	**58/50%**	32/31%
Thinking Creatively 創造的思考力	**22/19%**	19/19%
Communicate Effectively 情報発信力	9/8%	**14/14%**
Interact Effectively 関係構築力	26/23%	**37/36%**
コンセプト総数	115	101

**図終–2　ミネルバ大学の汎用的能力と清泉女子大学地球市民学科における基礎概念コ
ンセプトの分類**

注：ミネルバ大学の分類は、『Building the Intentional university-Minerve and the future of higher education』
　　Appendix A, Nelson & Kosslyn, 2017 より作成

出典：山本秀樹「高等教育の再創造〜情報技術は高等教育をどのようにかえるのか：世界の潮流と地球
　　市民学科での取り組み」清泉女子大学 FD 研修会（2022 年 3 月 3 日）

を考えるうえで、示唆に富むデータである。

　さらに、日米の大学における、批判的思考力のウエイトの置き方に、違い
があることも明らかである。たとえば、アメリカの大学では、絶対的評価に
ウエイトが置かれるところから、個人的な側面が重視されるため、批判的思
考力の比重が高くなるのに対して、日本の大学では、相対的評価による「横
並び」思考の影響で、コミュニケーション系のコンセプトの比重が高くなっ
ているのではないかと考える。これが、農耕民族型と狩猟民族型の学びの違
いを反映しているとしたら、興味あるデータである。

　3）日本のモデルになり得るか

　ミネルバ大学の取組みを紹介した。日本の大学が学ぶべきことは山ほどあ
る。しかし、すべてを日本の大学に導入できるかどうかは未知数である。現
時点では、不可能と言わざるを得ない。諸悪の根源はどこにあるのか。それ

は 1 年目の大学カリキュラムにあると断言したい。戦後日本の大学において「一般教育」を正しく理解していたら、別の展開があったと考える。すなわち、1 年目を「学び方を学ぶ」とする徹底した汎用的能力を培うことこそが肝要であった。現状の大学を省みれば明らかなように、三つのポリシーの最後のディプロマポリシーにしのぎを削っている。前の二つのポリシーが不完全なところにディプロマポリシーで何を期待できるというのか。

　授業においても然りである。初年次教育よりもゼミ教育を重視する傾向が教員にも学生にも見られる。ミネルバ大学のキャップストーンは、汎用的能力の基礎の蓄積がなければ、実践できないカリキュラム構造になっている。

　1 年目の汎用的能力が徹底されていれば、対面授業であれ、オンライン授業であれ、自ずとアクティブラーニングの実践が可能になるはずである。

　2 年前に、新型コロナウイルス感染拡大の影響で、混乱の最中、暗中模索の末に、オンライン授業で危機を「回避」した。筆者も既存のテレビ会議システム Zoom を利用してオンライン授業を行った。これはテレビ会議用に開発されたツールで、オンライン授業用には不完全だと考えていた。

　ミネルバ大学のオンライン授業は、「完成形」に近いと評価されている。しかし、手品ではないが、「種も仕掛けもある」ということがわかった。それは独自の「アクティブ・ラーニング・フォーラム」というプラットフォームをもっていることである。したがって、現状の Zoom と単純な比較はできないことを認識すべきである。

　もちろん、日本のことであるので、高額な費用をかけて、同じような「プラットフォーム」の導入にしのぎを削っていると思われる。はたして、プラットフォームだけが「原因」なのだろうか。本書でも繰り返し、喚起したように、すべては「教員」の資質・技量にかかっている。どんなに最新のプラットフォームを導入しても、効果的に使えなければ、「猫に小判」である。

2　文理融合を促すリベラルアーツ教育〜 STEM から STEAM へ

1)　はじめに

　世界は目まぐるしく変化している。新型コロナウイルス感染拡大が、これ

222

に拍車をかけている。新型コロナウイルス感染拡大が収束したかと思った矢先に、新たなオミクロン株という感染力の強いウイルスが世界を襲っている。先の見えない「ウイルス戦争」が続いている。

　このような混沌とした社会状況の中で、いま教育に何が求められるか。文科省は、教育デジタルトランスフォーメーション（DX）により、デジタル化の恩恵を享受できる、新たな社会構築を目指している。

　日本経済団体連合会も、提言「新しい時代に対応した大学教育改革の推進〜主体的な学修を通じた多様な人材の育成に向けて〜」（概要版）（2022年1月18日）を発表して、経済界から見た教育改革の提言をしている。いずれも今後の日本教育を憂えての建設的な提言であることに違いないが、どこか欠けている。それは、文科省にしても経団連にしても、改革の根底を支える「フィロソフィー」というものが欠如している。それは、リベラルアーツ教育の欠落と置き換えても良い。近未来の社会が、どれだけIT化やデジタル化が進歩したとしても、そのバックボーン（精神的支柱）となる、フィロソフィー（リベラルアーツ教育）がなければ、AI化あるいはロボット化されてしまう危険性がある[1]。文科省も、「Society 5.0」時代に求められる力を養う文理横断的（注：文理融合とは呼んでいない）な教育プログラムの実施、リベラルアーツ教育の推進等をあげている。

　ここでは、「STEM教育からSTEAM教育への変革」の事例を取り上げ、なぜ、21世紀においては、STEMに「A」（アート）を加えて、STEAMと変革したのか、その社会的背景について言及する。

2）STEM教育のはじまり

　STEMは、Science, Technology, Engineering and Mathematicsの頭文字で、科学教育の分野で使われるようになり、2017年には日本STEM教育学会が創設された[2]。

　STEMの起源は、1990年代の米国で国際競争力を高めるための科学技術人材の育成を目的とした教育政策として注目されたところまで遡る。文科省も学習指導要領を改訂して、次の時代に備えて、STEM教育の活動のひとつで

あるプログラミング教育を必修とした。

　STEM とは、NSF（the National Science Foundation）理事長補佐ジューディス・ラマレイ博士（Dr. Judith Ramaley）が 2001 年に命名したと言われる。

3）スプートニクショック

　筆者は、STEM と聞くとき、アメリカにおいて科学と数学の重要性について多くの提言があったことを思い起こす。とくに、印象的なのは、第二次世界大戦後、冷戦時の典型的な事例である。すなわち、1957 年に、ソビエト社会主義共和国連邦（ソ連）が、スプートニク 1 号の人工衛星の打ち上げに世界で初めて成功し、アメリカが防衛上の脅威を感じた「スプートニクショック」が起こったときで、1958 年には、国家防衛教育法によって、理数系教育の推進のための奨学金制度が創設された。1961 年には、旧ソ連が人類初の有人宇宙飛行を実現させたこともあり、アメリカはアポロ計画を推し進め、1969 年には、アポロ 1 号の月面着陸という成果を挙げた。そのような歴史的変遷を踏まえて、STEM 教育がクローズアップされた。そして、2015 年に、STEM 教育法が制定された。

4）STEM 教育に見られる人文社会学的な視点

　胸組虎胤によれば、STEM 教育の定義は多々あり、意見の一致は得られていないという。当初、前掲の NSF が行った定義では、STEM を広く捉えており、Science、Technology、Engineering、Mathematics 以外に、心理学、経済学、社会学、政治学のような、人文社会科学も含んだ。これは、重要な指摘である。なぜなら、STEM には、人文社会科学としての、リベラルアーツ教育が不可欠との認識があったこと示唆しているからである。

5）STEM 教育の限界と STEAM 教育の興り

　同氏によれば、STEAM という用語は、2006 年 G・ヤークマン（Yakman, G.）により初めて使われ、STEAM 教育の枠組みとカリキュラムが作られたという。ヤークマンの提案する STEAM 教育は、STEM と統合する Arts が芸術

以外の Liberal Arts も含むものであったという。たとえば、"From STEM to STEAM"（初版）の序章では、2013 年当時のアメリカ教育界の状況が示され、STEM 教育の展開に、「限界」があることが示唆された。すなわち、「STEAM 教育への関心がますます高まり、多くの学校が STEM 教育の改善の必要性があることを認識している。それはこれらの STEM 科目での全米学力テストの成績が向上していないからである」がそうである。すなわち、STEM 教育の「限界」が露になった。

6) STEAM 教育をどのように捉えるか

「A（Art / Arts）」の要素を加えた STEAM 教育は、理工系科目だけでなく、芸術やデザインの要素、リベラルアーツまでも含めた、「越境的な学び」をめざしているとの興味深い論考がある[3]。

筆者は、この論考に興味をもった。それは、著者のバックグラウンドにある。すなわち、ジャズピアニスト（芸術家）と STEM（数学者）のコラボレーションからの視点であり、「越境的な学び」を提案していたからである。

著者の中島さち子によれば、STEM 教育に「A（Art）」を加えたのは、MIT（マサチューセッツ工科大学）出身でロードアイランド・スクール・オブ・デザイン前学長ジョン・マエダで、「20 世紀の世界経済はサイエンス（科学）とテクノロジー（技術）が変えたけれども、21 世紀の世界経済はアートとデザインが変える」と紹介している。これは、20 世紀の STEM と 21 世紀の STEAM の違いを、「A」で峻別している。彼女は、「A」（アート）の定義をいろいろ考えた末、「世界を見る新しい視点を生み出す」と要約している。これこそ、リベラルアーツ教育の神髄である、批判的思考力および洞察力にほかならない。彼女によれば、「20 世紀は、すごいスピードで社会や技術が発展した時代でした。より効率的に、より高性能に、より安く……と、社会の追い求める方向がある程度統一されていた。それが今では、製品の性能も『このへんでいいだろう』まで来た。そうなると改めて『幸せってなんだろう』の問いが立ち上がってきたんです。effective（効果的）だとか、efficient（効率的）だとか。それだけでいいの？と問われるのが現代。未来もどんな形をしているか分からない。じゃ

あ自分たちで作っちゃえ！ですよね。『こういうものがあればいいな』『誰か
が喜んでくれそう』を考えて、自分たちなりに未来を描く。それこそがアー
トの力であり、感性や共感力の範疇だと思うんです」と述べている。筆者は、
これは STEM の DX ではないかと考える。

　彼女の考える STEAM 教育で、興味をひかれたのは、「発見・試行錯誤・創造・
共有」の喜びであると述べているところである。その理由について、「知識
を受け取るのではない。知を創り出すことを自ら喜びをもって体感すること。
この創造の喜びやワクワクがなければ、そもそも STEAM ではない」と断言
しているところである。このような、リアルな表現には、体験者だから発せ
られることばの重みがある。

　さらに、STEAM 教育には、三つのポイントがあると述べている。すなわち、
①実践的な学び、②横断的な学び、③多様性のある学び、がそれである。彼
女のニュアンスを正しく伝えるために、以下に引用する形で紹介する。

　①実践的な学びは、これまでの日本が弱かったところです。

　日本の学びは世界から一定の評価を受けていますし、教科書もよく出来て
います。ただ、社会とのつながりや他教科との横断に関してはまだまだ弱い。
算数・数学でも「社会のどこで使われているの？」が分かりにくいんです。

　STEAM 教育では、現実から学びがスタートします。中国の教科書だと「橋」
がテーマになっていましたね。橋を観察して、どういう形が強いのかな？と
考えたり、実際に作ってみたり。誰かが作った橋をただ使うのではなく、創
り手目線で改めて橋を見直すことで、物理や技術、工学、アートやデザイン、
歴史、社会、数学を自然と学ぶことになります。楽しい試行錯誤の中で、感
性と思考を酷使しつつ主体的・体験的に学ぶのです。

　②横断的な学びについては、たとえば他教科の先生とは全然喋らないとか、
口を出せないといった科目ごとの分断、科目の「聖域」のイメージを解消し
たい。一つ一つの学問の深さはもちろん大事ですが、ときには越境するのも
大事です。最近は大学でも「越境セミナー」のような催しがあって、多分野
の研究者がお互いに意見を出し合い、そこから共同研究に発展するケースも
ありますよね。学びのヒントはどこにあるか分からない。STEAM 教育のよ

うに科目や分野の垣根を超えてワクワク試行錯誤し、何かを創り出そうとする過程こそが本来の学びの形だと思います。

　③多様性のある学びも、日本ではとくに強く主張したい。プログラミングをあくまで知識やスキルとして学び「マニュアルに従って正しい形を作ろう」としたのでは、失敗しないかわりに試行錯誤も喜びも真の学びも生まれません。それは過去の知識を受け取る従来型の学びであり、知を創り出す術を学ぼうとする STEAM (S) ではない。創造の過程で、考え方や結果は複数あるんだ、あっていいんだ！と学ぶことこそが大切なはずです。日本の先生方は、真面目すぎちゃうことが多いのかなと。「お給料や費用をもらっているから、しっかり正しい知識を効率よく教えなきゃ！」と構えてしまう。結果的に、同じような作品がずらりと並ぶ。でも、それでは現代に必要な力につながりません。「遊び」は「学び」の対局ではない。むしろ学びの本質は遊びだと思っています。楽しさの中にこそ、学びは溢れている。正しい内容を学ぶだけなら機械でもできる。本来の学びとは、楽しく本気で遊び、試行錯誤し、多様な発見や独創的な創造、共有を繰り返しながら、自ら喜び、誰かを喜ばせたいと願う中でダイナミックに生まれてくる。イノベーションも同じですよね。その STEAM のカギをしっかり伝えたい。

7) STEAM ≠ STEM+A 〜 STEAM とは何か

2022 年 3 月 4 日、山口大学全学 FD/SD 講演会に参加した。川崎勝 (山口大学国際総合科学部学部長) の「STEAM ≠ STEM+A 〜 STEAM とは何か、高等教育における STEAM はいかにあるべきか」と題する講演があった。STEAM は、STEM に A を加えたものでないとのタイトルに触発されて参加した。A は、リベラルアーツの Arts と考えられるが、リベラルアーツには、本来、文系および理系の要素が加わっていることを語源に沿った説明は役に立った。

　アメリカのリベラルアーツ・カレッジは、文字通り訳せば、文系というニュアンスが強いが、ここでの学問は、理系にとくに重点が置かれる。その証拠に、リベラアーツ・カレッジの卒業生の大半は、医学部や工学部などの大学院に進学するエリート学生である。アメリカの高校生が、大学入学時に提出する

エッセイについて、筆者は、エッセイは、文章力を判断するもので、これでは AO 入試に偏りがあり、理系を目ざす高校生の資質をどのように評価するのか疑問になり、入試担当者に尋ねたことがある。実は、エッセイは、むしろ、高校生の理数系能力が測るのに優れているというのである。これには、驚かされた。1 章「外圧の過去」で見たように、文章作成法の違いからくるのかも知れない。起承転結のように、文学的要素を重視する日本と、理路整然とした論理的な文章を作成させるアメリカとの違いなのかも知れない。すなわち、アメリカの高校生のエッセイには、論理的な資質を測ることができる要素が含まれているということになる。

　川崎は、STEM に A を加えることについて、以下の**図終-3** のピラミッドから説明した。すなわち、A を加えることで、「統合 (Integrative)」し、全体 (Holistic) をまとめるとの意味合いがある。これこそが、「文理融合(統合)」ということができる。

　この点に関連して、2 章「混迷する現在」「Ⅱ　未完の『報告書』と戦後教育

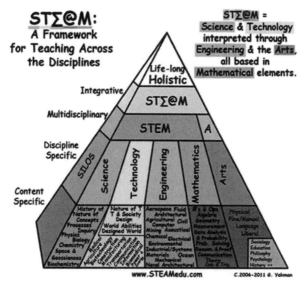

図終-3　STEAM:A Framework for Teaching Across the Discipline

228

改革の混迷」の「6)『『人文主義的態度を養う』汎用的能力の育成」のところで
も述べている。

8) おわりに

　以上、STEM 教育から STEAM 教育の変革について述べた。STEM に「A」
を加えることは、簡単なようにみえるが、実はハードルが高い。なぜなら、
そこにはパラドクス的（逆説的）な意味合いが含まれるからである。すなわち、
STEM に関連あるものを追加するだけなら、簡単なことであるが、それとは
まったく違う、「越境的」な異分子を取り入れる必要があるからである。

　日本では、専門性を深めるには、さらなる専門科目を数多く履修すること
が必要だと誤解している。その結果、前述した経団連の「教育課程」に関す
る提言では、「学修時間に紐づけられた単位のあり方を見直し、学修成果や
定量的・客観的測定方法に基づいた単位認定にあらためるべき」と述べてい
る。これは、文科省がこれまで推し進めた教室外学修時間の確保にもとづ
く質的評価を蔑ろにした何ものでもない。そして、「卒業要件にかかわるオ
ンライン授業による修得単位数の上限（60単位）を撤廃すべき」とも提言して
いる。これなど、経済優先とする資本主義にもとづく独断と偏見でしかな
い。これで世界の大学に通用するだろうか。科目数を多く履修すれば、知識
が豊富になると考えるのは「幻想」に過ぎない。定量化できる知識の多寡は
STEM の範疇であって、それらは AI やコンピュータに任せれば良い。STEM
に「A」を加えたのは、そのような「暴走」にブレーキをかけるためであった
のはないだろうか。

Ⅱ　エピローグ〜これからの日本の大学はどこを見習うべきか

1　物語の終わり

　「エピローグ」の語源は、ギリシャ語の「epilogos」から由来するもので、「物
語の終わり」という意味がある。本書のタイトルは、「戦後日本の大学の近
未来〜外圧の過去・混迷する現在・つかみ取る未来」である。これにしたがっ

て、プロローグからエピローグの物語を描いた。戦後日本の大学は、外圧の過去からスタートして、混迷する現在の幾多の多難を乗り越え、つかみ取る未来のところまで漕ぎつこうとするストーリーである。

　占領下の外圧という、これまで経験したことのない未曽有の荒波へ漕ぎだした小舟は、紆余曲折しながらも、大海へ泳ぎ出した。それは、戦前からの学校制度との決別を意味する、新しい船出であった。しかし、農耕民族の「DNA」をもつ日本社会は、すべてを捨て去ることはできない、「宿業」のようなものがある。戦前との折衷案を模索しながら、生きながらえたとのシナリオができる。

　折衷案とは、いうまでもなく、戦後はじめて導入された「リベラルアーツ教育」と単位制のことである。シナリオ風に描けば、小舟が「リベラルアーツ教育」そして、それを漕ぐ櫓が「単位制」ということになる。両者は、表裏一体の関係にある。したがって、どちらかが機能不全に陥れば、小舟は針路を失う。そのように考えれば、筆者が、殊更に、「リベラルアーツ教育」と「単位制」にこだわる理由もわかってもらえるはずである。

　曲がりなりにも辿り着いた彼岸には、新型コロナウイルスという、「怪物」が待ち伏せていた。これと対峙するには、占領下とは違う次元の闘いが強いられる。なぜなら、ウイルスという人間の想像を絶した「モンスター」との闘いであるからである。この悪魔との闘いは、前代未聞の出来事である。それは、日本人の特技である、他者から学ぶこともできないからである。なぜなら、どこにも、未知の境地であるから、モデルとなるものがない。

　だからこそ、過去の教訓が生かされるべきである。それが、「一般教育」というリベラルアーツ教教育である。これまで見たように、日本では、「一般教育」は、専門教育を学ぶための教養教育であると考える、重大な過ちを犯した。そうではなかった。それは、専門教育をも超越した、「総合知」を授ける「教育の根本」であったはずである。これまで、リベラルで自由な発想の「リベラルアーツ教育」が、世界の幾多の試練を乗り越える「智慧」を授けてきたことか。

　新型コロナウイルス、さらには、オミクロン株、その先には、名前さえも

付けられていない、巨大ウイルスと対峙することになる。そのような未知の
世界に、どのように対処したら良いのだろうか。それは、リベラルアーツ
教育にほかならないと「断言」したい。したがって、もう一度、原点に戻っ
て、ゼネラルエデュケーションとして、戦後日本の大学に導入された「リベ
ラルアーツ教育」の本質を見直して、再構築を急がねばならない。この「リ
ベラルアーツ教育」の舵を取る原動力となるのが、単位制である。したがって、
単位制の再構築も急がねばならない。

2　アメリカ依存への反省

　これまで、日本はアメリカに追従した。とくに、占領下における影響は甚
大であった。六・三・三・四制の学校制度は、曲がりなりにも成功したとい
える。本書「戦後日本の大学の近未来〜外圧の過去・混迷する現在・つかみ
取る未来〜」も、煎じ詰めれば、「戦後日本のアメリカ（型）大学は、どこに
行くのか」を問いただすことになる。大学の現状を見ればわかるように、す
べてがアメリカ型の「金太郎飴」である。しかし、それはうわべだけであって、
内実はまったく異なる。このことは、1章「外圧の過去〜プロローグ」でふれ
たように、教育使節団が、「制度よりも内容が重要である」と繰り返し警鐘
を鳴らしたことにも見て取れる。

　すべてが、アメリカナイズされている。大学だけではない。すべてにおい
てそうである。余談になるが、ある日本人がアメリカを観光したとき、道路
端の「マックドナルド」店を指さし、「アメリカにもマックドナルドがある」
と言ったとのエピソードを聞いたことがある。滑稽である。

　近未来の大学教育を考えるとき、筆者は、大国アメリカよりも、小国「オ
ランダ」が、日本のモデルになるのではないかと、オランダ・マーストリヒ
ト大学での調査、関係者へのインタビュー、大学および学生の活動を見て率
直に感じた。以下に、その理由を述べる。

3　マーストリヒト大学における PBL

　マーストリヒト大学における PBL と University College については、前述し

た通りである。日本の大学の医学部には、国家試験という難関があるが、オランダには七つの国立大学医学部しかなく、国家試験がない。国家試験のための学びではないので、逆に、真剣である。そのため、学びが PBL 教授法により、徹底されている。この大学は、1974 年に開設されたオランダでも新しい大学で、他の大学との特徴を出すために、カナダの大学の PBL に目をつけ、それを大学の「看板」としたことについては前述した。海外からの留学生が多く、隣国のドイツからは、全体の約 70％にも及ぶと聞いた。すべての授業は、英語で行われる。そのために、新任教員のための PBL トレーニングは重要となる。PBL は、少人数クラスという印象があるが、大規模クラスでも可能である。

　PBL は、問題を提起するだけで、理論的な講義は一切しない。教員の講義は、学生の自由な発想とやる気を削ぐことにつながると考えられている。これを聞いて、日本の大学教員はどのように考えるだろうか。

　このような授業形態は、筆者が 1970 年代、カリフォルニア州立大学大学院(サクラメント校)で、「結婚・家族カウンセリング」専攻したとき、初回の授業でいきなり、クライアントから離婚相談を受けて、困惑したことが蘇った。筆者は、当時、独身で、結婚のことさえもわからなかった。このように、大学院では、最初の授業で理論的な講義はしない。クライアントの悩みから学ぶという、ケーススタディ手法が取られる。教員が、講義で理論を最初に教えると、学生はそれにとらわれて、狭い視野に閉じ込められることになる。

　話しを元に戻そう、PBL と反転授業を同時並行で行っている。グループ活動なので、積極的に発表する学生とそうでない学生も交じっている。日本の学生のように、成績が目的でないうえに、国家試験もないので、積極的に参加しない学生は、将来の医師としての自己責任を負うことになる。

　マーストリヒト大学では、PBL が医学部に特化した教授法ではなく、すべての学部の授業にも取り入れられている。PBL がキャンパスの隅々まで徹底しているとの印象を受けた。

4　マーストリヒト大学におけるリベラルアーツ教育

　マーストリヒト大学 University College については、前述した通りである。ユニバーシティ・カレッジということばを聞いたことがあるだろうか。要するに、University の中で、4 年間のリベラルアーツ教育を受けるというもので、専門教育は大学院で行うものと峻別されている。アメリカと同じであるが、アメリカのリベラルアーツ・カレッジは、独立したカレッジである。

　医学部をもつ同大学では、リベラルで学際的な視点が不可欠である。卒業生の 90% が大学院に進学する。University College は、授業料も高く、教員と学生の比率も低く抑えられるので、質の高い教育を提供している。

5　オランダにおけるティーチング・ポートフォリオ

　オランダにおいて、ティーチング・ポートフォリオ (TP) の概念をいち早く取り入れた大学は、ユトレヒト大学 (Universitei Utrecht) である。教員の質の向上が、ユトレヒト大学の最重要課題とみなされ、多様な教育改革が推し進められ、その一つが TP の採用であった。

　ユトレヒト大学は、TP 作成を「基礎教育能力資格」(BKO) と結びつけ、事実上、新任教員に義務づけている。正確には、この資格 (BKO) をもたなければ、大学内の昇進や終身雇用 (テニュア) を望めないため、新任教員は、BKO の取得の必須要件である、TP を作成せざるを得ない。

　ユトレヒト大学の TP は、以下の四つの要素から構成される[4]。

　　① 専門職に従事する能力
　　② 専門分野に関する知識
　　③ 教育能力
　　　A) 科目の計画
　　　B) 科目の指導
　　　C) 試験と評価
　　④ 管理運営能力

6　オランダの大学を日本のモデルに

　オランダにおける PBL、University College、ティーチング・ポートフォリオについて見てきたが、これらの三つは、日本でも導入されている。しかし、オランダのように定着していない。なぜだろうか。どこが日本と違うのだろうか。簡潔に述べれば、オランダは必要に迫られているのに対して、日本では「舶来」ものに接するかのように、最初は飛びつくが、長続きしない。日本人は、珍しいものには好奇心旺盛であり、誰よりも早く見つけて「唾」をつける習慣があるが、不消化のまま消滅することが多い。

　たとえば、リベラルアーツ教育への対応が良い例である。日本ではリベラルアーツを「一般教育」とするか「教養教育」とするか、その名称をめぐって、不毛な議論を重ねた。CI&E 教育課が、旧制大学を新制大学に移行して、一体化したのは、別々に存在した教養教育を、「一般教育」として一体化したかったからにほかならない。

　これには、アメリカも責任の一端がある。本国、アメリカでは、リベラルアーツ・カレッジは独立した機関が行い、大学院を有さないリベラルアーツ教育に特化したカレッジであるのにも関わらず、新制大学では「一般教育」と「専門教育」を同居させたという失態を犯した。

　そのようなことを鑑みると、マーストリヒト大学のリベラルアーツの考えが大学の中に位置づけられ、University College として機能していることは、今後日本のリベラルアーツ教育を考えるうえで参考になる。

　次に、「ティーチング・ポートフォリオ (TP)」についてである。これは、日本では、壁にぶち当たっている。その背後には、大学の人事採用が影響している。学生への教育が重要であると謳いながら、昇進・昇格においては、旧態以前の学術論文で審査する、「ダブルスタンダード」が横行している。これでは、大学教育が良くなるどころか悪くなる。その点、ユトレヒト大学は、TP 作成を「基礎教育能力資格」(BKO) と結びつけ、事実上、新任教員に義務化している。この資格 (BKO) がなければ、大学内の昇進や終身雇用 (テニュア) を望めないため、新任教員は BKO 取得の必須要件であり TP を作成せざるを得ない。このことは、今後、日本の大学が見習うべきことである。

234

　大学研究者のステータスを示すバロメーターとして、「科学研究費補助金」
がある。多くの若手研究者を支援している制度である。そこで、新たに「教
育研究費補助金」なるものを新設してはどうかと提案したい。そのことよっ
て、若い研究者が教育にも関心をもってもらえれば、一石二鳥である。

　最後に、マーストリヒト大学を訪問して、地理的にも、三国にまたがると
ころから留学生が多く、生き生きとしている印象を受けた。しかも、すべて
の授業が英語で行われ、多様な教員層の集団である。まさしく、大学教育そ
のものがグローバル化している。まったく同じことが日本ではできないにし
ても、留学生や外国人教員に、どのように対応していくべきか、今後の参考
になるはずである。

註

1章

1　浅古弘「海外における司法資料の保存と利用〜アメリカ合衆国の場合」『アーカイブス 29』33頁。（http://www.archives.go.jp/publication/archives/wp-content/up-loads/2015/03/acv_29_p33.pdf）。

2　拙著『戦後日本の高等教育改革政策〜「教養教育」の構築』（玉川大学出版部、2006年）46頁。

3　拙稿「新制大学の成立経緯に関する一考察」『大学論集』（広島大学大学教育研究センター）第24集、1995年3月、183頁。

4　伊ケ崎暁生、吉原公一郎編『米国教育使節団報告書』（現代史出版会、1975年）19頁。

5　秦郁彦『旧制高校物語』（文藝春秋、2003年）250頁

6　前掲『戦後日本の高等教育改革政策〜「教養教育」の構築』47頁。

7　西山伸「〈研究ノート〉第三高等学校における『学徒出陣』」『京都大学大学文書館研究紀要』（2008年）6号、56頁。

8　前掲『旧制高校物語』、218頁。

9　前掲『戦後日本の高等教育改革政策〜「教養教育」の構築』47頁。

10　同上。

11　前掲『旧制高校物語』、216頁。

12　同上、238頁。

13　南原繁の戦後教育改革に果たした役割については、拙稿「南原繁と戦後教育改革』（東京大学出版会 UP　1996年　280号）を参照。

14　第7章「天皇と私」明星大学戦後教育史研究センター『戦後教育史研究』第3号（1986年6月）を参照。

15　澤田昭夫『論文の書き方』（講談社、1977年）103-4頁。

16　同上、104頁。

17　詳細は、主体的学び研究所「主体的学びコラム 27」を参照。

18　村井実『アメリカ教育使節団報告書　全訳解説』（講談社、1979年）17頁、以下同上。

19　拙著『米国教育使節団の研究』（玉川大学出版部、1991年）18頁。

20　図1-4「パラダイムの現状と課題」は、ロバート・B・バー＆ジョン・タグ「教

育から学習への転換〜学士課程教育の新しいパラダイム」『主体的学び』創刊号（東信堂、2014 年）7 頁の「表 1　教育パラダイムとの比較一覧」を簡易版に編集したものである。

21　詳細は、主体的学び研究所「主体的学びコラム 24『教科書と日本人』」を参照。

22　詳細は、拙著『ポートフォリオが日本の大学を変える』（東信堂、2011 年）77 頁図 5-32「漫画『Dennis the Menace』の一コマ」を参照。

23　詳細は、L. ディー・フィンク『学習経験をつくる大学教授法』（玉川大学出版部、2011 年）338 頁を参照。

24　湯川次義『戦後教育改革と女性の大学教育の成立〜共学・別学の並立と特性教育の行方』（早稲田大学出版部、2022 年）229 頁。

25　拙著『非常事態下の学校教育のあり方を考える〜学習方法の新たな模索〜』（東信堂、2021 年）の付録「コラム 4　学生との対話を大切にする授業〜コロンビア大学・キャロル・グラック教授〜」を参照。

26　拙著『米国教育使節団の研究』（玉川大学出版部、1991 年）付録資料編を参照。

27　天野郁夫「専門職業教育と大学院政策」『大学財務経営研究』第 1 号（2004 年）4 頁。

28　『日本の教育政策』（OECD 教育調査団）朝日新聞社、1976 年）を参照。詳細は、2 章「現在に直面し」で紹介する。

29　寺島実郎・基調講演「世界を知る力」（朝日教育会議 2021 年 Vol.5　『創価大学「世界市民」として SDGs の時代を生きる』（2021 年 12 月 4 日））。

30　オアとの単独インタビュー証言（1994 年 9 月 5 日、フロリダ州タンパ市の彼の自宅にて）。

31　前掲『米国教育使節団の研究』202 頁。

32　拙著『戦後日本の教育改革政策〜「教養教育」の構築』（玉川大学出版部、2006 年）305 頁。

33　同上、383 頁。

34　同上、305 頁。

35　天野郁夫「専門職業教育と大学院政策」3 頁。

36　同上、46 頁。

2 章

1　吉見俊哉『大学は何処へ〜未来への設計』（岩波新書、2021 年）7 頁。筆者は、吉見の著書に大いに触発された。この著書は、現状の日本の大学を「診断」するうえで、貴重な情報を提供している。

2　同上、143 頁。

3　同上、144 頁。

4　同上、39 頁。

5　同上、46 頁。

6　同上、81-2 頁。

7　同上、94-5 頁。

8　吉田文『大学と教養教育～戦後日本における模索』(岩波書店、2013 年) 85 頁。

9　同上、103 頁。

10　拙著『戦後日本の高等教育改革政策～「教養教育」の構築』(玉川大学出版部、2006 年) 47 頁。

11　吉見『大学は何処へ～未来への設計』97 頁。

12　前掲『戦後日本の高等教育改革政策～「教養教育」の構築』47 頁。

13　寺﨑昌男『日本近代大学史』(東京大学出版会、2020 年) 384-385 頁。

14　前掲『大学は何処へ～未来への設計』109 頁。

15　前掲『戦後日本の高等教育改革政策～「教養教育」の構築』211 頁。

16　清水一彦「単位制度の再構築」『大学評価研究』第 13 号 (2014 年 8 月) 40 頁。これをまとめるにあたり，清水の論文に依拠したところが多かった。なぜなら、彼はこの分野の第一人者であり、筆者と共通する多くの点であったからである。あらために謝辞を述べたい。

17　舘昭『大学改革　日本とアメリカ』(玉川大学出版部、1977 年) 51-52 頁。

18　松浦良充「教養教育とは何か」『哲学』第 66 号 (2015 年) 83-100 頁。

19　山脇直司編著『教養教育と統合知』(東京大学出版会、2018 年) 59 頁。

20　同上、59 頁。

21　前掲『大学と教養教育』73-75 頁。

22　同上、77 頁。なお、クーパーは、CI&E 教育課退職後、新設の南フロリダ大学で「一般教育」の普及に尽力し、そこにマーク・T・オアをリクルートしたという経緯がある。現在、芸術科学部として知られている南フロリダ大学教養学部の初代学部長であった。

23　前掲『大学と教養教育』77-8 頁。

24　同上、79 頁。

25　同上

26　同上

27　同上

28　同上、84 頁。すなわち、単位制の議論は、一般教育の後であったことになる。一般教育が混乱の渦中にあったことを考えれば、それを受け継いだ単位制が機能不全に陥るのも無理もないことである。

29　同上、85 頁。

30 同上

31 同上、88 頁。

32 同上、93 頁。これは、単位制にも共通するもので、日本における単位制はアメリカからの「にわか仕込み」に過ぎなかった。この時点で、アメリカでは約 100 年の歴史があった。また、これは教育使節団第三分科会が「学校制度よりカリキュラム内容」が重要と提言していたことと軌を一にするものである。制度を重視することは、発展途上国型で、追いつけ追い越せで、機が熟していたとは言い難い。

33 「標準モデルの学習ピラミッド」と「(弘前大学) 学生による学習ピラミッド」の比較については、拙著『ラーニング・ポートフォリオ～学習改善の秘訣』(東信堂、2009 年) 155 頁、図 7-16 を参照。

34 『主体的学び』(東信堂、2014 年) 創刊号、「表 1　教育パラダイムとの比較一覧」7 頁。

35 雑誌『主体的学び』7 号 (2021 年) では、特集「教えることを止められますか」という刺激的なタイトルで、この分野の専門家に多様な視点から本テーマについて寄稿してもらった。必読に値する。

36 著書についての詳細な紹介は、主体的学び研究所「コラム 17 ジョン・タグと『教育神話』」を参照。

37 詳細は、「論考 5) 単位制を再考する e ラーニングによる学習時間をどう確保するか」拙稿『非常事態下の学校教育のあり方を考える～学習方法の新たな模索』(東信堂、2021 年) 28 頁を参照。

38 これは、拙稿『戦後日本の高等教育改革政策～「教養教育」の構築』(玉川大学出版部、2006 年) の「図 8　MIT カタログ」(222 頁) を日本語訳にしたものである。

39 同上、214 頁を参照。

40 Michaelsen, Knight, and Fink, 2002: http://www.teambasedlearning.org/　を参照。

41 L. ディー・フィンク『学習経験をつくる大学授業法』(玉川大学出版部、2011 年) 154 頁。

42 同上、155 頁。

43 同上、155 頁。

44 詳細は、主体的学び研究所ビデオライブラリー「ディ・フィンクと土持ゲーリー法一の FD 対談～教育と学習に関する主体的学びについて～ (Dialogue with Dr. Dee Fink and Dr. Gary H. Tsuchimochi:Self-Learning and Active Learning)」(https://www.activellj.jp/?page_id=715) を参照。

45 前述の動画は、授業デザインの世界的な権威者ディ・フィンク博士と当研究所顧問土持ゲーリー法一博士が 1 時間 40 分にわたり縦横無尽に語り合う内容のものである。対談内容には、以下のことが含まれる。フィンク博士がいかにして

ファカルティ・ディベロッパーとなったのか、FD と SoTL の違い、教育から学習へのパラダイム転換の歴史、アクティブラーニングとブレンディド・ラーニング、反転授業と TBL（チーム基盤型学習）、なぜ日本の時間割ではアクティブラーニングに時間が割けないのか、学生の意識をいかにして変えさせるか、授業デザインと授業シラバスの違い、リフレクション（省察）とメタ学習者、主体的学びを促進するために重要なこと等々、多岐にわたる。日本語字幕付き。

46 L. ディー・フィンク『学習経験をつくる大学授業法』（玉川大学出版部、2011 年）156-7 頁。

47 同上、157 頁。

48 同上、157 頁。図 4-10「問題基盤型学習における活動シーケンス」を参照。

49 マーストリヒト大学での調査にあたって、岡本早苗バース博士に全面的にお世話になった。彼女の協力がなければ、短期間で PBL や University College における教養教育について調べることは不可能であった。岡本氏が日本人であるので微に入り細に入り、詳しく知ることができた。この場を借りて、心より感謝したい。もし、聞き取り調査で齟齬があるとしたら、それはすべて筆者の責任である。彼女のインタビューを裏づけるために、筆者はマーストリヒト大学 Science Vision が制作した "Problem Based Learning In Tutorial Groups" DVD を購入した。同映像からも、岡本博士の証言を裏づけることができた。この DVD は、医学部 1 年次の PBL クラスの様子を撮影したもので、チューターは Professor & Dr. Mirjam oude Egbrink であった。彼女とは 2013 年 2 月 27 日に会って話していた。この DVD では、"The Seven Jump" と呼ばれるもので、1 〜 5 が事前課題、6 がセルフスタディ、7 がレポートを持ち寄り討論、である。詳細については別の機会に譲る。これと対比する形で、Tutorial Group の学生だけを録画した "Improving Tutoring: how to deal with critical incidents" DVD もあり、反転授業におけるクラスでのディスカッションを考える上で役立つ。

50 インタビューを通して、マーストリヒト大学の教員は、「講義」と「指導（チューター）」の二足の草鞋を履いていると感じた。

51 日本の授業形態とは真逆である。日本では「授業参加度」あるいは「授業貢献度」が謳われるように、講義への出席は半ば義務的となっている。

52 アメリカの大学のフィードバックに相当する。日本のように成績評価は、絶対的なものだとした硬直した考えでないところが、ジョン・タグ教授が指摘する「評価」ではなく、「アセスメント」なのかも知れない。

53 日本の大学では、成績評価について学生からの問い合わせはあまりない。もし、あるとしたら、多くは、外国からの留学生からである。日本では、未だに儒教の影響なのか、教員に対して絶対服従的な「順応性」がある。

54 実際に、チューターによる授業を参観した。議論やプレゼンテーションから何かを学んでいるが、ノートを取るような姿勢は見られなかった。それでも、数多くの4択試験問題が課せられ、評価されているのは、基本的な知識は、教室外学修で修得されるべきものだとの認識が共有されているからである。日本で実践されている反転授業が、講義の中に組み込まれているとの印象をもった。アメリカもオランダも大学の授業は、学生の「自己責任」で行われるとの印象を強く感じた。

55 日本の大学でも、学生による授業評価を実施しているが「形式的」で、文科省へのアリバイ作りに過ぎないの批判もある。学生もそのことを熟知していて、暗黙のうちに「真ん中」(事なかれ主義)の解答欄に○をつける傾向がある。海外の大学の学生と違って、物事を批判的に見る目が養われていないところに欠陥がある。大学入学のオリエンテーション時に「学生による授業評価」の重要性と喚起して、周知徹底する必要があるように思われる。そして、その結果を授業改善や教員評価に直結する仕組みを早急に構築する必要がある。

56 Larry K. Michaelsen 他編集、瀬尾宏美監修『TBL-医療人を育てるチーム基盤型学習〜成果を上げるグループ学習の活用法』(シナジー、2012年) iii 頁。

57 同上、4頁。

58 この点は、PBLにも似ている。したがって、PBLとTBLを厳密に峻別することは難しい。繰り返すが、PBLもTBLも学生の学びを活性化するツールであることに違いはない。筆者の考えは、初年次学生には、チューターのファシリテーターがついたPBLが望ましい。一方、高学年になれば、自分の学びのスタイルも備わっているので、TBLの方が効果的であるように考える。いずれにしても、PBLとTBLのハイブリッド型が望ましい。

59 前掲『TBL－医療人を育てるチーム基盤型学習〜成果を上げるグループ学習の活用法』4頁。

60 詳細は、「社会に通用するアクティブラーニング　シンガポールの大学〜デューク・シンガポール国立大学医学部」『教育学術新聞』第2675号 (2017年2月8日) を参照。

3章

1 オンライン講演「いま大学に求められるDXとは」(小林浩　リクルート進学総研所長　リクルート「カレッジマネジメント」のPPT配布資料を参考にまとめた。バズワードとは、辞書によれば、定義や意味が曖昧に使用されいること。また、フリー百科事典『ウィキペディア (Wikipedia)』によれば、バズワード (英：buzzword) とは、技術的な専門用語から引用したり、それを真似たりしたことば

で、しばしば、素人がその分野に精通しているように見せるために乱用されている。)

2　経済産業省 DX レポート 2（中間取りまとめ）（2020 年 12 月 28 日）

3　拙稿「ニューノーマルにおける高等教育の DX ～ミネルヴァ大学の「挑戦」『教育学術新聞』（アルカディア学報 701 号、2021 年 7 月 28 日）より抜粋したものである。

4　冨田圭一郎「戦争中の日本人へのメッセージ～連合国軍の対日心理戦」『国立国会図書館月報』728 号（2021 年 12 月）を参照。詳細は、以下の URL を参照（https://dl.ndl.go.jp/info:ndljp/pid/11670422）。

5　拙著『社会で通用する持続可能なアクティブラーニング～ ICE モデルが大学と社会をつなぐ』（東信堂、2017 年）を参照。ここでも、SDGs の重要性を指摘している。

6　ICE ルーブリックの点数化については、拙稿「ICE ルーブリック～批判的思考力を伸ばす新たな評価方法～」『主体的学び』（東信堂、2014 年 3 月創刊号）を参照。

7　拙稿「大学と社会の連携～インプットからアウトプットへ～」『教育学術新聞』2778 号（2019 年 8 月 21 日）を参照。

8　拙稿「単位制を再考する～ e ラーニングによる学修時間をどう確保するか」（『教育学術新聞』2805 号、2020 年 5 月 13 日）を参照。

9　拙稿「観察された学修成果の仕組み～ SOLO タクソノミー」『教育学術新聞』（アルカディア学報 708、2021 年 10 月 13 日）より抜粋。

10　拙稿「学習させる『仕掛け』とは～アセスメントと学習方法の整合性を考える～」と題して、『教育学術新聞』2865 号（2021 年 12 月 15 日付）より抜粋。

11　同校の HP（https://edtechzine.jp/article/detail/4563）によれば、「変化の激しい時代に必要な力を身につける『クロスカリキュラム』の授業」と題して、以下のように述べている。

　　　学ぶことを通じて生徒の笑顔が増える。学ぶことで生徒たちが「未来をつくれる」と自信をつけていく。そんな感覚を本物の体験や現地の人との交流を通じて引き出す教育プログラムが、新渡戸文化高等学校の「クロスカリキュラム」である。

　　　新渡戸文化中学校・高等学校では、リアルな社会課題の解決を目指す Challenge Based Learning（CBL、Project Based Learning・プロジェクト型探究学習の一種）をトップに、教科横断（Cross Curriculum）学習や基礎学習（Core Learning）を関連づけながら、自律型学習者を育てるカリキュラムをデザインしている。週 1 回のクロスカリキュラムの時間に、リアルな社会課題と触れ、教科横断的な学びを展開し、そしてクロスカリキュラム以外の各教科の授業において、コア学習を深めるのである。

　このクロスカリキュラムのデザインは、本校の初代校長である新渡戸稲造が目指していた教育の姿でもある。江戸、明治、大正、昭和と、劇的に変化する時代を生きた新渡戸稲造が教育に求めたことは、知識よりも見識（本質を見通す力）、学問よりも人格であった。社会が大きく変わり、価値観が定まらない激動の時代を生きる今こそ、新渡戸稲造が目指した教育を現代版で実践させる教育がクロスカリキュラムなのである。

　予測不可能な時代を幸せに生きるために必要な力を身につけるには、まずは生徒たちが社会課題を「自分ごと化」することが大切である。そこで、本校ではクロスカリキュラムを活用し、社会課題の現場で一次情報に触れる機会を重視している。五感と現地の人との出会いによって心が動き、そして体が動きだしていく教育を実施している。教室で学んでいる普段の学びが、現地でつながったとき、「学ぶことは楽しい」と気づくのである。そして、解決に向けて「学びを深めていきたい」という行動が引き出されるのである。

12　ディ・フィンク『学習経験をつくる大学授業法』（玉川大学出版部、2011 年）44頁　図 2-1「意義ある学習の分類」を参照。

13　第 11 期 AITC Web セミナー「DX シリーズ 第 5 回」（2021 年 3 月 24 日）

14　拙稿「大学と社会の連携〜インプットからアウトプットへ」『教育学術新聞』2778号、2019 年 8 月 21 日からの抜粋。

15　寺島実郎「『世界市民』としての SDGs の時代を生きる」（朝日新聞社 Zoom 講演）（2021 年 12 月 4 日）

終章

1　拙稿「文理融合を促すリベラルアーツ教育〜 STEM から STEAM へ」『教育学術新聞』（アルカディア学報 721 号、2022 年 4 月 20 日）を参照。

2　詳細については、胸組虎胤「STEM 教育と STEAM 教育── 歴史、定義、学問分野統合──」『鳴門教育大学研究紀要』第 34 巻、2019 年を参照。

3　詳細については、「STEAM の『A』は未来をえがく力 ─ ジャズピアニスト・数学研究者 中島さち子」（https://coeteco.jp/articles/10522）を参照。

4　「オランダの事例〜ティーチング・ポートフォリオの活用」（弘前大学 50 周年記念）田中正弘（弘前大学 21 世紀教育センター高等教育研究開発室）（2011 年 12月 22 日）配布 PPT 資料を参照。

あとがき

「戦後日本の大学の近未来——外圧の過去・混迷する現在・つかみ取る未来」を書き終えた。本書は、過去・現在・未来をプロローグからエピローグへと物語り風に描いたものである。そこでは、大学教育としてのリベラルアーツ教育の本質を問うたつもりである。

単位制もリベラルアーツ教育と同じように重要である。単位制が形骸化すれば、大学としての機能が失われる。高校でも、大学と同じように「単位制」ということばが使われるところに、混乱の要因がある。なぜなら、両者は、似て非なるものであるからである。高校では、大学と次元の異なる単位制を身につけることから、大学と同じような単位制であると誤解している。その結果、大学における単位制の特徴である、教室外学修時間を蔑ろにする。すなわち、高校の場合の1単位は、1週間の時間割のなかに1回の授業があるだけである。

大学の単位制度は、「自学自修」を前提にしている。したがって、自学自修が大前提であることを明文化する必要がある。

筆者に言わせれば、高大接続の入試に関する不毛な議論を重ねるよりも、高校と大学における単位制の違いについて議論するべきである。

表紙と裏表紙の写真についてはしがきでもふれたが改めて説明する。表のデザインは、フィッシュボーン（魚骨）コンセプトマップと呼ばれるもので、本書のはじめからゴールまでをコンセプトマップに表したものである。フィッシュボーンに着目したのは、「骨太」の過去・現在・未来を強調したかったからである。

フィッシュボーン・コンセプトマップをデザインしたのは、京都情報大学院大学で授業のアシスタントをする中国人・何昕（カシン）氏である。彼のサポー

トで IT に疎い筆者が、IT 専門職大学院大学で授業ができると言っても過言ではない。筆者にとって、彼は IT の「生き字引」(Walking Dictionary) のような存在である。彼は、中国からの留学生で京都情報大学院大学の卒業生である。現在、京都コンピュータ学院の講師である。

裏の写真は、『米国教育使節団報告書』(英文) の「稀覯本」で、表紙にストッダード団長の「最後の冊子」の署名が刻まれている。これは、筆者の英文版『米国教育使節団の研究』(東京大学出版会、1991 年) に使用したもので、後年、国立国会図書館利用者サービス部政治史料課占領期資料係に寄贈した。

筆者の「長女」からも、英文タイトル The Effect on Postwar Japanese Universities~Its Past, Present, and Future のことで助言をもらった。これは、本書の趣旨を英語に凝縮したものである。

筆者は、戦後教育史の研究者であるが、そこでの調査方法は、オーラルヒストリーと呼ばれるものである。あらかじめ質問事項にしたがって尋ねる手法ではなく、フリートークの中から真相を引き出すスタイルである。筆者は、占領史に関する一次史料をアメリカ公文書館で発掘し、マイクロフィッシュにして、占領下日本および占領下ドイツに関する史料集として刊行した。史料集の編纂・刊行は、研究を完全に終えた後に出すというのが一般的であるが、筆者の場合は、同じ史料を共有しながら研究を目ざすという姿勢である。そして、事実は「史料に語ってもらう」というアプローチを取る。データの情報収集は重要であるが、より重視していることは、収集した情報をどのように分析するかである。したがって、同じデータでも、使う人によって違ってくる。たとえば、松本清張の推理小説は、卓説した分析で、読み手に感動を与えるが、根拠資料となるものは同じである。

データ分析の面白さを教授してくれたのは、コロンビア大学大学院時代恩師ハーバート・パッシン教授である。彼は、GHQ 民間情報教育局調査・分析課に所属し、世論調査や社会学的分析方法を日本に積極的に導入した、社会人類学者で、コロンビア大学社会学部長・教授であった。彼のデータ分析は卓越したもので、そのノウハウを彼の授業で直に教わったことがある。すなわち、着眼点がユニークである。このような調査・分析手法は、すべて

の研究に通じる。とくに、生資料といわれる一次史料は「紙切れ」も同然で、そこから真実を「あぶり出す」のが研究の醍醐味である。

　現在は、情報が氾濫している。AI の出現によって、情報収集の価値が薄れ、情報をどのように取捨選択するかが問われる。すなわち、どのように「仮説」を立てるかで、いかようにでも展開する。優れた仮説を立てることは、優れた研究に不可欠である。王道から攻めるも良いが、ときには、バックワードで、後ろから考えるのもユニークな発想につながる。

　そこでは、コンセプトマップの手法が生かされる。これは、マインドマップとも呼ばれ、自分の考えを整理するときに使われる。コンセプトマップの作成では、「指先」を動かすことで、思考回路に刺激を与える。

　京都情報大学院大学では、卒業のために「マスタープロジェクト」という必須科目がある。研究テーマを決めるのに、入学後、何をテーマにするか悩んでいる学生が多い。そこで、筆者の授業を履修している学生には、コンセプトマップを通して、テーマを考えることを提言している。すなわち、自分のやりたいこと、専門分野、将来のことなど、キーワードをランダムに書き出し、それをコンセプトマップに落とし込む。そのことで、何ができるか、何ができないか、何が面白いか、そうでないかを、自ずと絞り込むことができる。それが、コンセプトマップのはたらきである。コンセプトマップは、自分の考えをつなぎ合わせて、「地図（マップ）」を作成するようなものだと考えればわかりやすい。

　指先の話に戻そう、これまではタイプライター、いまではパソコンのキーボードに触ることで、思考回路に心地よい刺激を与える。文豪たちが考えごとをしているシーンを思い出す。いつも指先に、たばこを挟み、動かしながら、執筆に没頭する姿が印象的である。たばこを指先に挟んで、動かすのは、彼らの思考回路に刺激を与えているからではないかと考える。

　某テレビ番組で、ドイツの学校の家庭科の授業で、児童に裁縫を教えるシーンがあった。なぜ、ミシンを使わないで、手縫いなのかを担当教師に尋ねたところ、指先を動かすことが学習に効果的で、思考回路に良い刺激を与えるというのである。なるほどと頷いた。家庭科で男児に料理や裁縫を教えるの

は、男女平等の精神を教えるだけでなく、指先のトレーニングにもなるのだと納得した。その点、ピアノ演奏は、優れている。それは両手の指先を瞬時に動かすからである。

　本書は、筆者の「半生記」を描いたもので、振り返れば、人生の節目で多くの人との出会いがあった。「偶然」の出会いや発見が多かった。歴史研究は、史料との遭遇にある。そのような遭遇がなければ、いまの筆者はない。たとえば、オーラルヒストリーを通じた、CI&E教育課長マーク・T・オア、教育使節団団員で国務省代表ゴードン・ボールズなどとの出会いは、研究だけでなく、教育のあり方にも多大な影響を与えた。

　人だけではない。史料についても同じことがいえる。筆者の戦後教育改革史を読んでいただければわかるように、「ワナメーカー文書」との出会いがなければ、いまの研究にたどり着かなかった。しかし、その「ワナメーカー文書」との出会いも不思議な引き合わせであった。当初、「ワナメーカー文書」は、研究しつくされ、目新しい史料がないとの事前の情報があり、調査予定に入っていなかった。ところが、出張先のシアトルが一夜にして大雪に見舞われ、すべての飛行機がキャンセルになった。途方にくれた筆者は、ワシントン大学ゲストハウスに延泊することになり、時間の余裕ができたので、ワシントン大学図書館公文書館で「ワナメーカー文書」を調べた。そして、史料をコピーして日本に郵送した。「六・五制」についての史料の発掘は、日本に戻って、しばらく経ってからであった。すなわち、あのとき「大雪」が降らなければ、あのとき「飛行機」がキャンセルにならなければと「偶然」が重なった。

　最後に、コロナ禍も収束しない、混沌とした状況に、2022年2月24日には、ロシアがウクライナを侵攻、いわゆるウクライナ戦争が勃発し、ますます混迷を極めている。これを対岸の火事と見過ごせない、火の粉がいつ飛んでくるかもわからない、そこでは、情報が錯綜して「真実」が読めない。ウクライナ戦争で「プロパガンダ」ということばが頻繁に飛び交った。これは、政治的意図のもとに主義や思想を誇大宣伝するものである。

　ウクライナ侵攻で、他国から「戦争犯罪人」と厳しく批判されているにも

関わらず、2022年3月31日の世論調査で、プーチン大統領の支持率は83％
と驚愕的な数字である。オンライン『テレ朝news 2022/04/10 23:50』「プーチ
ン氏『支持率83%』なぜ？支持者のある特徴」と題する記事で、独立系調査機
関レバダセンターのレフ・グドゥコフ研究部長は、「教育水準が低く、高齢
者で、地方都市に住み、所得が低い人。ソビエト時代を懐かしがっている人」
ほど、その傾向が強いと分析している。教育の重要性を垣間見た。

　顧みれば、第二次世界大戦前の軍国主義日本も「プロパガンダ」(戦意高揚)
を掲げ、国民を欺いたことがある。他人事ではない。

　目まぐるしい情報の氾濫に、どのように対処すれば良いのか。情報を読み
解く、正しい目が必要である。最近は、メディアリテラシーという用語を耳
にする。『ブリタニカ国際大百科事典』によれば、それは「テレビ番組や新聞
記事などメディアからのメッセージを主体的・批判的に読み解く能力」と記
されている。すなわち、情報を鵜呑みにせず、どんな意図で作られ、送りだ
されているかを自分の頭で判断する。そして、それを通じて、自ら情報発信
する力を身につける。そうした試みはカナダなど欧米では早くから学校教育
のカリキュラムに組み込まれている。

　情報を読み解くには、批判的思考力・複眼的能力が不可欠である。これに
は、本書で強調している、「リベラルアーツ教育」が必要である。そのよう
な高度な教養教育を児童・生徒に期待するのは無理で、教員に対してである。
そのようなリベラルアーツ教育が教員養成において重視されているのだろう
か、はなはだ疑問である。

　物事を批判的・複眼的に見ることはグローバル社会では当然である。なぜ
なら、自律的に生きるための智慧であるからである。情報は、疑ってかかる
必要がある。なぜなら、相手側に翻弄されることがあるからである。

　歴史を顧みれば、アメリカの日本への原爆投下の「口実」になったのも、
ほかならぬ、情報の誤謬であった。これは、日本政府が「ポツダム宣言の受
諾」を「黙殺」すると決めたことが発端である。「黙殺」とは、きわめて政治的
なニュアンスで、事態を曖昧模糊にする。辞書によれば、これには「無視し
て取り扱わない」という意味がある。ところが、当時の海外の通信社は、「黙

殺する」を、日本政府がポツダム宣言を「Reject（拒絶する）」と訳した。戦争中の一国の責任者が、相手の申し出を Ignore したのか、相手側を Reject したのかでは大きな違いがある。ことばのニュアンスを正しく伝えることは、文章力に左右されるが、相手がどのように考えるかでも対応が異なる。

　日本への原爆投下に踏み切ったことに、この「誤訳」がどれほどの影響を及ぼしたかは定かではないが、アメリカ側は、当初から、原爆投下の「口実」を探していたのだとしたら、結果は同じであった。

　日本の学校は、アメリカに比べて「過保護」である。文科省の学習指導要領をはじめ、検定教科書があり、すべてが国の監視下に置かれ、正しいことしか教わらない。すなわち、自らで善悪を判断することさえも憚れる、過保護さである。これで社会で独り立ちできるだろうか、グローバル社会で生存していけるだろうか、杞憂の念を抱かずにいられない。

　正しいことを教えるのが学校だというのは、正論である。しかし、同時に、誤ったことを気づかせることも、情報化社会では不可欠である。すなわち、自らで判断する力が求められる所以である。大学においては、「学生による授業評価」が、唯一の「内部告発」ツールと化しているが、学生がどれだけ客観的に評価できるか、これまでの学校教育の現状を考えれば、おぼつかない。カナダでは、クイーンズ大学をはじめ、多くの大学が「学生による授業評価」を取り止めた。その背景には、学生による評価が客観的であるという根拠に疑問が生じたからである。その結果、一つの大学だけの評価では不十分ということになり、NSSE（学生エンゲージメント全米調査）の比較調査に参加して、客観性を高めている。その結果は、州の教育予算配分率にも反映させている。日本では、自らの大学の学生満足度調査を他大学と比較して公表することなど、あり得ないことである。

　2022年4月から、成人年齢が20歳から18歳に引き下げられた。成年に達すると、親の同意がなくても自分で契約ができるようになり、未成年者取消権は行使できなくなる。つまり、契約を結ぶかどうかを決めるのも自分なら、その契約に対して責任を負うのも自分自身になる。近年の若者の身体的な発達を鑑みれば、納得できるところもあるが、はたして、精神的に成熟して、

正当な判断ができるかといえば、不安を完全に払拭できない。

　筆者は、日米文化の違いを「ゲーム」で喩えれば、わかりやすいと考えている。すなわち、アメリカ人は、ディベートや討論は、スポーツと同じゲーム感覚でおこなっている。ディベートでは、立場を変えて、議論することになり、互いの議論を尊重し、ディベートが終われば、「握手」して元の席に戻る。学校の授業もゲーム感覚で、善悪を教え、学習者に判断させることが必要かもしれない。

　福沢諭吉は、「私の文章は、女中に読み聞かせても十分意味がわかるようになっているのだ」という趣旨のことを語ったと伝えられる。そこで、筆者も「女中」ならぬ、「妻」に拙稿に目を通してもらった。素人なので、原稿に朱字の疑問点がつけられる箇所を見る度に、「なるほど、執筆者はわかったつもりでも、素人には通じないのだ」ということがわかった。本書は、偶然にも、妻との48回目の結婚記念日、4月29日に脱稿できたのも、何かのご縁と思っている。

　出版には多くの人の支援が欠かせない。今回もそのことに気づかされた。とくに、主体的学び研究所研究員大村昌代さんには、図表の作成について多くの協力いただいた。

　最後に、東信堂社長下田勝司氏に感謝のことばを述べたい。これまで、何度も、何度も感謝のことばを述べた。今回は「半生記」なので、このような機会は、これから多くないはずである。したがって、今までにも増して、感謝の気持ちを表したい。

八ヶ岳南麓でコロナの収束を待つ
2022年4月29日

索　引

252

著者紹介

土持 ゲーリー 法一（つちもち げーりー ほういち）

京都情報大学院大学副学長・教授、高等教育・学習革新センター長。コロンビア大学大学院比較・国際教育学にて教育学博士号取得、東京大学大学院にて教育学博士号取得。弘前大学21世紀教育センター高等教育研究開発室長・教授、帝京大学高等教育開発センター長・教授および学修・研究支援センター長・教授。主な著書に『米国教育使節団の研究』玉川大学出版部(1991)、Education Reform in Postwar Japan: The 1946 U.S. Education Mission, University of Tokyo Press, 1993、『戦後日本の高等教育改革政策―「教養教育」の構築』玉川大学出版部(2006)などの歴史研究。FD関連書として、『ティーチング・ポートフォリオ―授業改善の秘訣』東信堂(2007)、『ラーニング・ポートフォリオ―学習改善の秘訣』東信堂(2009)、『ポートフォリオが日本の大学を変える―ティーチング／ラーニング／アカデミック・ポートフォリオの活用』東信堂(2011)、『社会で通用する持続可能なアクティブラーニング―ICEモデルが大学と社会をつなぐ―』東信堂(2017)、『非常事態下の学校教育のあり方を考える―学習方法の新たな模索―』東信堂(2021)。監訳として、L. ディー・フィンク『学習経験をつくる大学授業法』玉川大学出版部(2011)、スー・ヤング『「主体的学び」につなげる評価と学習方法―カナダで実践されるICEモデル―』東信堂(2013)、など。

戦後日本の大学の近未来──外圧の過去・混迷する現在・つかみ取る未来

2022年11月30日　　初　版第1刷発行　　　　　　　　　　〔検印省略〕

定価はカバーに表示してあります。

著者ⓒ土持ゲーリー法一／発行者 下田勝司　　　　　印刷・製本／中央精版印刷

東京都文京区向丘 1-20-6　　郵便振替 00110-6-37828
〒113-0023　TEL (03)3818-5521　FAX (03)3818-5514

発 行 所
株式
会社 東信堂

Published by TOSHINDO PUBLISHING CO., LTD.
1-20-6, Mukougaoka, Bunkyo-ku, Tokyo, 113-0023, Japan
E-mail : tk203444@fsinet.or.jp http://www.toshindo-pub.com

ISBN978-4-7989-1799-3 C3037　　ⓒ TSUCHIMOCHI Gary Hoichi